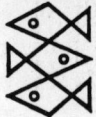

Über dieses Buch Eine Fülle von Büchern versucht Erziehern Kenntnisse in der Tiefenpsychologie nahezubringen. Die meisten Bücher und Schriften beschäftigen sich mit psychischen Störungen einerseits und Erziehungsfehlern andererseits. Will sich aber der Pädagoge über die Systematik und die Methodik der Tiefenpsychologie informieren, so gerät er in Schwierigkeiten. Zwischen Fachliteratur und populärer Allgemeinliteratur klafft eine Lücke. Diese Lücke versucht das vorliegende Buch zu schließen. Der Verfasser wagt es bewußt, wissenschaftliche Ergebnisse und Hypothesen verständlich darzustellen, allerdings nicht durch entstellende Vereinfachung, sondern durch Modelle und Anschaulichkeit der Darstellung. Der Erfolg dieses Bandes hat dem Verfasser recht gegeben. Das Buch ist nicht nur in mehreren Auflagen erschienen, sondern auch in andere Sprachen übersetzt worden, so ins Französische und ins Spanische.

Der Autor Walter J. Schraml, 1922 in München geboren, 1974 in Vogelbach (Schwarzwald) gestorben, studierte Medizin, Psychologie und Pädagogik. Nach mehrjähriger praktischer und wissenschaftlicher Tätigkeit an verschiedenen Kliniken und Universitäten der Bundesrepublik und der Vereinigten Staaten habilitierte er sich 1960 in Freiburg, wo er bis zu seinem Tode Professor für Klinische Psychologie und Psychoanalyse war. – Im Programm des Fischer Taschenbuch Verlages ist außerdem erschienen: »Das psychodiagnostische Gespräch« (Bd. 42305) und »Kinder und Kinderpsychotherapie« (Bd. 10147).

Walter J. Schraml

Einführung in die Tiefenpsychologie

Für Pädagogen und
Sozialpädagogen

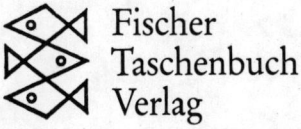

Fischer
Taschenbuch
Verlag

Geist und Psyche
Begründet von Nina Kindler 1964

Für *Hans Zulliger*
den Pädagogen und Psychoanalytiker

Übersetzt in folgende Sprachen:
Französisch
Initiation a la Pédagogie Psychoanalytique
(Editions Salvator, Mulhouse 1970)
Italienisch
Introduzione alla pedagogia Psicanalitica
(Città Nuova Editrice, Rom 1973)
Portugiesisch
(Editora Pedagogica e Universitaria Ltda., Sao Paulo, i. Vorb.)
Spanisch
Psicologia Profunda para Educadores
(Editorial Herder, Barcelona 1971)

Ungekürzte Ausgabe
Veröffentlicht im Fischer Taschenbuch Verlag GmbH,
Frankfurt am Main, Februar 1992

Lizenzausgabe mit freundlicher Genehmigung des
Ernst Klett Verlags für Wissen und Bildung GmbH, Stuttgart
© 1968 Ernst Klett Verlag für Wissen und Bildung GmbH, Stuttgart
Umschlaggestaltung: Buchholz / Hinsch / Hensinger
Druck und Bindung: Clausen & Bosse, Leck
Printed in Germany 1992
ISBN 3-596-10827-6

Inhalt

9

10

Vorwort

Im Vorwort pflegt der Autor dem Leser die Absichten mitzuteilen, die er mit dem vorliegenden Buche hegt. Der Verfasser dieses Werkes hofft, mit den nachfolgenden Ausführungen eine bestehende Lücke im tiefenpsychologischen Schrifttum zumindest teilweise auszufüllen. Dies sei kurz begründet.

Wir haben eine Fülle von Schriften, die den Erziehern tiefenpsychologische Kenntnisse nahezubringen trachten. Die meisten dieser Publikationen sind um zwei Problemkreise — die Entwicklungsnöte und seelischen Störungen des Kindes einerseits und die Erzieherfehler andererseits — zentriert. So gehen z. B. auch die hervorragenden Arbeiten HANS ZULLIGERS von umschriebenen Themen der Erziehung und kindlichen Entwicklung aus; als Beispiele seien seine Bücher „Die Angst unserer Kinder", „Umgang mit dem kindlichen Gewissen" und „Horde — Bande — Gemeinschaft" genannt. Derartig orientierte Arbeiten haben den Vorzug, den Erzieher unmittelbar in der ihm tagtäglich begegnenden Problemsituation anzusprechen und tiefenpsychologische Gedankengänge an Vertrautem darzulegen. Will sich nun der Pädagoge, durch die Lektüre solcher Bücher angeregt, über den gegenwärtigen Stand, die Systematik und Methodik der Tiefenpsychologie informieren, so gerät er in Schwierigkeiten. Es klafft eine Lücke zwischen der Fachliteratur, die, für Psychotherapeuten, Psychologen und Psychiater gedacht, Vorkenntnisse und Vertrautheit mit der Fachsprache voraussetzt, und einer populären, oft zu populären tiefenpsychologischen Allgemeinliteratur. Diese Lücke trachtet das vorliegende Buch zu schließen.

Der Verfasser unternimmt bewußt das Wagnis, wissenschaftliche Ergebnisse und Hypothesen für den Laien verständlich darzustellen. Die Verständlichkeit soll hierbei nicht durch eine die komplizierten Sachverhalte entstellende Vereinfachung, sondern durch Modelle und die Anschaulichkeit der Darstellung erreicht werden.

Bekanntlich werden unter der Bezeichnung Tiefenpsychologie verschiedene tiefenpsychologische Richtungen verstanden, die sich von der Grundkonzeption FREUDS abgespalten und verschieden entwickelt haben. Der Verfasser hätte demnach dreierlei Wege einschlagen können. Er hätte die verschiedenen Richtungen und ihre entwicklungspsychologischen, persönlichkeitspsychologischen, psychopathologischen Ansichten referieren und es dem Leser überlassen können, die jeweilige Bedeutung für Pädagogik, Heilpädagogik und Sozialpädagogik selbst zu entnehmen.

11

Oder er hätte zum zweiten aus den Konzeptionen der verschiedenen Richtungen auswählend und zusammenfassend, also eklektisch, ein eigenes System entwickeln und dies dem Leser empfehlend darbieten können. Der Verfasser wählte den dritten möglichen Ansatz: Er folgt weitgehend einer einzigen Richtung und schildert die anderen Schulen nur unter problemgeschichtlichem Aspekt.

Das vorliegende Buch ist auf den Ergebnissen und Annahmen der modernen Psychoanalyse aufgebaut und benennt außerhalb der Problemgeschichte bei einzelnen Gegenständen und Methoden die Ansichten anderer Schulen. Wir haben für diese Art des Vorgehens drei Argumente ins Feld zu führen: 1. Die Psychoanalyse ist nicht nur die älteste, sondern auch die am konsequentesten bis in die Gegenwart weitergeführte Richtung der Tiefenpsychologie. Sie hat am stärksten die moderne Psychologie und auch die Psychopathologie befruchtet und ist von diesen Wissenschaften vielfach integriert worden. Endlich ist sie ob ihrer genetischen (entwicklungspsychologischen) Orientierung für die klinische und pädagogische Praxis nützlich und notwendig. 2. Der Verfasser, selbst Psychoanalytiker, hat seine Erfahrungen im Umgang mit Kindern weitgehend in der psychoanalytischen Methode oder in einer psychoanalytisch orientierten Heilpädagogik gemacht. Er steht daher auf dem sicheren Boden eigener Erfahrung und ist nicht genötigt, nur Gelesenes aus zweiter Hand weiterzugeben. 3. Dem Leser ist es so möglich, innerhalb eines Systems den Weg vom Allgemein-Psychologischen zum Speziellen zu gehen. Er gewinnt somit ein gesichertes und für die praktische Handhabung verfügbares Wissen.

Dieser Weg setzt voraus, daß der Autor dort, wo er auf andere Schulen zu sprechen kommt, diese objektiv darstellt und sich von kleinlichem Schulgezänk freihält. Wir hoffen, daß uns dies gelungen ist.

Da wir oben von unserer persönlichen Erfahrung im Umgang mit Kindern und Jugendlichen gesprochen haben, wird der Leser interessiert sein, Näheres hierüber zu erfahren. Die Stationen dieser Erfahrung waren das Jugendfürsorgewesen der Stadt München, die „Heilpädagogisch-Psychotherapeutische Abteilung im Josefsheim Würzburg", deren Gründer der Autor war, die Kinderabteilung der psychiatrischen Klinik der Berkeley-Universität in San Francisco, die Poliklinik für Kinder und Jugendliche des Instituts für Psychotherapie in Stuttgart und, die letzten acht Jahre vor der Rückkehr in die Lehrtätigkeit an der Universität, die Beratungsstelle für Kinder und Jugendliche der Stadt Mannheim. In diesen Tätigkeiten hatten wir sowohl Kinder psychotherapeutisch und heilpädagogisch zu betreuen und deren Eltern zu beraten, als auch tiefenpsychologisches Wissen an Pädagogen aller Fächer weiterzugeben.

12

Die Begegnung mit drei Männern war für den Autor während seiner Ausbildung und Berufsarbeit von prägender Bedeutsamkeit: mit dem Münchener Nervenarzt und Gründer der ersten deutschen Erziehungsberatungsstelle LEONHARD SEIF, dem Berner Pädagogen und Psychoanalytiker HANS ZULLIGER und dem Basler Psychohygieniker HEINRICH MENG.

Besonders herzlicher Dank gilt Baronin L. v. Redwitz für ihre Kritik und Mithilfe an diesem Buche. Frl. cand. phil. H. Hauß hat dankenswerterweise bei der Durchsicht der Korrekturen geholfen.

Freiburg/Breisgau, im Februar 1968   Walter J. Schraml

Vorbemerkung zur dritten und vierten Auflage

Verlag und Autor waren zunächst der Meinung, daß ob des differenzierten Inhaltsverzeichnisses und der einführenden Art des Buches ein Registerteil nicht angezeigt sei. Angeregt durch Rezensenten und Leserwünsche haben wir uns jedoch entschlossen, dieser Auflage ein Personen- und ein Sachregister anzufügen.

Herrn Dr. H. Ch. Schnoor sind wir für seine Vorarbeit zum Sachregister, die aus seiner gruppen-didaktischen Erfahrung stammt, sehr verpflichtet.

Freiburg, im November 1969   W. J. Schraml

Einleitung

Der Begriff Tiefenpsychologie wurde von S. FREUD zur Abhebung seiner Sicht des Seelischen von der herrschenden psychologischen Lehrmeinung seiner Zeit geschaffen. Nach der dort gültigen Auffassung war nur bewußt Seelisches Gegenstand der Psychologie. Heute ist Tiefenpsychologie ein Sammelbegriff für die Theorien der verschiedenen psychotherapeutischen Schulen.

Es ist zweckdienlich, der folgenden Darstellung einige Leitgedanken vorauszuschicken. Wir werden diesen Gesichtspunkten in allen thematischen Bereichen wieder begegnen. Dabei folgen wir dem bedeutenden amerikanischen Psychologen und Psychoanalytiker DAVID RAPAPORT, der in seinem äußerst komprimierten und daher für den Laien schwierig zu lesenden Buch „Die Struktur der psychoanalytischen Theorie" (1960) eine gültige Formulierung der modernen tiefenpsychologischen Konzeption gegeben hat.

1. Die fünf Aspekte der Tiefenpsychologie

Der „topische" Aspekt ist das allen tiefenpsychologischen Schulen gemeinsame räumliche Vorstellungsmodell des Seelischen. Ob wir von Bewußtem, Vorbewußtem und Unbewußtem wie FREUD, oder von Bewußtem, Individuell- oder Kollektiv-Unbewußtem wie JUNG sprechen, immer ordnen wir seelische Vorgänge in räumlichen Ebenen an. Wir alle erfahren täglich, wie Einfälle, Gefühle und Handlungsimpulse ohne unser bewußtes Zutun aus der Tiefe unserer Seele kommen.

Der „dynamische" Aspekt: Eine dynamische Psychologie sieht alle Erlebens- und Verhaltensweisen des Menschen durch Kräfte und deren Widerspiel bewirkt. Einige psychologische Richtungen nehmen fast für jede Verhaltensweise bei Mensch oder Tier eigene, angeborene Wirkkräfte an. So hat der englisch-amerikanische Psychologe MCDOUGALL (1921) vierundzwanzig verschiedene Triebfedern für das menschliche Handeln aufgestellt, und die vergleichende Verhaltensforschung bei Tier und Mensch führt eine Vielzahl von Instinkten auf (K. LORENZ, 1965). Die tiefenpsychologischen Schulen kennen nur wenige Grundtriebe und erklären das ungeheuer mannigfaltige menschliche Verhalten durch die Schicksale dieser Triebe im Verlaufe der kindlichen Entwicklung.

Der „genetische" Aspekt: Das Studium der psychischen Genese (Entwicklung) des Menschen vom ungegliederten und kreatürlichen Zustand des Neugeborenen bis zur differenzierten Persönlichkeit des Erwachsenen ist ein Hauptinteressengebiet der Tiefenpsychologie, vorweg der Psychoanalyse. Dabei wird den ersten Lebensjahren ob der hohen Formbarkeit der Motivationskräfte (Triebe und Bedürfnisse) besondere Beachtung geschenkt. Auch ist die genetische Psychologie, die Psychologie der Kindheit, ein Begegnungsbereich von Tiefenpsychologie und Pädagogik.

Der „sozio-kulturelle" Aspekt: Die Entwicklung der Motivationskräfte geht in der menschlichen Umwelt vor sich und wird durch die jeweiligen Ausprägungen einer Gesellschaft und ihrer Kultur bestimmt. Da es die Aufgabe des Pädagogen ist, ein Kind zu einer Persönlichkeit in der Gesellschaft zu erziehen und die Werte einer Kultur dem heranwachsenden Glied der Gesellschaft nahezubringen, treffen sich in der Beachtung des sozio-kulturellen Aspekts wiederum Tiefenpsychologie und Pädagogik.

Der „konflikt-psychologische" Aspekt: Die Erkenntnisse und Annahmen der tiefenpsychologischen Schulen entstammen der Behandlung seelischer Krankheiten (klinischer Erkenntnisweg). Demzufolge sind, zumindest in der Frühzeit der tiefenpsychologischen Forschung, Persönlichkeitsmodell und Entwicklungspsychologie an der Entstehung von seelischen Krankheiten orientiert. Kritiker bemängeln, daß derartig gewonnene Ergebnisse auch auf die „normale" Persönlichkeit übertragen werden. Sie vergessen dabei, daß es weder im Biologischen noch im Psychologischen eine scharfe Trennung von gesund und krank gibt und daß zudem die Extremfälle des öfteren das Normale durch eine vergrößerte Optik erkennen lassen. Wiederum hat der Tiefenpsychologe mit dem Pädagogen die Arbeit am Menschen in der konkreten, lebensnahen Situation gemeinsam.

2. Die drei Nutzanwendungen für den Pädagogen

Nach dieser programmatischen Darstellung von fünf uns wesentlich erscheinenden Aspekten der Tiefenpsychologie, welche wir wie einen roten Faden in jedem Kapitel dieses Buches wiederfinden werden, wollen wir nach dem Nutzen fragen, der dem Pädagogen aus einer Beschäftigung mit der Tiefenpsychologie erwächst.

Theoretischer und informativer Gewinn: Die Psychologie ist eine Grundlagenwissenschaft der Pädagogik. Ohne die Kenntnis der Vorstellungen und Arbeitsmodelle der Tiefenpsychologie jedoch bleibt jede Beschäftigung mit der modernen Psychologie Stückwerk; vor allem die psychologische Persönlichkeitsforschung und die Entwicklungspsychologie sind in hohem Maße von den tiefenpsychologischen Ergebnissen befruchtet. Gerade diese beiden Disziplinen sind für das Verständnis des Kindes, des Jugendlichen und des Erwachsenen von besonderer Bedeutung und daher auch grundlegend für eine fruchtbare Anwendung.

Praktischer Gewinn: Die Tiefenpsychologie hilft dem Erzieher in der pädagogischen Praxis die auch in jeder normalen Entwicklung eines Kindes vorkommenden Schwierigkeiten besser zu verstehen. Hieraus ergeben sich neue, die üblichen Erziehungsmittel ergänzende oder korrigierende Hilfen für das pädagogische Handeln. Sodann wird der Erzieher früher jener Fälle gewahr, welche einer psychologischen Untersuchung, einer psychotherapeutischen oder psychiatrischen Behandlung bedürfen. Ist eine Behandlung eines Kindes notwendig geworden, so kann der informierte Pädagoge mit dem Psychotherapeuten fruchtbar zusammenarbeiten. Er empfindet die Behandlungsmethoden nicht mehr als fremdartig oder sogar seiner erzieherischen Bemühung konträr, sondern sieht bei aller äußeren Andersartigkeit das Gemeinsame des therapeutischen und pädagogischen Zieles. Der Umgang mit den Eltern und Angehörigen seiner Schüler oder Zöglinge ist für den Erzieher von hoher Bedeutung. Die tiefenpsychologische Persönlichkeitspsychologie hilft, die Beziehungen dieser Menschen zum Kinde, ihre Motive und ihre oftmals unbewußten Motivationen zu erkennen.

Psychohygienischer Gewinn: Das Verhalten des Erziehers ist nur zu einem Teil von bewußten Absichten getragen, oftmals sind die Reaktionen auf ein Kind von unbewußten Motiven geprägt. Diese Reaktionen in einem Akt der Selbsterkenntnis besser zu verstehen, kann und sollte die Frucht einer allerdings nicht nur theoretischen Auseinandersetzung mit der Tiefenpsychologie sein.

Grundlagen

I. Problemgeschichte der Tiefenpsychologie

Bei der Darstellung wissenschaftlicher Entdeckungen tut man gut daran, das gesamte wissenschaftliche Gebäude, ja mehr noch die geistigen, kulturellen und gesellschaftlichen Hintergründe dieser Zeit aufzuweisen. SIGMUND FREUD, der Begründer der Psychoanalyse und Entdecker der tiefenpsychologischen Erkenntnisse, wurde am 6. Mai 1856 in Freiberg, einem kleinen Städtchen in Mähren, geboren und lebte von 1860 bis 1938 — dem Jahre seiner Vertreibung — in Wien. Dieser Mann ist also in seinem Denken und Fühlen geprägt durch den Geist der zweiten Hälfte des 19. Jahrhunderts — der Epoche des gewaltigen Aufschwunges der Naturwissenschaften und der Technik — und vom kulturellen Raume her geformt durch die Atmosphäre der Donaumonarchie. Wer sich in das Wien jener Tage etwas einfühlen will, dem sei STEFAN ZWEIGS autobiographischer Roman „Die Welt von gestern" als Lektüre empfohlen. Manche Kritiker versuchen, die Psychoanalyse ganz und gar als ein Kind jener Zeit abzustempeln und die Ergebnisse als heute überholt darzutun. Diese Kritiker argumentieren oberflächlich, denn wie in jeder Wissenschaft, so ist auch in der Psychoanalyse ein die Zeit überdauernder Kernbestand an Erkenntnissen mit zeitgenössischen Schlacken behaftet. Dies gilt hier um so mehr, als die Psychoanalyse das Seelenleben des Menschen in seiner Einbettung in eine Kultur und deren mannigfache soziale Bezüge zum Gegenstand hat. So findet man beispielsweise das spezielle Krankheitsbild der Hysterie, an dem FREUD seine ersten tiefenpsychologischen Entdeckungen machte, heute kaum mehr, und doch behielten viele der daran entwickelten Gesetzmäßigkeiten ihre Gültigkeit. Ein zweites zeitgenössisches Moment kommt dadurch ins Spiel, daß FREUD seinen wissenschaftlichen Weg als Physiologe, als Schüler von DU BOIS-REYMOND und BRÜCKE begann; für ihn besaßen daher nur physikalische und chemische Gesetzmäßigkeiten Beweiskraft. Auch als er das menschliche Seelenleben erforschte, das gesunde und das kranke, das individuelle und das soziale, suchte er nach physikalischen und chemischen Kräften und glaubte, solche in den Trieben zu finden. Wer sagt uns aber, daß das Beobachtete falsch sein muß, weil die Lebensform der untersuchten Personen dem Viktorianischen Zeitalter angehörte und der Forscher selbst das Ethos und den Ehrgeiz des heroischen Zeitalters der Naturwissenschaften besaß? Bei einer solchen Einstellung wäre unser Wissen um den Menschen um vieles ärmer.

1. Von der Hypnose zur Psychoanalyse — vom Trauma zur Persönlichkeitsgeschichte

Im Jahre 1885 ging FREUD, als junger Privatdozent der Neuropathologie (Lehre von den krankhaften Vorgängen im Nervengewebe), nach Paris zu dem berühmten Psychiater und Neurologen CHARCOT, um dort die Methode des Hypnotisierens zu erlernen. Die Hypnose war damals eine wertvolle Bereicherung des an Heilverfahren sehr armen nervenärztlichen Arsenals. 1887 nach Wien zurückgekehrt, hielt er einen Vortrag vor der Ärztlichen Gesellschaft über Hypnose und wurde von den ganz auf naturwissenschaftliche Methoden eingeschworenen Kollegen verspottet. Enttäuscht kehrte er der Wissenschaft den Rücken und ließ sich in Wien als praktischer Nervenarzt nieder. Lediglich in dem renommierten Wiener Internisten JOSEF BREUER fand er einen aufgeschlossenen Freund. Aus der Zusammenarbeit dieser beiden Ärzte entstanden im Jahre 1895 die „Studien über Hysterie", die erste bedeutsame Publikation der modernen Tiefenpsychologie.

Hysterie als Krankheit (und nicht, wie heute so häufig, als moralisch abwertende Bezeichnung genommen) wies zur damaligen Zeit vorwiegend folgende Erscheinungen auf: Lähmungen eines oder mehrerer Gliedmaßen, Un- oder Überempfindlichkeit verschiedener Körperpartien, Seh- und Hörstörungen, anfallartige Erscheinungen, die der Epilepsie gleichen, und endlich seelische Ausnahmezustände. Die Ärzte waren gegenüber dieser Krankheit ziemlich hilflos. Die einzige Therapie bestand in dem Versuch, dem Patienten in Hypnose die einzelnen Symptome hinwegzusuggerieren.

Wir wollen nun an dem berühmten Fall Anna O. von JOSEF BREUER, den dieser des öfteren mit FREUD diskutierte, das Krankheitsbild der Hysterie verdeutlichen und die Methode der hypnotischen Behandlung und ihre Wandlung zur eigentlichen tiefenpsychologisch-psychoanalytischen Behandlung darstellen (Fall Anna O., gekürzt, vgl. BALLY (1961), S. 233—253).

Die 21jährige Anna O. stammte aus typischen Wiener Großbürgerkreisen und lebte seit ihrer Schulentlassung in der Familie, in dem etwas prüden, monotonen und für ein junges Mädchen sehr beengenden Stil der damaligen Zeit. Sie war intellektuell sehr begabt (sprach englisch, französisch und italienisch), poetisch und musisch interessiert und sehr energisch. Intellektuelle Befähigungen, Leistungswillen und Durchsetzungsfähigkeit des Mädchens waren weitgehend blockiert. Anna O. schuf sich einen Ersatz in „Tagträumereien", mit denen sie die oft eintönigen Arbeiten einer Tochter aus gutem Hause begleitete; sie nannte diese Tagträumereien ihr „Privattheater".

20

Im Sommer 1880 wurde die Eintönigkeit dieses Lebens jäh unterbrochen; der abgöttisch geliebte Vater erkrankte an einem Abszeß des Lungenfells. Das Mädchen übernahm die Pflege des Kranken bis zum Winter desselben Jahres, von wo an sie selbst das Krankenlager hüten mußte. Es waren mannigfache Symptome, welche im Lauf der Zeit auftraten: zuerst ein dauernder nervöser Husten, weswegen auch Dr. Breuer zu der Patientin gerufen wurde; dann Sehstörungen (Schielen, Einengung des Gesichtsfeldes, Störung des Farbensehens und Makropsie, d. h. Zu-groß-Sehen), Lähmung des Armes und Beines der rechten Körperseite und Teillähmung links, Lähmung der Kopfheber-Muskeln und zeitweise Taubheit bzw. Schwerhörigkeit. Zu all diesen Symptomen kamen noch schwere psychische Ausnahmezustände. Am Tage, bis in den Nachmittag hinein war die Patientin psychisch relativ angepaßt, d. h., sie war verständlicherweise bei ihrem Befinden traurig und niedergeschlagen; dann wurde sie schläfrig und geriet in einen Abwesenheitszustand, ähnlich dem der Hypnose, bis sie bei untergehender Sonne und in den späten Abendstunden in einen schweren, tiefen Schlaf versank. Im Abwesenheitszustand verhielt sich das Mädchen wie ein ungezogenes Kind, warf Kissen, zerstörte — soweit es mit seinen teilgelähmten Fingern konnte — das Bettzeug und war aggressiv gegen seine Umgebung. Ein sehr eigentümliches Symptom stellte sich noch im Laufe der Krankheit ein: Die Patientin konnte plötzlich nicht mehr deutsch sprechen und verstehen; sie sprach englisch, und zwar ausgezeichnet, und später, als es ihr etwas besser ging, las sie französische und italienische Bücher. Nach dem Inhalt gefragt, gab sie vom Blatt eine ausgezeichnete englische Übersetzung. Für die Abwesenheitszustände, die wie selbsterzeugte Hypnosen wirkten, hatte die Patientin den Ausdruck „clouds" (Wolken) geprägt.

BREUER beobachtete nun, daß die Patientin in diesen „autohypnotischen" Zuständen zunächst dauernd die Worte „quälen, quälen" ausrief und später, in etwas ruhigerer Form, Ereignisse aus der Zeit der Krankenpflege ihres Vaters erzählte. Des weiteren bemerkte der Arzt, daß die Patientin, nachdem sie in den Absencen (Abwesenheitszuständen) gesprochen hatte, für die Nacht viel ruhiger war als früher. Diese Beobachtungen wurden vom Arzt genutzt, und er förderte das tägliche Aussprechen in Hypnose. Im April 1881 starb der Vater der Patientin, und dieses Ereignis brachte verständlicherweise eine starke Verschlechterung des Zustandes mit sich. Das Mädchen unternahm auch einige Selbstmordversuche, und da die Wohnung im dritten Stock lag, war dies recht gefährlich; man zog deshalb in das Landhaus der Familie. Dies hatte aber den Nachteil, daß BREUER die Patientin nur jeden dritten Tag besuchen konnte. Er war deshalb genötigt, ihr für die Nächte, denen kein Besuch vorherging, Beruhigungsmittel zu geben. Gerade diese Situation bewies aber, wie wesentlich die Aussprache in Hypnose war. In der Nacht nach der Aussprache war die Patientin vollkommen ruhig; je länger die Aussprache zurücklag, desto unruhiger wurde die Patientin und desto stärker zeigten sich die noch vorhandenen Symptome. Die Patientin, die immer noch nur englisch sprach, prägte selbst für die Kur den Ausdruck „talking cure" (Aussprache-Kur) oder humoristisch „chimney sweeping" (Kaminfegen). Mit der Zeit zeigte sich immer deutlicher, daß die Gegenstände der Aussprache in Zusammenhang mit der Krankheit der Patientin standen und daß bei der Besprechung eines Krankheitssymptoms, vor allem wenn dies mit Angst, Ekel und Erregung geschah, eine weitgehende Besserung, ja sogar ein völliges Verschwinden des Symptoms eintrat. Im Verlauf der Behandlung — 1881 bis Sommer 1882 — nutzte BREUER diese Beobachtung und ging systematisch sämtliche Krankheitserscheinungen in dieser Technik mit der Patientin durch.

Ein Beispiel soll diese Technik illustrieren: Am Bett des kranken Vaters sitzend — man war damals im Landhaus — hörte die Patientin von ferne Tanzmusik; es regte sich nun in ihr, die sehr tanzfreudig war, die Lust zum Tanzen, andererseits aber machte sich ein sehr schlechtes Gewissen bemerkbar, weil sich am Krankenbett des Vaters derartige Wünsche bei ihr einstellten. Von da an zeigte sich der nervöse Reizhusten bei dem Mädchen. Die Erinnerung an diesen Vorfall in der Hypnose, die Erzählung und die die Erzählung begleitende Gefühlserregung hatten zur Folge, daß der Husten, der bisher jeglicher Behandlung widerstanden hatte, plötzlich völlig verschwand.

Wir können aus dieser Fallstudie wesentliche Gesichtspunkte der Tiefenpsychologie ableiten.

a) *Die Lehre vom Trauma:* Bisher hatte man als Ursache seelisch bedingter Störungen immer ein Trauma, ein dramatisch schreckhaftes Ereignis, angenommen. Aus der Geschichte der Anna O. (vgl. die Tanzmusik-Episode) und späteren Krankengeschichten von FREUD erkannten BREUER und FREUD, daß nicht ein schreckhaftes Ereignis — also der Schock —, sondern die Unverträglichkeit zwischen Wunsch und moralischer Selbstanforderung das eigentlich Krankmachende ist. Das Trauma, das bis dahin als ein physikalisches Ereignis, als eine Erschütterung der Nervensubstanz betrachtet worden war, wurde damit zu einem psychischen Phänomen. Die Erklärung der Hysterie und allgemein der seelisch bedingten körperlichen und der seelischen Krankheiten wurde dadurch allerdings komplizierter.

b) *Die Abwehr als erster Ansatz des dynamisch-energetischen Aspektes in der Tiefenpsychologie:* Der theoretische Ausbau dieser praktischen Erfahrungen wurde nun in der Folgezeit weitgehend von FREUD allein besorgt (1894, 1895, 1896). Der Wunsch, zum Tanzen zu gehen, mußte bei der Patientin Anna O., da unvereinbar mit dem eigenen Persönlichkeitsbild (aufopfernde Tochter) und den Anforderungen der Umwelt (Wien der viktorianischen Epoche), aus dem Bewußtsein getilgt, d. h. abgewehrt werden. FREUD prägte deshalb den Ausdruck „Abwehr-Neuropsychosen": Die Wunschvorstellung wird aus dem Bewußtsein abgewehrt, aus dem Bewußtsein *verdrängt.* Die Bezeichnung „Verdrängung" verwandte FREUD damals gleichbedeutend mit Abwehr; erst später erkannte er, daß es nicht nur die Verdrängung, sondern eine ganze Reihe von psychischen Mechanismen zur Abwehr unverträglicher Wunschvorstellungen gibt.
Was in uns wehrt jene unverträglichen Wunschvorstellungen ab? Es ist das „Ich" der Persönlichkeit, eben jenes moralische Selbstbild, jene Instanz, von der schon NIETZSCHE sagte: „Ja sagt das Gedächtnis, und nein sagt der Stolz. Nach längerem Hin und Her siegt der Stolz."

Mit dieser Konzeption wurde die seelische Krankheit nicht mehr einfach als eine mechanische Beschädigung, sondern als ein höchst kompliziertes seelisches Kräftespiel (psychodynamisch-energetischer Vorgang) aufgefaßt. Bereits ARISTOTELES, dann die englischen Philosophen des 18. Jahrhunderts und später HERBART und WUNDT hatten ihre Psychologie vorwiegend auf der Verknüpfung von Vorstellungen bzw. der Verknüpfung von Gefühlen und Vorstellungen, der Assoziation, aufgebaut. FREUD orientierte sich daran und fügte das Modell der „Entknüpfung" (Dissoziation), das auch die französischen Psychiater CHARCOT und JANET verwendeten, hinzu: Beim Vorgang der Abwehr unverträglicher heimlicher Vorstellungen wird die Vorstellung von ihrer „Erregungssumme", das heißt von den Gefühlen, Affekten und Stimmungen, die sie begleiten, getrennt. Die Vorstellung wird aus dem Bewußtsein gedrängt, die begleitenden Affekte von der Vorstellung abgetrennt (dissoziiert) und deren Erregungssumme in eine körperliche Störung verwandelt. Um bei unserem Beispiel zu bleiben: die Tanzlust, die Freude an der motorischen Bewegung mit einem Partner, wird von der Vorstellung dieses Vergnügens getrennt und in einen Krampf des Kehlkopfes und der Rachenmuskulatur — also einen nervösen Reizhusten — verwandelt. Dieser Vorgang wurde „Konversion", Verwandlung seelischer in körperliche Energie, benannt.

Für die Entstehung anderer psychischer Störungen, der *Zwangsvorstellungen* und der *Phobien* (grundlose Ängste vor Gegenständen oder vor Situationen, z. B. Tier-Phobien, Straßen- und Platzangst, Angst vor engen oder weiten, großen Räumen) entwarf FREUD analoge Modelle. Bei der Zwangsvorstellung sollten die unverträgliche Vorstellung und ihr Affekt auch dissoziiert werden; die Vorstellung aber bleibt bewußt, ist jedoch nunmehr verträglich und harmlos. Die peinlich gewordene Erregung, der unangenehme Affekt, heftet sich an eine andere, bisher vollkommen neutrale Vorstellung. Diese neue Kombination von Vorstellung und Affektsumme wird zur Zwangsvorstellung, zu quälenden Gedanken, welche den Patienten scheinbar ohne jeden Grund dauernd in seinem Denken verfolgen. Bei den Phobien ist der Angstaffekt, den die unerlaubte, die unverträgliche Vorstellung im Patienten erzeugt hatte, an eine Situation oder an einen Gegenstand geheftet. Von diesem Zeitpunkt an wird diese Situation, dieser Gegenstand oder dieses Lebewesen vom Patienten mit hochgradiger Angst gemieden. Nur wenn der Patient diese angstauslösende Situation, z. B. bei Hundephobie die Begegnung mit einem Hunde vermeidet, tritt der Angstzustand nicht auf.

Wir sehen also bei den Zwangsvorstellungen und Phobien, daß die von der Vorstellung abgetrennte Erregungssumme nicht in physische Energie umgesetzt wird, wie bei der Hysterie, sondern, im Psychischen verbleibend, sich an eine andere Vorstellung heftet und die Ursache für eine dem Patienten unerklärliche Angst wird.

Bisher konnte der Eindruck entstehen, die vom Patienten unbewußt getroffene Wahl eines körperlichen Symptoms, einer Zwangsvorstellung oder des Gegenstandes einer phobischen Angst sei mehr oder weniger zufällig. Diese Zufälligkeit ist aber nur scheinbar. FREUD entdeckte bald, daß mannigfache Determinanten (Bestimmungen) für eine körperliche oder seelische Krankheitserscheinung verantwortlich sind. So kann z. B. die Gleichzeitigkeit von unverträglicher, peinlicher Wunschvorstellung und körperlichen Gegebenheiten, die rein klangliche Ähnlichkeit bei Zwangsvorstellungen oder die Besonderheit der Situation (z. B. Landhaus mit Tanzmusik) bei phobischen Ängsten eine bestimmende Rolle spielen. Häufig aber sind körperliche Symptome, eigenartige Zwangsvorstellungen und die Gegenstände (Objekte) der Angst Symbole für den abgewehrten Wunsch oder den sie begleitenden Angstaffekt. So fand FREUD, daß ein Symptom, sei es körperlich oder seelisch, zumeist nicht durch eine einzelne Gegebenheit bestimmt ist, sondern vielfach durch mehrere zusammentreffende Faktoren (mehrfache Determination oder Überdeterminiertheit).

Bei der Erörterung dieser Frühphase der Tiefenpsychologie befinden wir uns ganz im Bereich des Krankhaften. An diesem zunächst noch sehr einfachen Modell seelischer Störungen werden wir zum erstenmal an eine dynamisch-energetische Betrachtungsweise seelischer Vorgänge herangeführt. Zugrundeliegende Kräfte werden angenommen (Erregungssummen, Affekte), und die Vorstellung von deren Verbindung (Assoziation) und Trennung (Dissoziation) hilft, die bis dahin nur beschriebenen eigentümlichen seelischen Ausnahmezustände besser zu verstehen, ja sogar sie zu heilen. Allerdings wird hier noch sehr mit physikalischen Vorstellungen operiert, z. B. sollen Energien im Organismus hinsichtlich ihrer Quantität gleichbleiben (vgl. das Energieerhaltungsgesetz von R. MAYER) und nur von Ort zu Ort verschoben werden. Hieran wird deutlich, daß FREUD zu dieser Zeit noch in mechanistisch-physikalischen Kategorien dachte.

c) *Psychokatharsis und Psychoanalyse:* BREUER konnte seine Patientin durch das Aussprechen in der Hypnose kurieren. Das Wesentliche dabei war, daß die Gedanken immer mit den dazugehörigen Affekten, Gefühlen und Stimmungen einhergingen. Das Getrennte (Dissoziierte) wurde also im Aussprechen zum erstenmal wieder vereint, und dieser Vorgang war heilsam. BREUER hat dieses Verfahren die „psychokathartische Methode" (seelische Reinigung) genannt. Mit dieser Technik war jedoch FREUD bald nicht mehr ganz einverstanden. Ein zunächst mehr äußerlicher Grund dafür war die Unmöglichkeit, jeden Patienten in die erforderliche tiefe Hypnose zu versetzen. Des weiteren bringt der hypnotische Zustand, der eine besondere psychische Beziehung zwischen Hypnotiseur und Hypnotisiertem (Rapport) erfordert, den Patienten in eine starke Abhängigkeit vom Arzt, eine Abhängigkeit, die häufig erotisch getönt ist. FREUD berichtet von einer Patientin, die ihn beim Aufwachen aus der Hypnose umarmte. Erst später sollte er die psychologischen Hintergründe dieses peinlichen Vorkommnisses verstehen. Außerdem brachte die psychokathartische Methode oft nur kurzfristige Heilerfolge; oftmals wurden ein Gedanke oder ein Erlebnis mit allen Äußerungen der Befreiung geschildert, und doch war der Heilungseffekt nicht von Dauer. In solchen Fällen zeigte sich später, daß frühere Ereignisse, die vor den kathartisch ausgesprochenen Gedanken und Erlebnissen lagen, die eigentlichen Ursachen für die Störung waren.

Aus diesen Gründen kam FREUD zu einem neuen Verfahren. Er ließ die Patienten im Wachzustand wie in der Hypnose liegen, gab ihnen ein Thema, das mit bedeutsamen Ereignissen ihres Lebens oder den Leidenssymptomen in Zusammenhang stand, als Anregung und bat sie, alle hierzu aufkommenden Einfälle freiweg zu äußern. Diese Technik der „freien Assoziation" blieb bis heute ein wesentlicher Bestandteil des psychoanalytischen Heilverfahrens, ja jeglicher Psychotherapie.

d) *Das Unbewußte und die Entwicklung des Seelischen:* Als zwei weitere wichtige Betrachtungsweisen der Tiefenpsychologie klangen bereits in den Jahren 1892—1900 der topologische (räumliche) und der genetische (entwicklungspsychologische) Aspekt an. BREUER nannte den eigentümlichen Zustand, in welchem seine Patientin ihre krankmachenden Erlebnisse erzählte, „conscience seconde" (zweites Bewußtsein). FREUD prägte bereits 1893 die Begriffe „Unterbewußtes" und, gleichbedeutend verwandt, „Unbewußtes". Später wurde der Ausdruck Unterbewußtes nicht mehr gebraucht. Zunächst betrachtete FREUD das Unbewußte als jene seelische Region, in der die verdrängten Vorstellungen beheimatet sind. Es ist dies die Auffassung, die oberflächliche Kritiker der Psychoanalyse auch heute noch unterschieben, wenn sie davon sprechen, daß die Psychoanalyse das Unbewußte „als Rumpelkammer der Seele" betrachte. Schon damals aber hatte FREUD die Überzeugung gewonnen, daß mit der Aufdeckung der Traumen, der unverträglichen Vorstellungen, nur wenig für das endgültige Verständnis des kranken und schon gar nicht des gesunden Seelenlebens getan ist. Er fand hinter den peinlichen Vorstellungen ein immer weiter in die Kindheit zurückführendes

25

Erinnerungsmaterial, das seine Kranken belästigte. So wurde seine Aufmerksamkeit auf die Entwicklungsgeschichte der kranken Persönlichkeit und damit letztlich auch auf die seelische Entwicklung des Menschen überhaupt gelenkt.

Wir haben viel Zeit auf die ersten zehn Jahre in der Geschichte der Tiefenpsychologie verwandt, weil uns dies hilft, nicht nur die weitere geschichtliche Entwicklung der Tiefenpsychologie, sondern auch ihre Methoden und vor allem ihre Auswirkungen in der allgemeinen Psychologie und Entwicklungspsychologie besser zu verstehen.

2. Von der kranken zur gesunden Persönlichkeit

a) *Der Traum:* Im Jahre 1900 veröffentlichte FREUD das umfangreichste und wohl auch bedeutsamste Werk seiner über 50 Jahre andauernden tiefenpsychologischen Schaffensperiode: „Die Traumdeutung" (G. W. II/III). In diesem Werk vereinigte er die bisherigen Anschauungen, Erkenntnisse und Forschungen zum Traum von der Antike bis zu seiner Zeit; seine eigenen Anschauungen und Hypothesen über das Traumgeschehen entwickelte der Autor aus seinen Erfahrungen mit seelisch Kranken und vor allem aus der Untersuchung seiner eigenen Träume. Diese eigenen Träume stammen aus den Jahren 1895 bis 1897, einem Zeitraum, in dem FREUD das harte Experiment einer Selbstanalyse unternommen hat. Das Experiment „am eigenen Leibe" ist uns aus der Medizin und aus den Naturwissenschaften wohl bekannt und hat uns immer wieder hohe Achtung abgenötigt. Das Experiment an der eigenen Seele, das Risiko der Verwendung des ätzenden Instrumentes der Analyse gegen sich selbst, und die Publikation der Ergebnisse ist ein Vorgehen, das uns aus der Geistesgeschichte bis dahin nur von Denkern und Dichtern überliefert ist. Als Beispiele sei auf die Confessiones des HL. AUGUSTINUS und auf die Selbstbekenntnisse JEAN JACQUES ROUSSEAUS hingewiesen. Allein die Methode ist schon von höchstem Interesse und spricht für den Ernst und den Wagemut des Forschers. Die Ergebnisse dieser Arbeit über den Traum haben heute, nach 65 Jahren, noch weitgehend Geltung, ja sie wurden großenteils durch die moderne naturwissenschaftliche Traumforschung mittels Elektroenzephalogramm (elektrische Messung der Hirnströme) bestätigt. Über den Traum als tiefenseelische Erscheinung werden wir in einem späteren Kapitel noch ausführlicher zu berichten haben.

Hier, in dem Bemühen, den wissenschafts-geschichtlichen Weg der Tiefenpsychologie nachzuzeichnen, geht es uns zunächst um etwas anderes.

26

Solange sich die Psychoanalyse in den Jahren 1890 bis 1900 mit den hysterischen, zwangshaften und phobischen Störungen, deren Ursache und Heilungsmöglichkeit beschäftigt hatte, war sie eine medizinische Spezialdisziplin im Bereiche der Psychopathologie (Lehre von den seelischen Krankheiten) und Psychiatrie (Heilkunde für seelische Störungen). Bei der Bearbeitung der Träume hatte FREUD seelische Mechanismen am Werke gefunden, die er bereits als seelische Mittel der Symptomentstehung bei Hysterikern, Zwangskranken und Phobikern beobachtet hatte. Die Methodik zur Erforschung der eigenen und fremden Träume war dieselbe gewesen wie das Heilverfahren, das er bei seinen Patienten anzuwenden gelernt hatte. Hatte er den Patienten aufgegeben, alles, was ihnen zum Symptom, zu ihren verschiedenartigen Beschwerden einfiel, zu äußern, mochte es ihnen auch töricht, peinlich oder nicht zugehörig erscheinen, so wandte er jetzt dasselbe Verfahren zur Untersuchung des Traumes an. Auch hierbei sollten die Patienten alles, was ihnen einfiel, äußern, und auch er selbst notierte jeden Einfall zu seinen eigenen Träumen, ohne jede Auswahl oder Einschränkung. Die bisher sinnlos erscheinenden Traumgebilde bekamen nunmehr einen Sinn, ähnlich entzifferten Hieroglyphen. Der Code der Dechiffrierung half, den Traum sowohl, als auch das krankhafte Seelenleben besser zu verstehen. Der Traum aber ist eine psychische Erscheinung, die jedem Menschen, dem gesunden wie dem kranken, zu eigen ist. Man hört oft Leute sagen, sie würden nicht träumen. Eine solche Ausnahme beruht auf einem Irrtum. Jene Menschen träumen, aber sie erinnern sich ihrer Träume nicht. Träumen ist, wie die schon erwähnte moderne Schlaf- und Traumforschung nachgewiesen hat, eine Leistung des gesunden Menschen, biologisch formuliert: eine Funktion des gesunden Gehirns.

b) *Die Psychodynamik der Fehlleistungen:* In einer anderen Arbeit, die 1901 erschien, beschäftigte sich FREUD mit den Erscheinungen des normalen Seelenlebens. Während uns der Titel „Zur Psychopathologie des Alltagslebens" (G. W. IV) zweifeln lassen könnte, klärt uns der Untertitel über den alltäglichen Charakter der beschriebenen und untersuchten Erscheinungen auf: „Über Vergessen, Versprechen, Vergreifen, Aberglaube und Irrtum". FREUD rückte in dieser Untersuchung dem Zufall, der zumeist für das Zustandekommen von „Fehlleistungen" verantwortlich gemacht wird, zuleibe. Die Bezeichnung „Fehlleistung" wurde sachgemäß deshalb gewählt, weil es sich dabei um fehlerhafte Leistungen handelt. Das Vergessen ist ein fehlerhaftes Erinnern oder Merken, das Versprechen ist der falsche oder verstümmelte Gebrauch eines Wortes oder Begriffes, wobei dem Sprecher der richtige Wortsinn durchaus klar ist. Ganz ähnlich verhält es sich auch mit allen anderen Fehlleistungen. Als Beispiel mag hier der illustrative, von FREUD selbst aus dem Aufsatz eines anderen Autors zitierte Vorfall aus dem Österreichischen Abgeordnetenhaus dienen (G. W. IV, S. 67). Der Präsident begann: „Hohes Haus! Ich konstatiere die Anwesenheit von soundsoviel Herren und erkläre somit die Sitzung für geschlossen." „Die allgemeine Heiterkeit", so fährt FREUD fort, „machte ihn erst aufmerksam, und er verbesserte den Fehler. Im vorliegenden Falle wird die Erklärung wohl diese sein, daß der Präsident sich *wünschte*, er wäre schon in der Lage, die Sitzung, von der wenig Gutes zu erwarten stand, zu schließen." Der unbewußte Wunsch setzte sich gegenüber der bewußten Absicht, das richtige Wort — nämlich „eröffnet" — zu sagen, durch. FREUD konnte also bei den Fehlleistungen etwas ganz Ähnliches beobachten, wie schon beim Traum und bei den von ihm untersuchten Neurosen: In allen drei seelischen Bereichen setzt sich eine unbewußte psychische Tendenz gegenüber einer bewußten Absicht durch. Natürlich ist ein beträchtlicher Unterschied zwischen der relativ geringen Bedeutung einer Fehlleistung — eines Versprechens, Vergessens oder Vertuns — und der quälenden neurotischen Symptomatik. Die Erklärung ist einfach. Die in der Fehlleistung sich offenbarende unbewußte Tendenz ist lange nicht so verpönt, sie bringt dem Individuum lange nicht so viel Angst, wie die sich im neurotischen Symptom äußernden verdrängten Wünsche des Kranken. Hier hat FREUD wiederum eine normale psychische Erscheinung mit einer krankhaften verbunden.

c) *Die kindliche Sexualentwicklung:* Im Jahre 1905 veröffentlichte FREUD die „Drei Abhandlungen zur Sexualtheorie". Es ist dies neben der „Traumdeutung" wohl das für die Erkenntnis und das Verständnis der Psychoanalyse bedeutendste Werk. Gleichzeitig aber hat die Gedankenführung dieser Publikation den Autor auf lange Jahre der Verfemung durch die Kollegen und ein breites Publikum ausgesetzt. Warum? Eines der mächtigsten Tabus jener Zeit wurde angegriffen, das Tabu von der „Unschuld des Kindes". Mit dieser romantischen Bezeichnung deklarierte man das Kind als ein Wesen, das noch frei von sexuellen und zerstörerischen Impulsen sei. Beobachtungen von Spielereien der Säuglinge und Kleinkinder an ihrem eigenen Körper und auch von massiven kindlichen Aggressionshandlungen blieben unberücksichtigt, oder man erklärte einfach derartige Kinder für krankhaft und degeneriert. Solange FREUD den verpönten Wunsch nur bei den psychisch Kranken gefunden, die sexuelle Verführung in der Kindheit als wesentliche Ursache von Hysterie und Neurosen zu erkennen geglaubt hatte, war dies als relativ

28

harmlos noch hingenommen worden. Mit der Entdeckung der Triebhaftigkeit des Säuglings und Kleinkindes aber zerstörte er offenbar eine Illusion der gesamten Erwachsenengeneration und mußte dafür büßen, wie jeder, der gegen Tabus angeht und Illusionen vernichtet. Zugegeben, das Vokabular, das FREUD in seinem Bemühen um naturwissenschaftliche Nüchternheit und Sachlichkeit angewandt hatte, war manchmal irritierend und schockierend. Als Beispiel hierfür mag das vielfach zitierte Wort vom „polymorph perversen" (vielgestaltig perversen) Kinde dienen. Es war den Eltern, Pädagogen und Theologen nicht zu verübeln, wenn sie auf eine solche Bezeichnung schockiert reagierten; die Fachleute aber zumindest hätten verstehen müssen, daß sich dieser Ausdruck konsequenterweise aus dem ersten Kapitel des Buches, aus der Ableitung von den sexuellen Abirrungen, ergibt.

Die Überschriften der drei Hauptabschnitte — „Die sexuellen Abirrungen", „Die infantile Sexualität" und „Die Umgestaltungen der Pubertät" — weisen auf den methodischen Weg FREUDS hin. Wieder versuchte er, Normales und Anormales zu verbinden; diesmal ging er vom anormalen Verhalten — der Perversion — aus und gelangte sowohl durch die biographische Erforschung der Gestörten als auch durch den jeweiligen Vergleich mit normalen Kindern zu seinen Feststellungen über das kindliche Sexualverhalten. Ein Beispiel mag dies erläutern: Der Exhibitionist stellt sich und besonders seine Genitalien zur Schau und empfindet dabei sexuelle Befriedigung. Das Kind im zweiten und dritten Lebensjahr stellt sich auch gerne nackt zur Schau und zeigt ein großes Interesse für den nackten Körper. FREUD nahm nun an, daß der erwachsene Exhibitionist in seiner sexuellen Ausprägung auf der Stufe des Kindes jener Entwicklungsphase stehengeblieben sei. Wir wissen heute, daß der Exhibitionismus nicht nur auf das rein Anatomische beschränkt sein muß, sondern wir sprechen auch von einem seelischen Exhibitionismus bei leichtfertiger, ja oft lustbetonter Preisgabe der Intimsphäre.

Um das Konzept der Psychoanalyse von der kindlichen Sexualität zu verstehen, muß man sich zunächst den psychoanalytischen Begriff der Sexualität verdeutlichen.

d) *Die erste Fassung der psychoanalytischen Trieblehre:* Der psychoanalytische Begriff des Sexuellen ist sehr viel weiter gefaßt, als er im allgemeinen Sprachgebrauch und auch im wissenschaftlichen Begriffsverständnis der Biologie, der Psychologie, der Soziologie, der Ethik und der Pädagogik verstanden wird. Gemeinhin deckt der Begriff die körperlichen Beziehungen der beiden Geschlechter und letztlich die Vereinigung der Geschlechtsorgane im Geschlechtsakt. Abweichungen vom „Normal-

29

verhalten" werden als Perversionen bezeichnet. Sie können sich auf das Objekt beziehen: den Partner gleichen Geschlechtes (Homosexualität), das Tier (Zoophilie oder Sodomie), den unreifen Partner, das Kind (Pädophilie) und auf unbelebte Gegenstände (Fetischismus). Zum anderen können, neben der Reizung der Genitalregion, auch die Reizung der Mund- und Afterzone Ziel des Sexualtriebes sein. Endlich — wie schon oben erwähnt — kann auch das Sich-Zeigen (Exhibitionismus) oder das Beschauen des nackten Körpers, der Geschlechtszonen oder des von anderen vollzogenen Geschlechtsaktes (Voyeurtum) sexuelle Lust bereiten. Man wird sagen, das bisher Dargestellte sei durchaus auch Gegenstand der üblichen Auffassung des Sexuellen. Gerade aber in den Abweichungen des Sexualziels fand Freud die Nahtstelle zur kindlichen Entwicklung und zu einer sehr viel weiteren Auffassung des Sexualtriebes. Das zur Stillung des Hungers, zur Erhaltung des Lebens und zum Wachstum notwendige Trinken des Säuglings an der Brust oder ersatzweise aus dem Fläschchen verschafft nicht nur Befriedigung durch die Stillung des Hungergefühls, sondern auch durch den Akt des Saugens selbst. FREUD fand eine Bestätigung hierfür sowohl im durchaus normalen erotischen Verhalten der Erwachsenen als auch im Lutschen (Wonnesaugen), das vom Kinde oft bis weit in das Schulalter hinein beibehalten wird.

Bereits im Säuglingsalter sind lebenserhaltende Funktionen, wie die Nahrungsaufnahme, mit Lustempfindungen gekoppelt, und dieses Phänomen versteht die Psychoanalyse unter ihrem weitgefaßten Begriff der Sexualität.

Sexuell in diesem weiteren Sinne ist jedes menschliche Verhalten — vor allem aber im Säuglings- und Kleinkindalter —, das den durch gestaute Bedürfnisse erzeugten Spannungen, also einem Unlustgefühl, Abfuhr verschafft und damit Lustgefühl erzeugt. Damit ist auch klar, daß Lust und Unlust in diesem Sinne aus dem in der Alltagssprache gemeinten Bezug ausschließlich zum Geschlechtlichen nicht verstanden werden können.

Die Entdeckung der Psychoanalyse in dieser Zeit, die sowohl für die Entwicklungspsychologie als auch für die Pädagogik von weittragender Bedeutung wurde, ist die Verschränkung von Trieben, die zur Erhaltung des individuellen Lebens notwendig sind — Selbsterhaltungstrieben und Trieben, die auf Lustgewinn zielen, also Sexualtrieben im weitesten Sinne. Die Bedeutung jener beiden Triebgruppen hatte bereits Schiller erkannt und benannt, wenn er davon sprach, daß Hunger und Liebe die Welt zusammenhalten. Diese Triebe nun drängen nach unmittelbarer Befriedigung. Wir sehen das am deutlichsten beim Säugling; er schreit sofort, wenn er ein Hungergefühl hat und verlangt nach augenblicklicher Sättigung. Im Laufe der Entwicklung wird es dem Menschen möglich, die

30

Befriedigung seiner Bedürfnisse etwas zurückzustellen; man kann dies als eine der wesentlichen Funktionen der Erziehung betrachten. Deshalb nannte FREUD jene seelischen oder, vielleicht noch besser, seelisch-körperlichen Vorgänge der Selbsterhaltungs- und Sexualtriebe die „Primär-Vorgänge", also die Vorgänge, die entwicklungsmäßig zuerst da sind. Diese Primärvorgänge gehorchen dem Lustprinzip, d. h., sie wollen Lust (Befriedigung) erreichen oder Unlust vermeiden. Im Verlaufe der Entwicklung erwirbt das Kind die Erfahrung, daß unmittelbare Befriedigung von Bedürfnissen oftmals einen Schaden, Unlust oder sogar eine Gefährdung mit sich bringt. Vor allem erlebt das Kind, daß die Mutter oder deren Ersatzperson auf unkontrollierte, triebhafte Bedürfnisbefriedigungen mit einem zeitweisen Entzug der seelisch so notwendigen und erwünschten liebevollen Zuwendung reagiert. Durch all diese Erfahrungen gewitzigt, hat der Mensch langsam eine Form des Aufschubes seiner Bedürfnisse, eine Kontrolle und Steuerung seiner Triebe entwickelt. FREUD nannte diese Art der seelischen Prozesse die „Sekundär-Vorgänge", welche nunmehr vom „Realitätsprinzip", d. h. von der Anpassung an die Wirklichkeit und deren Gefahren dirigiert werden (vgl. G. W. VII, S. 29—39).

e) *Verdrängung und Sublimierung:* An dieser Stelle der tiefenpsychologischen Problemgeschichte ist die erste bedeutsame Verbindung zur Pädagogik zu konstatieren. Wenn wir unter Erziehung das Heranbilden des Kindes zum erwachsenen Menschen unserer Kultur verstehen, so heißt das, das Kind in die Lage zu versetzen, seine dranghaften Impulse so zu zügeln und zu steuern, daß es sie in die Wirklichkeit unserer Gesellschaftsordnung bewußt und in Freiheit einfügen kann. Ein kleines Beispiel aus der Schulstube mag dies illustrieren. Es fällt den kleinen Abc-Schützen oft unendlich schwer, ihre motorischen Bedürfnisse für die Dauer einer Schulstunde zu zügeln und still in den Bänken zu sitzen. Ein Kind ist erst dann als schulreif zu bezeichnen — auch bei durchaus gegebener intellektueller Reife —, wenn es fähig ist, sein Bewegungsbedürfnis den Notwendigkeiten des Schulbetriebes anzupassen. Aus seinen Erfahrungen mit seelischen Erkrankungen — Hysterie, Zwangsneurose und Phobie — hatte FREUD gelernt, daß eine bloße Unterdrückung der triebhaften Ansprüche diese in das Unbewußte verdrängen und zu möglichen, ja wahrscheinlichen Störungsquellen machen wird. Es kommt darauf an, die im Triebhaften gegebene seelische Kraft (Energie) zu nutzen, zu verarbeiten und sozial anerkannten, kulturell wertvollen Zwecken zuzuführen. FREUD hat diese Umänderung des Triebzieles unter Nutzung der Triebkraft „Sublimation", d. h. Verfeinerung, Sozialisierung und

Kultivierung der Triebe genannt. Man spürt hier den unmittelbaren Bezug zur Aufgabe des Erziehers, und wir werden uns im Kapitel VIII sehr intensiv mit Erziehung als Hilfe zur Sublimation zu beschäftigen haben.

3. Von der Praxis zur Theorie — Freuds Alterswerk

a) *Die Aggression und die zweite Fassung:* Von den Beobachtungen an seinen Patienten angeregt und durch die psychologischen Massenerscheinungen des ersten Weltkrieges erschüttert, kam FREUD dazu, seine Trieblehre — das Widerspiel von Selbsterhaltungs- und Sexualtrieb — zu verändern. Die Erscheinungen des Sadismus (Lust am Quälen anderer), des Masochismus (Lust am Gequältwerden), des Mordens und des Suicides (Selbstmordes) wurden durch die Annahme eines ursprünglichen, zerstörerischen, aggressiven Triebes, welcher sich auch gegen die eigene Person richten kann, sehr viel verständlicher. In der neuen Fassung der Trieblehre werden nunmehr die zerstörerischen Aggressionstriebe den aufbauenden, zum Partner hinführenden Sexualtrieben gegenübergestellt; in der Metapsychologie, der philosophischen Anthropologie der Analyse, hat Freud diese den Todes- und Lebenstrieb genannt.
Diese im Jahre 1920 (G. W. XIII, S. 1—70) in das psychoanalytische Modell vom Menschen eingeführte Lehre von den Aggressionstrieben wurde jüngst von dem Zoologen und vergleichenden Verhaltensforscher K. LORENZ in seinem Buche „Das sogenannte Böse" (1964) aufgegriffen; LORENZ übertrug dabei, wohl etwas vorschnell, seine Beobachtungen am Kampfverhalten von Tieren gegenüber Artgenossen auf den Menschen. Die Aggressionstriebe der Tiere sind ein Instinktverhalten; sie werden durch Hemm-Mechanismen beträchtlich eingeengt. Das Aggressionsverhalten des Menschen dagegen ist ungleich komplizierter und mannigfacher: er kann mit Lust quälen und Lust beim Gequältwerden empfinden; es besteht oft eine starke Vermischung von Aggressions- und Sexualtrieben, und endlich kann die Aggression auch, ähnlich wie die Sexualität, in der Sublimierung in den Dienst kulturell und sozial wertvoller Aufgaben gestellt werden. Damit ist schon gesagt, daß auch die Aggressivität, wie früher die Sexualität, in der Psychoanalyse in einem weiteren Sinne verstanden werden muß.

b) *Die Struktur der Persönlichkeit — Es, Ich und Über-Ich:* Die Gegenüberstellung von Aggressions- und Sexualtrieben anstelle von Icherhaltungs- und Sexualtrieben erforderte nun auch einen Umbau des psychischen Steuerungssystems im psychoanalytischen Persönlichkeitsmodell.

Das gesamte seelische Verhalten und Erleben wird dadurch in verschiedene Bereiche (Instanzen) gegliedert. Man nennt deshalb diesen Gesichtspunkt den „strukturellen", d. h. den Aspekt der Gliederung oder Struktur. Dem „Es", als der Heimat der (unbewußten) Antriebskräfte, steht das „Ich", als Steuerungsorgan, als Ort der bewußten Wahrnehmung und Auseinandersetzung mit der Umwelt, gegenüber. Als dritte seelische Instanz benannte FREUD das „Über-Ich", das bisher in der Psychologie, Ethik und Pädagogik als Gewissen bekannt war. Die Forderungen des „Über-Ich" entstehen im Menschen dadurch, daß das Kind die moralischen Ansprüche seiner Umgebung, zumeist der Eltern, für sich übernimmt. Die Entwicklung des Gewissens und der pädagogische Umgang mit ihm wird uns später noch ausführlich beschäftigen.

FREUD hat in seinem „Abriß der Psychoanalyse", den er im Jahre 1938 schrieb und der erst nach seinem Tode veröffentlicht wurde (G. W. XVII, S. 63—120), eine anschauliche Darstellung seiner Auffassung über die Natur des Seelischen gegeben. Darin vergleicht er das „Ich" mit jemandem, der gegen drei Fronten kämpfen muß: erstens stürmen die dranghaften Triebe des „Es" gegen das „Ich" an; es muß versuchen, ihnen teilweise Erfüllung zu verschaffen, diese Erfüllung aber zweitens mit den Gegebenheiten der Realität, der menschlichen und außermenschlichen Umwelt, in Einklang zu bringen; gleichzeitig aber muß es drittens sein Verhalten auch nach den strengen Forderungen des „Über-Ich" orientieren. Es ist daher verständlich, wenn dieses „Ich" eine bedeutungsvolle Rolle für die Entwicklung der gesunden Persönlichkeit spielt. Die Stärke und die Schwäche des „Ich" sind jeweils maßgebend für das harmonische Verhältnis des „Ich" zu seinen drei Forderern — dem „Es", der Außenwelt und dem „Über-Ich" (Gewissen). So ist die Förderung eines starken „Ich" ebenso Aufgabe des Erziehers wie die Bildung des Gewissens und die Vermittlung von Kulturgütern.

4. Die anderen tiefenpsychologischen Schulen und ihr Verhältnis zur Psychoanalyse

Wir beschäftigten uns anfänglich eingehend mit der Psychoanalyse, und dies zu Recht, denn alle anderen tiefenpsychologischen Richtungen stammen in irgendeiner Weise von der Psychoanalyse ab. Dies zu verdeutlichen mag ein schematischer Stammbaum der tiefenpsychologischen Richtungen (Abb. 1) dienen. Als Orientierungsfelder sind das biologische (unten Mitte), das soziale (links oben) und das philosophische (rechts oben) verzeichnet. Die Lokalisation der einzelnen tiefenpsychologischen

Abb. 1: Entwicklung der Tiefenpsychologie

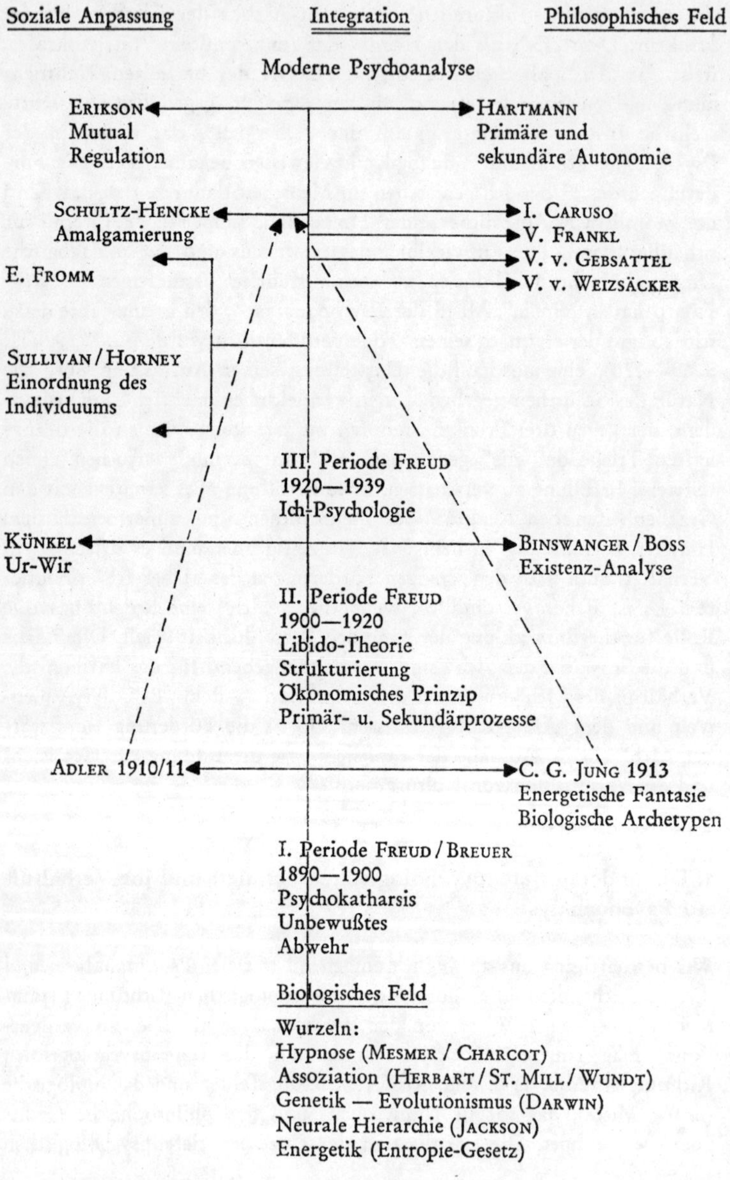

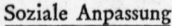

Soziale Anpassung	Integration	Philosophisches Feld

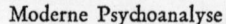

Moderne Psychoanalyse

ERIKSON ◄————————————► HARTMANN
Mutual   Primäre und
Regulation   sekundäre Autonomie

SCHULTZ-HENCKE ◄——————————► I. CARUSO
Amalgamierung ◄———◄———► V. FRANKL
                          ► V. v. GEBSATTEL
E. FROMM   ► V. v. WEIZSÄCKER

SULLIVAN / HORNEY
Einordnung des
Individuums ◄———

III. Periode FREUD
1920—1939
Ich-Psychologie

KÜNKEL ◄————————————► BINSWANGER / BOSS
Ur-Wir   Existenz-Analyse

II. Periode FREUD
1900—1920
Libido-Theorie
Strukturierung
Ökonomisches Prinzip
Primär- u. Sekundärprozesse

ADLER 1910/11 ◄————————————► C. G. JUNG 1913
                          Energetische Fantasie
                          Biologische Archetypen

I. Periode FREUD / BREUER
1890—1900
Psychokatharsis
Unbewußtes
Abwehr

Biologisches Feld

Wurzeln:
Hypnose (MESMER / CHARCOT)
Assoziation (HERBART / ST. MILL / WUNDT)
Genetik — Evolutionismus (DARWIN)
Neurale Hierarchie (JACKSON)
Energetik (Entropie-Gesetz)

34

Richtungen im jeweiligen Feld zeigt den Akzent der Orientierung einer Schule im sozialen, biologischen oder philosophischen Bereich an. Die Mitte, der Stamm, von dem alles ausgeht, ist die FREUDsche Analyse in ihren drei von uns dargestellten problemgeschichtlichen Perioden. Als Wurzeln aus dem naturwissenschaftlichen Denken des 19. Jahrhunderts sind die Hypnose-Behandlung (CHARCOT), die moderne Physik — Energieerhaltungsgesetz (R. MAYER) — und der biologische Evolutionismus (DARWIN) eingezeichnet.

a) *Die Individualpsychologie A. Adlers und ihre Abwandlungen durch F. Künkel und L. Seif:* ALFRED ADLER war der erste Schüler FREUDS. Er setzte sich 1911 von der Psychoanalyse ab und begründete eine eigene Richtung, die Individualpsychologie. ADLERS Hauptanliegen ist die Auseinandersetzung des Individuums mit seiner sozialen Umwelt. Im Gegensatz zur Psychoanalyse kennt ADLER nur einen Trieb, den „Macht-Trieb". Jeder Mensch hat die Tendenz, seinen Mitmenschen überlegen zu sein, eine ihnen übergeordnete Rolle zu spielen. Nun aber erlebt jeder Mensch notwendigerweise Situationen der Unterlegenheit. ADLER unterscheidet entwicklungsmäßige, biologische und soziale Unterlegenheits-Situationen. Bereits das Kind erlebt sich den Erwachsenen gegenüber als unterlegen. Dieses „Minderwertigkeitsgefühl" ist das erste und allgemeinste im menschlichen Leben. Je nach Behandlung durch die Eltern kann das kindliche Minderwertigkeitsgefühl zur Quelle von neurotischen Lebensschwierigkeiten oder auch weitgehend normalisiert und überwunden werden. ADLER hat also mit FREUD gemeinsam, daß er die Hauptzeit für die Entstehung seelischer Schwierigkeiten in der frühen Kindheit annimmt. Von der Erlebnisverarbeitung der körperlichen Mißbildungen, der Beeinträchtigung der Sinneswahrnehmung und der Funktionstüchtigkeit der Organe ging ADLER bei der Begründung der Individualpsychologie überhaupt aus.

In seinem ersten Werk, über „Die Minderwertigkeit von Organen" (1907), erörtert ADLER einerseits, wie sich der Organismus selbst bei Minderwertigkeit eines Organes hilft, und andererseits, wie das Individuum versucht, die körperlichen Beeinträchigungen wettzumachen, zu kompensieren. Das berühmteste Beispiel ADLERS ist der griechische Redner und Staatsmann Demosthenes, von dem berichtet wird, daß er einen Sprachfehler gehabt habe und, um sich im Reden zu üben, tagtäglich an die Küste gegangen sei und gegen das Tosen der Brandung gesprochen habe. So sei aus dem ursprünglich Sprachbehinderten einer der berühmtesten Redner des Altertums geworden. Die schwerwiegenden Folgen des Erlebens einer körperlichen Mißbildung, ja bereits schon der körperlichen

35

Andersartigkeit für die Entwicklung eines Kindes sind jedem sorgfältig beobachtenden Pädagogen schon einmal deutlich geworden.

Die dritte bedeutsame Situation für die Entstehung von Minderwertigkeitsgefühlen ist die soziale Stellung eines Menschen. So sah ADLER die Grundlage für die Andersartigkeit der Frau in ihrer sozialen Unterlegenheit gegenüber dem Mann innerhalb der abendländischen patriarchalischen Gesellschaft — im Gegensatz zu FREUD, der eine biologische Grundlage annahm. Jedoch auch die Situation des Armen gegenüber dem Reichen, des politisch Machtlosen gegenüber dem Mächtigen und desjenigen, der einer niedrigen Schicht oder gesellschaftlichen Klasse angehört, sieht ADLER als ausschlaggebend für die Entstehung von Minderwertigkeitsgefühlen an. Es versteht sich, daß er damit sehr nahe Kontakte zur Sozialpolitik bekam.

Kein Mensch bleibt also von Situationen, die Minderwertigkeitsgefühle entstehen lassen, verschont. Die Frage ist, wie er diese Situationen verarbeitet, wie er mit den Minderwertigkeitsgefühlen fertigzuwerden trachtet. Die neurotische Verarbeitung mündet im „Minderwertigkeitskomplex" und der daraus resultierenden Bemühung mit für den betreffenden Menschen völlig ungeeigneten Mitteln, doch nach oben zu kommen. Dies kann sich in Handlungsweisen äußern oder auch nur in der Phantasie abgetan werden. In der Betrachtung der Lebensgeschichte eines Kindes, Jugendlichen oder Erwachsenen sieht ADLER die „fiktive Leitlinie" dieser Bemühungen. Damit ist das falsche Trachten gemeint, mit ungeeigneten Mitteln die unglückliche Ausgangssituation — sei es die des Kindes, des mit biologischen Mängeln Behafteten oder die der sozial ungünstigen Situation — auszugleichen, zu kompensieren. Individualpsychologische Therapie ist es, dem Menschen seine falschen Wege nach oben aufzuzeigen und ihn damit zur Korrektur und zur Heilung zu bringen. Das Unbewußte spielt in der Theorie der Individualpsychologie nur eine untergeordnete Rolle. Es wird zwar angenommen, daß es ein Unbewußtes gibt und daß es jene Schicht des Seelischen ist, in der die fiktive Leitlinie, der falsche Weg nach oben, beheimatet ist. Da aber bereits eine einfache, relativ oberflächliche Auseinandersetzung über diesen falschen Lebensweg und seine Ursachen nach ADLERS Annahme dem Menschen zur Einsicht und zur Korrektur seines Handelns verhilft, können das Unbewußte und diejenigen Kräfte, die einen Wunsch oder ein Motiv im Unbewußten halten, lange nicht so mächtig sein wie in der Psychoanalyse, wo ein höchst langwieriger Weg erst zur Auflösung der Verdrängung ins Unbewußte führt.

Die individualpsychologische Theorie und Praxis haben diese tiefenpsychologische Richtung bald mit der Pädagogik in Verbindung gebracht.

Hilfreich war dabei, daß ADLERS Gedankengänge der Reformpädagogik der zwanziger Jahre gar nicht ferne lagen. Zudem spielt in der Individualpsychologie das Sexuelle als seelische Triebkraft eine untergeordnete Rolle — ja die Bezeichnung findet sich kaum in der individualpsychologischen Literatur. Damit ist der Charakter des Provozierenden, den die Psychoanalyse in ihrer Frühzeit hatte, in der Individualpsychologie nicht gegeben. Ihre therapeutische Methode, das Erklären, Belehren und Beraten, steht dem pädagogischen Tun sehr nahe.

ALFRED ADLER war Dozent am Wiener Pädagogischen Institut, und die von ihm beeinflußten Nervenärzte F. KÜNKEL, Berlin, und L. SEIF, München, setzten in der von ihnen umgewandelten oder weitergeführten Individualpsychologie den Akzent auf die Erziehung zur Gemeinschaft. Nach KÜNKEL ist die Neurose ein „Herausfallen" aus dem Ur-Wir, der frühen Mutter-Kind-Gemeinschaft, als erlebnismäßige Modellsituation einer jeglichen Gemeinschaft, und die Heilung liegt in dem Hinführen zur Gemeinschaft. SEIF dagegen, der 1922 in München die erste Erziehungsberatungsstelle in Deutschland gegründet hat, sieht vor allem in der Ermutigung des Kindes die wesentliche Hilfe zur Überwindung von Erziehungsschwierigkeiten.

Es wäre höchst ungerecht und auch geschichtlich ungerechtfertigt, die Bedeutung der Individualpsychologie und ihrer Abwandlungen durch KÜNKEL und SEIF für die Erziehung zu schmälern. Doch dürfte wohl das Gedankengut der Individualpsychologie inzwischen von der Pädagogik weitgehend aufgenommen worden sein, zumindest theoretisch. Der Verbreitung der Individualpsychologie kam die relative Einfachheit ihres theoretischen Gebäudes zugute; sie ist eine „common sense-Psychologie". Sie erzeugte weder die gefühlsmäßige Abwehr wie die Psychoanalyse, noch erforderte sie das Eindringen in höchst komplizierte Gedankengänge.

b) *Die amerikanischen Varianten der Psychoanalyse von K. Horney und E. Fromm:* In Nordamerika entstand in den dreißiger Jahren eine typisch amerikanische Abwandlung der Psychoanalyse, die sogenannte „Kulturschule der Psychoanalyse". Wesentliche Vertreter sind K. HORNEY, die vorher lange Jahre am Berliner Psychoanalytischen Institut wirkte, und E. FROMM, ein Schüler MAX WEBERS, des Philosophen und Soziologen. Beide unterliegen in starkem Maße dem amerikanischen Glauben an die absolute Erziehbarkeit des Menschen — erinnert sei an den Philosophen und Pädagogen JOHN DEWEY — und an die Notwendigkeit der Anpassung des Individuums an die Gesellschaft. So sah denn auch HORNEY die Ursachen neurotischer Störungen im wesentlichen in einer nicht geglückten Anpassung des Individuums an die Gesellschaft. FROMM hingegen versuchte die Geschichte und vor allem die wirtschaftliche Entwicklung der letzten 300 Jahre in Zusammenhang mit der FREUDschen Phasenlehre zu bringen; er sieht die Schwierigkeit des modernen Menschen innerhalb der Konsumgesellschaft in der „Flucht vor der Freiheit" (so der Titel eines Buches). Es ist verständlich, daß diese Richtung für die Pädagogik nicht von großer Bedeutung wurde.

c) *Die Neo-Analyse Schultz-Henckes:* In Deutschland gründete während des zweiten Weltkrieges H. SCHULTZ-HENCKE die sogenannte „Neo-Analyse" (neuanalytische Richtung). Der gedankliche Gehalt dieser tiefenpsychologischen Schule stellt eine Verschmelzung von FREUDscher Psychoanalyse, ADLERscher Individualpsychologie und einigen Gedankengängen C. G. JUNGS (vgl. unten) dar. SCHULTZ-HENCKE nennt seine Tiefenpsychologie und die darauf beruhende Psychotherapie selbst eine Amalgamierung (Verschmelzung) der verschiedenen tiefenpsychologischen Richtungen. Er begründete das mit der Feststellung, es sei nunmehr nach fünfzig Jahren der tiefenpsychologischen Forschung der Zeitpunkt gekommen, nach kritischer Prüfung das gesicherte Gedankengut aus allen Schulen in einem System zusammenzufassen. Dazu führten wohl zwei äußere Anlässe. In der Zeit des Dritten Reiches war verständlicherweise die Psychoanalyse verpönt, die meisten Schüler FREUDS mußten, wie er selbst, emigrieren. In dem „Deutschen Institut für Tiefenpsychologie und Psychotherapie" wurden alle Schulen zusammengefaßt. SCHULTZ-HENCKE erlebte diese Zusammenarbeit, die sicher teilweise recht fruchtbare Momente in sich geborgen hat. Zum anderen war die Veränderung der typisch psychoanalytischen Bezeichnungen und auch eine gewisse Distanzierung von FREUD eine Schutzmaßnahme und Hilfe in der damaligen politischen Situation.

Das unter äußerem Druck Entstandene hielt sich aber auch nach dem Kriege, und zwar unserer Ansicht nach deshalb, weil SCHULTZ-HENCKE zwar nicht das „gesicherte Gedankengut der tiefenpsychologischen Richtungen" in seinem System vereint hatte, wohl aber das gut und leicht praktisch Anwendbare. So hat denn diese tiefenpsychologische Richtung, vor allem in Deutschland, bei Ärzten, Sozialpädagogen und Pädagogen eine große Verbreitung gefunden.

Was aber ist nun der Unterschied zur Psychoanalyse, soweit sich dies in wenigen Sätzen sagen läßt? In der Neo-Analyse werden nicht zwei große Triebgruppen — Sexualtriebe und Aggressionstriebe — angenommen, sondern fünf Antriebserlebnisse. Diese sind, in der zeitlichen Reihenfolge der Entwicklung: das intentionale (gerichtete), das captative (nehmende, besitzergreifende), das retentive (behaltende), das urethrale (geltungsbedürftige) und das sexuelle Antriebsleben. FREUD hatte diese Motivgruppen menschlichen Handelns und Erlebens auch gesehen und sie als Teile der Entwicklung des Sexualtriebes betrachtet. Zum anderen nimmt die Neo-Analyse nicht ein kompliziertes Ineinanderwirken von Abwehrmechanismen des „Ich" und Wünschen des „Es" (der Triebe) an, sondern sieht es als gegeben, daß die jeweiligen Antriebserlebnisse zur besonderen Zeit ihrer Entwicklung in der Kindheit durch erzieherische Haltung — Härte und Verwöhnung — gehemmt werden. Derartige gehemmte Antriebserlebnisse haben die Tendenz, später explosiv an die Oberfläche zu treten und so neurotische Schwierigkeiten zu erzeugen. Man sieht bereits an dieser grobskizzierten Darstellung, daß die neoanalytische Richtung hinsichtlich der Einfachheit ihres theoretischen Systems näher bei der Individualpsychologie als bei der alten Psychoanalyse liegt. Diese Tatsache verhalf ihr ebenfalls zu einer großen Breitenwirksamkeit in Deutschland; so werden heute viele Einrichtungen der Sozialversicherung, Sanatorien und vor allem auch Heime für schwererziehbare Kinder und Jugendliche von neoanalytisch orientierten Psychotherapeuten betreut. Besonders für die Arbeit mit Kindern und Jugendlichen wurde eine eigenständige Ausbildungsform für Lehrer, Jugendleiterinnen und Fürsorger geschaffen; in einem zweijährigen Kurs mit Lehranalyse können derartig vorgebildete Pädagogen eine Zusatzausbildung für Kinderpsychotherapie als sogenannte Psychagogen erhalten. A. DÜHRSSEN hat mit dem Material dieser großen Erfahrung in zwei bedeutsamen Büchern die Kinderpsychotherapie und die tiefenpsychologische Pädagogik wesentlich bereichert. Dies wird später weiter auszuführen sein.

d) *Die komplexe Psychologie C. G. Jungs:* Im Gegensatz zu FREUDS Bemühen, seiner Psychologie eine naturwissenschaftlich fundierte Konzeption zu geben, ist C. G. JUNG an einer philosophisch und religiösmythologischen Deutung des menschlichen Erlebens und Verhaltens orientiert (vgl. Abb. 1, rechte Seite des Stammbaumes). Im Jahre 1913 trennte er sich, der bis dahin zu FREUDS Schülern gehörte und sogar dessen „Kronprinz" war, von der Psychoanalyse; die Auseinandersetzung entspann sich um den Begriff der Libido (Sexualenergie) und der seelischen Dynamik der Schizophrenien. Für JUNG ist die Libido nicht die spezielle sexuelle Triebenergie, die ihre Kraft vielen anderen seelischen Handlungen im Prozeß der Entsexualisierung und Sublimierung ausleiht, sondern eine allgemeine seelische Energie, eine Lebenskraft, die zwar von Trieben mitbestimmt wird, aber selbst sozusagen ohne irgendein Vorzeichen ist (vgl. C. G. JUNG „Symbole und Wandlungen der Libido", 1913). Bald fand JUNG in seinen Forschungen neben dem persönlichen

Unbewußten auch ein kollektives Unbewußtes, einen seelischen Bereich, in dem die Erfahrungen der gesamten Menschheit ihren Niederschlag gefunden haben und sich in Symbolen als einer Art von Kristallisationskernen — JUNG nennt sie Archetypen — dartun. Die Belege für seinen psychologischen Ansatz findet JUNG in der Mythologie aller Völker und in den Bildern der Alchemie des Mittelalters. Es ist hier nicht möglich, das ungeheuer weit ausgedehnte System der JUNGschen Psychologie darzustellen. JUNG verband mit seiner Tiefenpsychologie viel weniger als FREUD das Anliegen, eine Therapie, eine Behandlungsmethode nervöser Störungen zu schaffen oder pädagogische und sozialpädagogische Impulse zu setzen, er sah seine Psychologie als eine Hilfe für den Menschen zur Findung seines eigentlichen Selbst — im Sinne des Wortes „Werde, der du bist".

Die Methode der „analytischen oder komplexen Psychologie" — so nannte JUNG seine Tiefenpsychologie — arbeitet vorwiegend mit Träumen und Gestaltungen des Unbewußten, seien es bildnerische oder sprachliche. Das Ziel ist, dem Menschen die Bilder und Wirkkräfte des kollektiven Unbewußten zur Verfügung zu stellen und seine Individualität immer mehr von den kollektiven Anteilen seiner Psyche abzulösen. Diesen Prozeß nennt die „komplexe Psychologie" deshalb auch „Individuation". Wie JUNG selbst einmal formulierte, ist diese Methode eine psychologische Heilmethode und ein Weg zur Selbsterkenntnis und Selbstregulation für Menschen der zweiten Lebenshälfte. Damit ist deutlich gesagt, daß die JUNGsche Psychologie kaum Bezüge zur pädagogischen Arbeit am Kinde und Jugendlichen hat. Es gibt auch nur einen Aufsatz von JUNG selbst über „Psychologie und Erziehung" (1946) und zwei Publikationen über Erziehungsprobleme von JUNG-Schülern.

e) *Die philosophischen Richtungen:* Dieser Abstand von der Praxis, von den praktischen Problemen der Erziehung und Heilerziehung, der Behandlung seelischer Störungen und der Untersuchung der Spannungen zwischen Individuum und Gemeinschaft kennzeichnet auch alle anderen philosophisch orientierten Tiefenpsychologien. Diese Feststellung ist keine Geringschätzung der tiefenpsychologisch-philosophischen Richtungen, sondern eine Zuordnung analog dem Zweck dieses Buches und eine Orientierungshilfe für den Leser.

Eine weitere Gruppe von Forschern, zum Teil wie JUNG und ADLER auch noch direkte Schüler FREUDS, versuchte, die biologischen und soziologischen Ansätze der Psychoanalyse philosophisch weiterzuführen. Dabei litt verständlicherweise manchmal die ursprüngliche Auffassung der Psychoanalyse, ihr Menschenbild und ihre Psychologie. Es ist kulturge-

40

schichtlich von Interesse, daß die philosophisch-anthropologischen Richtungen der Tiefenpsychologie vor allem auf deutschem, im weiteren auf mitteleuropäischem Boden entstanden sind. Von bedeutsamem Einfluß war die Existenzphilosophie; vor allem die Gedanken der Philosophen E. HUSSERL und seines Schülers M. HEIDEGGER. Jenseits der Frage nach der vererbten Anlage und den Einflüssen des Milieus liegt den Existenz-Analytikern daran, den „Weltentwurf" eines Menschen zu erfassen, sei er nun im Bereich des Normalen oder des Krankhaften. Hier sind die Namen des Schweizer Nervenarztes L. BINSWANGER, der Deutschen V. v. GEBSATTEL und E. STRAUSS und des in seinen Gedankengängen sehr originellen Internisten und Neurologen V. v. WEIZSÄCKER zu nennen. Manchmal wird in diesem Zusammenhange auch von einer „Dritten Wiener Schule" — nach FREUD und ADLER — gesprochen; benannt hat sie ihr Urheber V. E. FRANKL in nicht allzu bescheidener Weise. Der Anspruch, der in dieser Bezeichnung liegt, wird nicht durch die Originalität der Ideen gerechtfertigt.

Erwähnt seien noch die Bemühungen eines Kreises von Wiener Psychotherapeuten um I. CARUSO, die versuchen, die Erkenntnisse der Psychoanalyse in sauberer Weise nicht nur praktisch, sondern auch philosophisch-theoretisch im geistigen Raum des Katholischen heimisch zu machen (vgl. Abb. 1, philosophische Richtung auf der rechten Seite des Stammbaumes).

f) *Moderne Entwicklungen der Psychoanalyse:* Man muß nun fragen, ob die Psychoanalyse selbst in den 75 Jahren ihres Bestehens, angesichts der Forschungsergebnisse der verschiedenen Disziplinen der Medizin, der Biologie, der Sozialwissenschaften, der Psychologie und der Völkerkunde, keine Veränderungen erfahren hat. Dies wäre dann ein Zeugnis für eine Abkapselung und geistige Selbstgenügsamkeit, die manche Kritiker der Psychoanalyse zum Vorwurf machen. Da zumindest in den europäischen Ländern die Psychoanalyse lange Zeit keinen Eingang in die Hochschulen gefunden hat, war sie tatsächlich eine Zeitlang in einer Art unfreiwilliger Abgeschlossenheit und konnte deshalb eigentlich nur Anregungen abgeben und weit weniger Anregungen empfangen und verarbeiten. Erinnert sei an den starken Einfluß psychoanalytischer Gedankengänge auf die Literatur und Literaturgeschichte im ersten Viertel unseres Jahrhunderts. In der Zwischenzeit aber hat die Psychoanalyse aus den zahlreichen Gebieten ihrer Anwendung eine Bewährungskontrolle und auch die Möglichkeit der Korrektur erfahren, so in den verschiedenen Disziplinen der Medizin, der Heilpädagogik und der Behandlung delinquenter Jugendlicher, im Strafvollzug, im Bereich der Kriminalitätsvorbeugung und in den allgemeinen Bemühungen, die seelische Gesundheit — das Gleichgewicht des Menschen (Psychohygiene) — zu erhalten. Wissenschaftsgeschichtlich und problemgeschichtlich sind es vor allem zwei Forschungsbereiche, welche die moderne, gegenwärtige Psychoanalyse bereichert haben und in ihr verarbeitet worden sind. Das überaus komplizierte Wechselspiel der Einflüsse der Gesellschaft und ihrer Kultur (Milieueinwirkung) auf das sich entwickelnde Individuum wurde vor allem auch an einfachen Kulturen, sogenannten primitiven Gesellschaftsformen, untersucht. Als Beispiel für viele seien hier nur die Beobachtungen der bekannten amerikanischen Kulturanthropologin M. MEAD an Völkern der Südsee genannt. In die Psychoanalyse sind diese Forschungen vor allem durch ERIK H. ERIKSON einbezogen worden. Er hat selbst bei den SIOUX-Indianern und bei dem Stamme der YUROK an der Pazifikküste gelebt und vor allem die Methode der Kinderaufzucht bei diesen Völkerschaften beobachtet. Es ist verständlich, daß die Einwirkungen der Erziehung als Möglichkeit, ihre Mitglieder zu solchen Persönlichkeiten zu formen, die den Notwendigkeiten der Gesellschaft am besten entsprechen, in einfachen Kulturen ungleich durchsichtiger sind als in unserer sogenannten pluralistischen Gesellschaft. ERIKSON hat nun seine Beobachtungen bei den Indianern mit seinen Erfahrungen an Kindern, die in ihrer Entwicklung gestört waren und ihm als Kinderpsychotherapeuten zugeführt wurden, verglichen. Dabei fand er u. a. für die Wechselbeziehung Kind—Umwelt ein Prinzip von ausgezeichneter Fruchtbarkeit, das er die „wechselseitige Regulation" nannte. Nicht nur das Kind wird durch die pflegerischen und erzieherischen Einflüsse seiner Umgebung geändert und geprägt, sondern es bewirkt auch Verhaltensänderungen seiner Umgebung, allein schon durch sein bloßes Dasein. Wir werden darauf bei der Erörterung der Entwicklung des Kindes noch einzugehen haben (vgl. Abb. 1, linke Aufzweigung der Spitze des Stammes).

Da FREUD von der Untersuchung der Hysterie ausgegangen ist, hat er sich weniger mit der Entwicklung und Reifung der seelisch-körperlichen Fähigkeiten, wie z. B. Laufen, Sprechen, der Wahrnehmung und des Gedächtnisses beschäftigt. Die Untersuchung der Reifung derartiger seelischer Funktionen war hingegen über Jahrzehnte der Gegenstand der Entwicklungspsychologie und auch der allgemeinen experimentellen Psychologie an den Universitätsinstituten. Als bedeutende Vertreter der Entwicklungspsychologie seien hier nur W. STERN, das Ehepaar BÜHLER, O. KROH und der amerikanische Kinderarzt und Entwickungspsychologe A. GESELL genannt.

Der deutsch-amerikanische Psychoanalytiker H. HARTMANN und der

Kreis um ihn hat nun versucht, diese bisher von der Psychoanalyse wenig beachteten normalpsychologischen Fähigkeiten in das psychoanalytische Persönlichkeitsmodell einzubeziehen. Die Fähigkeiten der Motorik, der Wahrnehmung und der Intelligenz helfen dem Menschen, seine Bedürfnisse, die durch die Triebe gestaltet sind, in der Außenwelt zu verwirklichen oder innerlich zu steuern. Sie gehören also dem seelischen Bereich des „Ich" an, das FREUD in seiner dritten Periode herausgearbeitet hat. HARTMANN hat nun hier, im Gegensatz zur bisherigen Psychoanalyse, die Ergebnisse der psychologischen Forschung eingeordnet und sie als seelische Erscheinungen, die im Menschen gemäß seinem anlagebedingten Tempo reifen, in einer „primären konfliktfreien autonomen Sphäre des Ich" beim Kinde untergebracht. Dieser komplizierte Ausdruck meint, daß Intelligenz, Motorik und Wahrnehmung nicht erst durch Konflikte mit der Bedürfnisse gewährenden oder versagenden Umwelt entstehen, wie Gefühle und Affekte, sondern zunächst (primär) selbständig (autonom) und eben nicht konfliktentstanden (konfliktfrei) sind. Damit ist im theoretischen Denken und in dessen Auswirkung für die Praxis eine Verbindung zwischen Tiefenpsychologie und sogenannter Hochschulpsychologie geschaffen worden. Die Bedeutung dieser Leistung kann nur derjenige ganz ermessen, der das jahrzehntelange Nebeneinander, ja Gegeneinander von Tiefenpsychologie und akademischer Psychologie erlebt hat.

Die damit beendete problemgeschichtliche Skizze sollte nicht nur Einführung in die Tiefenpsychologie sein, sondern auch Hilfe zur Einfühlung in dieses Gebiet. In den praktischen Kapiteln auftauchende Begriffe, Namen und Richtungen werden somit leichter eingeordnet und verstanden werden können.

II. Methoden und allgemeinpsychologische Ergebnisse der Tiefenpsychologie

Bis in die Zeit nach dem zweiten Weltkrieg gingen in Europa Tiefenpsychologie und akademische Psychologie getrennte Wege. Die an den Universitäten betriebene psychologische Forschung und Lehre akzeptierten weitgehend die Tiefenpsychologie nicht; etwas anders lagen die Verhältnisse in den Vereinigten Staaten. Durch die dortige Entwicklung beeinflußt, sind heute die theoretischen Ergebnisse der verschiedenen tiefenpsychologischen Schulen in die einzelnen psychologischen Disziplinen — Persönlichkeits-, Entwicklungs- und Völker-Psychologie — integriert.

Im modernen wissenschaftlichen Denken, das am Ideal der Naturwissenschaften orientiert ist, hängt die Geltung eines Faches von der Exaktheit seiner Forschungsmethoden ab. Da die Gegner der Tiefenpsychologie deren Methodik, weil sie nicht exakt sei, oftmals zum Gegenstand der Kritik machen, müssen wir diesem Vorwurf begegnen und im Nachfolgenden ihre Forschungsmethoden kritisch darstellen.

1. Die sechs Forschungsmethoden der Tiefenpsychologie

Es bieten sich sechs Verfahren zur Darstellung an, von denen die ersten drei speziell tiefenpsychologische klinische Verfahren sind, die zweiten drei hingegen übliche Methoden der Psychologie und Soziologie. Die Bezeichnung „klinisch" besagt, daß die Ergebnisse aus der Psychotherapie, d. h. dem heilenden Umgang mit dem Patienten, gewonnen sind. Verständlicherweise ist jede psychotherapeutische Behandlung einmalig und nicht wie ein Experiment wiederholbar; diese Besonderheit teilt die Psychotherapie mit allen menschlichen Begegnungen — sei es die Begegnung von Arzt und Patient oder die von Erzieher und Zögling. Des weiteren wird der klinischen Situation als Forschungsmöglichkeit gerne vorgehalten, der Psychotherapeut sei nicht objektiv, sondern beteiligt und engagiert. Dieser Vorwurf ist in gewissen Grenzen richtig, doch wird der Einfluß des beobachtenden Forschers auf das beobachtete Geschehen heute auch in anderen Wissenschaften anerkannt. So spricht man in der empirischen Sozialforschung von einem „participant observer" (teilnehmenden Beobachter) und meint damit den Sachverhalt, daß der Forscher in der sozialen Gruppe, die er untersucht, mitlebt und sie durch seine Anwesenheit verändert. In der exaktesten aller Wissenschaften, der Physik, wissen wir seit HEISENBERG, daß auch das beobachtete Naturgeschehen vom Beobachter — wenn auch in geringer Weise — verändert wird. Die Tiefenpsychologie befindet sich also bezüglich der kritisierten methodischen Situation in guter Gesellschaft.

Das Besondere der Tiefenpsychologie aber, das sie von allen anderen Wissenschaften abhebt, ist, daß sie die Veränderung des Untersuchungsgegenstandes durch den Untersucher, die Veränderung des Verhaltens eines Menschen in der Analyse durch den Einfluß des Analytikers, zum wesentlichen Gegenstand der Untersuchung macht. Deshalb ist ein Kapitel dieses Buches der Persönlichkeit des Erziehers, seiner individuellen Eigenart, seinen bewußten und vor allem unbewußten Problemen als wesentliches Moment im Geschehen zwischen Zögling und Erzieher gewidmet. Insgesamt halten wir also den Vorwurf der methodischen „Unsauberkeit" gegenüber dem klinisch-tiefenpsychologischen Vorgehen nicht für gerechtfertigt. Trotzdem haben wir in der nachfolgenden Darstellung den drei klinischen Methoden drei außerklinische, in den anderen Wissenschaften vom Menschen übliche, gegenübergestellt.

Die sechs darzustellenden Forschungsmethoden sind: a) die biographische Methode, b) die Interpretation (Analyse) unbewußter seelischer Produktionen, c) die sozialpsychologische Untersuchung des zwischenmenschlichen Prozesses in der Analyse, d) die direkte, kontrollierte Beobachtung menschlichen Verhaltens, e) vergleichende Untersuchungen der experimentellen Psychologie, f) Überprüfung tiefenpsychologischer Hypothesen in der ethnologischen Feldforschung.

a) *Die biographische Methode* ist in allen Wissenschaften, die den Menschen zum Forschungsgegenstand haben, üblich: in der Psychopathologie, der Psychologie, der Pädagogik, der Soziologie, der Kriminologie, der Ethnologie, aber auch in der Geschichte, Kulturgeschichte, Kunst-, Literatur- und Religionswissenschaft. In allen diesen Fächern wird der Lebenslauf eines Menschen als wesentliches Hilfsmittel zum Verständnis der Persönlichkeit benützt. Allerdings bemüht man sich, die Angaben eines Menschen über sein Leben, seien sie im Gespräch erworben oder aus schriftlichen oder autobiographischen Aufzeichnungen gewonnen, möglichst zu objektivieren: Die subjektiven Äußerungen sollen durch Dokumente oder Schilderungen Dritter belegt sein. Jeder, der einmal versucht hat, eine biographische Skizze zu schreiben, weiß, daß dieses Unterfangen kaum zu verwirklichen ist. In der tiefenpsychologischen Analyse ist die einzige lebensgeschichtliche Informationsquelle der Analysand selbst; man verzichtet bewußt auf die Überprüfung seiner Angaben bei dritten

Instanzen oder Persönlichkeiten. Man könnte also sagen, die tiefenpsychologische Biographie ist keine Lebensgeschichte, sondern eine Erlebnisgeschichte. Nun ist die Art, wie ein Mensch vom Tage seiner Geburt an seine Umwelt erlebt hat, auch die formende Macht seines Lebens. Nicht die reale Umwelt, sondern die erlebte Umwelt prägt uns. Man könnte also, vielleicht etwas übertrieben, sagen, die tiefenpsychologische Forschung in der Psychoanalyse strebt im Gegensatz zu allen anderen Wissenschaften vom Menschen nicht die objektive, sondern die subjektive Lebensgeschichte an. Sie wird damit auch dem an äußeren Ereignissen armen Leben, das für den Träger dieses Lebens durchaus ereignisreich und schwer gewesen sein kann, besser gerecht als eine objektive Biographie. Dies allerdings kreiden ihr die methodischen Kritiker an. Jedoch wäre es falsch, anzunehmen, die tiefenpsychologisch-analytische Lebenslaufforschung entbehre jeglichen Mittels, die subjektive Information zu korrigieren. Man bedenke, eine analytische Behandlung zieht sich über mehrere Jahre hin und benötigt 3 bis 4 Stunden je Woche. Während dieses Zeitraumes tauchen die Berichte über das gegenwärtige oder frühere Leben in mannigfachen Nuancen und Schattierungen auf. Ein Ereignis erscheint nicht nur in einer subjektiven Beleuchtung, sondern vielleicht in einem Dutzend verschiedener subjektiver Aspekte. Das zu Anfang einer Analyse nur aus der Erinnerung nüchtern Berichtete wird zu einem späteren Zeitpunkt mit vielen Gefühlstönen nochmals erlebt und erzählt. So ist die tiefenpsychologische Erlebnisgeschichte meist reichhaltiger als die objektive Lebensgeschichte. Der Kritiker wird einwenden: Wie soll man da den richtigen Stellenwert eines Ereignisses im Leben feststellen? Dieser angestrebte, sogenannte richtige Stellenwert ist wirklichkeitsfremd: vielmehr setzen Ereignisse und menschliche Begegnungen je nach Situation oder Verfassung des Erlebenden ganz verschiedene Erlebnisakzente. So ist die tiefenpsychologisch-analytische biographische Methode etwas Eigenständiges, mit den verwandten Verfahren nicht ganz vergleichbar; unter Verzicht auf eine nur im Laboratorium zu verwirklichende Exaktheit wird sie der Mannigfaltigkeit des Erlebens soweit als möglich gerecht.

b) Der zweite methodische Weg ist *die Interpretation der Produktionen des Unbewußten.* Dies sind vor allem die Träume, die Fehlleistungen, die Tagträumereien und die Werkgestaltungen, seien sie künstlerisch oder zufällig, wie die Zeichnungen, Malereien und Spiele des Kindes. Gestaltungen aus dem Unbewußten im letztgemeinten Sinne sind auch die meisten Persönlichkeitstests der modernen psychologischen Diagnostik (vgl. Kap. X). FREUD hat den Traum die „via regia", den Königsweg

46

zum Unbewußten genannt. Diese Aussage besteht zurecht, denn der Träumer befindet sich in einem Zustand eingeschränkten oder fehlenden Wachbewußtseins. Die Dynamik des Traumes gibt einen direkten Einblick in die Dynamik des Unbewußten; dies haben uns die Untersuchungen der Entstehungsgeschichte der Neurosen und die vergleichende Betrachtung der Wahnerlebnisse bei paranoiden Schizophrenen (wahnhaft gestörten Geisteskranken) gezeigt. Der Tiefenpsychologe befindet sich hier in einer dem Erforscher alter unbekannter Schriften — z. B. der Hieroglyphen — analogen Situation. Grundsätzlich stehen zwei Wege der Interpretation unbewußter Produktionen zur Verfügung: der kollektivpsychologische und der individualpsychologische Weg.

Im ersteren Verfahren werden die Inhalte und Bilder der Träume und unbewußten Gestaltungen mit den Stoffen und Bildern der Mythologie und Märchen mannigfacher Kulturen und Völker verglichen. In den Voruntersuchungen zu seinem großen Buch „Die Traumdeutung" (1900) hat FREUD die Literatur über den Traum von der Antike bis in die Gegenwart untersucht und dabei gefunden, daß auch die Traumbücher der Wahrsager auf den allgemeinen Symbolen des Unbewußten gründen. Diesen Aspekt haben dann zwei Schüler FREUDS — C. G. JUNG und STEKEL — ausgebaut. JUNG hat vor allem die Mythen der Antike, der afrikanischen und asiatischen Völker und die Bildersprache der mittelalterlichen Alchemie als kollektive Gestaltungen des Unbewußten verstanden. STEKEL hat die in der Folklore und Mythologie zahlreich vorkommenden Bilder für das menschliche Sexualleben gesammelt. Den in diesem Zusammenhang höchst bedeutsamen Begriff des Symbols werden wir später noch erörtern. In der obengenannten kollektivpsychologischen Methode werden nun die Erfahrungen aus der Mythologie und Märchenforschung auf die in der Analyse berichteten Trauminhalte angewandt. Dieses Verfahren wird vor allem von Tiefenpsychologen der JUNGschen Richtung benützt. Hat der Analysand z. B. von einer Schlange geträumt, so werden vom Psychotherapeuten dieser Schule die Bilder der Schlange aus der Schöpfungsgeschichte, aus der Edda und der griechischen Mythologie als Attribut des Heilgottes Asklepios zur Anreicherung seines individuellen Traumbildes angeboten. Die Reaktion des Patienten bestimmt den Aspekt, den das Schlangensymbol in seinem individuellen Traum hat. Da der tiefenpsychologische Therapeut das individuelle unbewußte Bild mit kollektiven, aus der Kulturgeschichte der Menschheit stammenden Bildern anreichert und ergänzt, nannte JUNG dieses Verfahren die Methode der „Amplifikation" (Anreicherung, siehe Abb. 2). Dieses Verfahren hat sehr viel Ähnlichkeit mit den geisteswissenschaftlichen Methoden in Literatur und Kunstgeschichte.

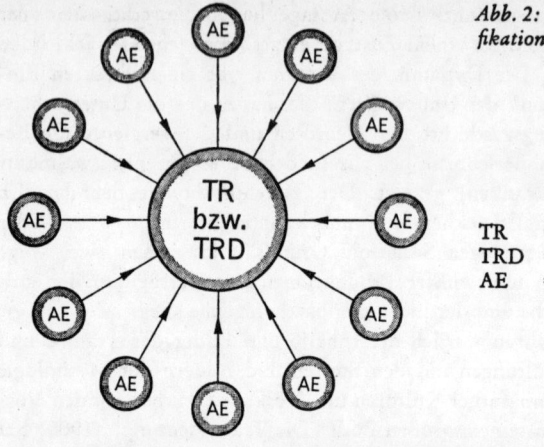

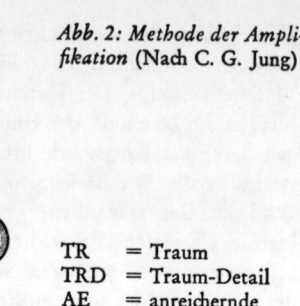

Abb. 2: Methode der Amplifikation (Nach C. G. Jung)

TR = Traum
TRD = Traum-Detail
AE = anreichernde
Ergänzungen
aus der
Mythologie
usw.
durch Analytiker
oder Analysand

Weit exakter und den Methoden der Soziologie, Psychologie und Naturwissenschaften näher ist das individualpsychologische Verfahren in der Psychoanalyse. Hier kommen die ergänzenden Deutungshilfen vom Individuum, vom Patienten oder Analysanden selbst. Vom Psychoanalytiker wird die von FREUD als Ersatz der Hypnose entwickelte Technik des freien Einfalls angewandt. Konkret frägt der Analytiker den Analysanden, was ihm zu dem jeweiligen Traum, der Fehlleistung oder der Tagträumerei einfalle. In der Regel führen die Einfälle, die Assoziationskette, erst über mannigfache Umwege zum Ursprungsbereich der unbewußten Produktion. In der graphischen Darstellung ergibt daher die Verbindung der einzelnen Einfälle keine Gerade, sondern eine Zickzack-

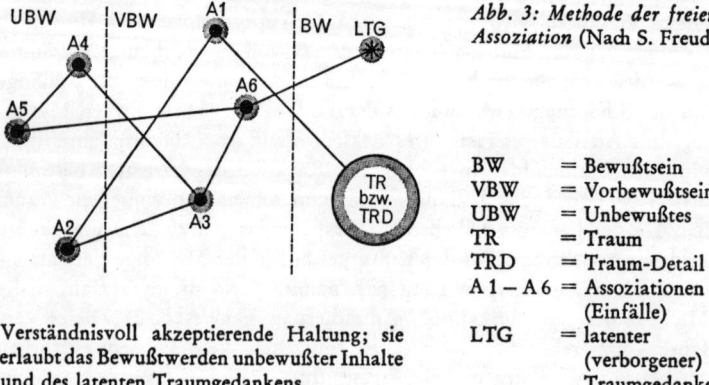

Abb. 3: Methode der freien Assoziation (Nach S. Freud)

BW = Bewußtsein
VBW = Vorbewußtsein
UBW = Unbewußtes
TR = Traum
TRD = Traum-Detail
A 1 – A 6 = Assoziationen
(Einfälle)
LTG = latenter
(verborgener)
Traumgedanke

Verständnisvoll akzeptierende Haltung; sie erlaubt das Bewußtwerden unbewußter Inhalte und des latenten Traumgedankens

Linie (Abb. 3). Der tiefenpsychologische Behandler und Forscher trifft keinerlei wertende Auswahl; er läßt alle Einfälle zu, gleichgültig ob sie in thematischer Nähe oder Ferne zu der ursprünglichen unbewußten Produktion sind. Mit dieser methodischen Geduld ist es möglich, trotz vielfacher unbewußter Ablenkungstendenzen — in der Fachsprache „Widerstände" genannt — zu dem im Traum oder in der Fehlleistung angekündigten Thema zu gelangen. Somit stammt in der individuellen Methodik das Material zur Interpretation der unbewußten Produktion vom Produzenten, vom Patienten selbst und besitzt daher seine besondere Gültigkeit. Die interpretierende Tätigkeit des Analytikers besteht eigentlich nur in der besonderen Hervorhebung des einen oder anderen Einfalles des Analysanden. Seine affektive Reaktion — negativ, positiv oder neutral — gibt der Interpretation ihren Akzent. Hierbei sprechen Akzeptieren und heftiges Ablehnen in gleicher Weise für die Richtigkeit der Deutung. Die individuelle Methode zur Interpretation unbewußter Produktionen stellt also einen Spezialfall der in der Psychologie längst bekannten Methode der kontrollierten Selbstbeobachtung dar.

c) *Die Untersuchung der sozial-psychischen Situation in der Analyse:* Sozialpsychologisch ist die psychoanalytische Behandlungs- und Untersuchungssituation durch eine Asymmetrie des Sozialverhaltens in einer Zweiergruppe gekennzeichnet (HOFSTÄTTER, Artikel Exploration, 1957). Um dies zu verdeutlichen, bedarf es einer kurzen Schilderung der grundlegenden Elemente der analytischen Situation. In ihr hat der Patient die Auflage, alles, was ihm einfällt, zu sagen, mag es ihm unbedeutend, nicht hergehörig oder peinlich erscheinen. Der Analytiker gibt nur sehr gelegentlich Kommentare dazu. So ist das analytische Gespräch im wahrsten Sinne des Wortes asymmetrisch: der eine spricht, der andere schweigt. Dieselbe Verschiebung des Gleichgewichtes drückt sich auch in der räumlichen Anordnung aus. Der Patient liegt in Rückenlage auf einem Ruhebett; der Behandler sitzt hinter dem Kopf des Patienten, von ihm möglichst ungesehen. So ist der Patient in Bewegung und Sicht eingeschränkt, der Arzt hingegen kann jede Bewegung des Patienten beobachten. Gemäß einer bewährten Regel sollen Therapeut und Patient während der analytischen Kur keinerlei private Kontakte haben. Der Analysand weiß daher kaum etwas vom Leben seines Analytikers, während dieser jede seiner geheimen Regungen kennt. So ist der Arzt für den Patienten ein „unbeschriebenes Blatt" oder, wie FREUD es forderte, gleich einem blanken Spiegel. Dies erst schafft Gelegenheit, eine meist unbewußte sozialpsychische Funktion zu beobachten, nämlich die Übertragung. Man versteht darunter, wiederum seit FREUD (1912), die Neubelebung von frü-

49

heren, auf Eltern und Geschwister gerichteten Gefühlseinstellungen, deren Objekt nunmehr der Analytiker ist. Die Übertragung frühkindlicher Gefühle und Erlebnisse spielt auch im Alltag unseres sozialen Zusammenlebens eine bedeutsame Rolle. So kann die ursprüngliche emotionale Beziehung zum Vater das spätere Verhältnis zu Lehrern, Vorgesetzten, zur Staatsautorität, ja selbst zu Gott formen. Die analytische Situation provoziert durch ihre asymmetrische Konstruktion diese Übertragungserscheinungen und ermöglicht ihre genaue Beobachtung.

d) Während in den klinischen Verfahren Forschung und Behandlung verschränkt sind, dienen die nachfolgend darzustellenden Methoden nur der wissenschaftlichen Untersuchung. Die *direkte Beobachtung* ist vor etwa 30 Jahren von RENÉ SPITZ in die tiefenpsychologische Forschung eingeführt worden. FREUD und seine Schüler hatten ihre Erkenntnisse und Annahmen über die Bedeutung von Ereignissen in den ersten Lebensjahren aus den Erinnerungen und Reproduktionen ihrer Patienten gewonnen. Ein solcher Erkenntnisweg ist indirekt, da nicht die fraglichen Ereignisse selbst, sondern ihr Niederschlag im Erleben Gegenstand der Untersuchung sind. Mit der Methode der direkten Beobachtung will man nun die in der analytischen Rückschau ermittelten wesentlichen Ereignisse der frühen Kindheit unter kontrollierten Bedingungen untersuchen. Selbstverständlich darf durch eine solche direkte Beobachtung für ein Kind keine psychische Schädigung entstehen.
SPITZ fand eine derartige Situation in der Trennung von Mutter und Kind während des ersten Lebensjahres. Er beobachtete 366 Kinder, die wegen besonderer sozialer Verhältnisse (z. B. unehelicher Geburt oder Erkrankung der Mutter) in Säuglings- und Kinderheimen untergebracht waren, über einen Zeitraum von zwei Jahren hinweg. Er bediente sich hierbei dreier verschiedener Verfahren (SPITZ, 1960). Die Entwicklungsfortschritte bzw. Entwicklungsrückstände wurden mittels des Entwicklungstests für Kleinkinder und Säuglinge von BÜHLER und HETZER bzw. HETZER und WOLF ermittelt. Dies ist eine messende Untersuchungstechnik, wie sie in vielen anderen entwicklungspsychologischen Untersuchungen auch Verwendung findet. Des weiteren verwandten SPITZ und seine Mitarbeiter für jedes Kind vier Stunden der freien Beobachtung pro Woche; dabei wurde sorgsam darauf geachtet, daß die Beschäftigung der Untersucher mit den Kindern vergleichbar war, und es wurde auch wöchentlich zwischen einem männlichen und einem weiblichen Untersucher abgewechselt. Letzteres geschah, um spezifische Reaktionen der Kinder auf Männer oder Frauen auszuschließen. In 246 Fällen wurden die Kinder in gewissen Abständen gefilmt; im Film konnte das Verhal-

50

ten der Kinder nachträglich im Zeitlupentempo betrachtet und analysiert werden. Auch war eine vergleichende Analyse des Verhaltens verschiedener Kinder möglich. Mittels dieser Methode gelang es SPITZ, wesentliche Befunde der Tiefenpsychologie zu bestätigen und neue Erkenntnisse, vor allem bezüglich der Entwicklung der Wahrnehmung und der sozialen Kommunikation des Kleinstkindes, zu entdecken. Die Organisation von Säuglings- und Kleinkinderheimen und die Kinderpflege und Kleinkinder-Pädagogik erfuhren wesentliche Bereicherungen. Diese Ergebnisse werden uns bei der Darstellung der tiefenpsychologischen Entwicklungspsychologie noch beschäftigen; hier galt unser Interesse der neuen Methode der „direkten Beobachtung".

e) *Der Vergleich mit Untersuchungen der experimentellen Psychologie und der vergleichenden Verhaltensforschung:* In den letzten Jahrzehnten wurden durch Vertreter benachbarter Fächer Überprüfungen der psychoanalytischen Hypothesen über Triebe, tiefenseelische Mechanismen und Neurosenentstehung durchgeführt. Vor allem geschah das im Bereich der experimentellen Psychologie und der vergleichenden Verhaltensforschung, jener von K. LORENZ, O. KÖHLER und N. TINBERGEN begründeten modernen zoologischen Richtung. Beispielhaft ist die Gruppe der sogenannten experimentellen Tierneurosen. Ratten, Katzen, Schafe und Hunde wurden Bedingungen unterworfen, welche die Tiefenpsychologie als wesentlich für die Entstehung von Neurosen herausgearbeitet hatte. In der Folge zeigten diese Tiere ein Verhalten, das auf der tierischen Ebene den Neurosen vergleichbar ist. Dauerhafte freundliche Zuwendung konnte zumeist das gestörte Verhalten wieder normalisieren. Als Beispiel für viele Experimente mag hier ein Versuch aus der Schule des Sozialpsychologen KURT LEWIN dienen (Barker, 1937). Kinder durften mit sehr schönem Spielzeug umgehen; nach einiger Zeit wurde zwischen ihnen und dem Spielzeug ein durchsichtiges Gitter herabgelassen, und sie bekamen sehr viel weniger attraktives Spielzeug. Es zeigte sich, daß die Kinder, die mit dem schönen Spielzeug sachgemäß und konstruktiv umgegangen waren, nunmehr nicht ihrem Alter gemäß spielten, sondern wie sehr viel kleinere Kinder. Man nennt diese Erscheinung von der Tiefenpsychologie her „Regression", d. h. psychischer Rückschritt. In der Tiefenpsychologie hatte man immer dann, wenn ein Kind eine Versagung (Frustration) erleben mußte, einen zeitweisen Rückschritt in der Entwicklung festgestellt. So reagieren manche Kinder, die längst reinlich sind, auf die geringere mütterliche Zuwendung nach der Geburt eines Geschwisterchens mit erneutem Einnässen. Dieses Einnässen ist ein Rückschritt gegenüber dem bereits erlernten Verhalten. Die klinische Be-

51

obachtung und das oben skizzierte Experiment ergaben beide eine Regression als Antwort auf eine Frustration durch die Umwelt. Nicht immer freilich werden wir eine derartige Übereinstimmung finden. Man bedenke, wie schwierig es ist, in der künstlichen Situation des Experimentes die Mannigfaltigkeit der Lebenssituation zu rekonstruieren.

f) *Die tiefenpsychologisch orientierte völkerkundliche Feldforschung:*
Aus der klinischen Erfahrung hat die Psychoanalyse die Erkenntnis gewonnen, daß die frühe Beziehung zwischen Mutter und Kind, die Pflege und die Erziehung des Kindes wesentliche Faktoren für die Ausprägung der Erwachsenenpersönlichkeit sind. Diese Annahme ist unter den Bedingungen einer modernen Industriegesellschaft nicht zu überprüfen. Es gibt nicht eine einzige erwünschte, nur für Mann und Frau verschiedene Ausprägung der Erwachsenenpersönlichkeit. Man kann deshalb auch nicht von den Deutschen, den Franzosen, dem Engländer oder dem Amerikaner sprechen. Wenn dies doch geschieht, so handelt es sich um sogenannte Stereotypen (falsche Verallgemeinerungen). In einfachen Kulturen jedoch existiert eine solche erwünschte Idealform der jeweiligen Stammespersönlichkeit. Eine Reihe von Ethnologen nutzten daher die Gelegenheit, in solchen Kulturen die Richtigkeit der psychoanalytischen Annahmen zu überprüfen. Zu nennen sind hier MARGRET MEAD (1965), RUTH BENEDIKT (1955), A. KARDINER (1939) und E. H. ERIKSON (1965). Diese Forscher lebten unter den Stämmen, die sie untersuchten, erfragten die Pflege- und Erziehungsgewohnheiten und erkundeten den typischen Stammescharakter.
Als ein Beispiel für viele mögen die Beobachtungen ERIKSONS an den Sioux-Indianern dienen. Die Sioux-Mütter reizen ihre Babys und Kleinkinder zu Zornes- und Wutausbrüchen und freuen sich über diese. Der erwachsene männliche Sioux der alten Jäger- und Kriegerkultur mußte eine zornesmutige, schmerzertragende und aggressive Persönlichkeit sein, sollte er den Anforderungen seiner Umgebung entsprechen. So sieht ERIKSON in dieser Verbindung von Gewohnheiten der Kinderaufzucht und erstrebter, weil notwendiger Erwachsenenpersönlichkeit eine Bestätigung der psychoanalytischen Hypothese. Sicher sind die Beziehungen nicht immer so einfach und geradlinig; wie auch in unserer Kultur ist dort das Insgesamt der Einstellungen und Erwartungen in der Erziehung prägender als einzelne Handlungen.
In dieser dritten außerklinischen Methode werden also wiederum Verfahren und Ergebnisse anderer Wissenschaften, diesmal der Ethnologie oder, wie die Amerikaner sie nennen, der Kulturanthropologie zur Überprüfung tiefenpsychologischer Annahmen beigezogen.

Die speziellen klinischen und die vergleichenden außerklinischen Methoden bestätigen den Anspruch der Tiefenpsychologie, im engeren Sinne der Psychoanalyse, auf wissenschaftliche Eigenständigkeit. Es bleibt nun noch zu klären, ob die Tiefenpsychologie Beiträge zur gegenwärtigen Psychologie geleistet hat, und wenn ja, welche. Die tiefenpsychologische Entwicklungspsychologie, Persönlichkeitslehre, Neurosenlehre und Psychotherapie werden wegen ihrer besonderen Bedeutung für den Pädagogen gesondert dargestellt. Hier geht es um seelische Phänomene oder Betrachtungsweisen, welche die Tiefenpsychologie entdeckt oder zumindest erst in das Forschungsinteresse der Psychologie gebracht hat. R. HEISS (1956) hat sein diesen Gegenstand behandelndes Buch deshalb auch „Allgemeine Tiefenpsychologie" benannt.

2. Das Unbewußte

Zunächst ist die systematische Untersuchung des Unbewußt-Seelischen zu nennen. Wir sagen deshalb systematische Untersuchung, weil sich schon vor FREUD viele Philosophen, Ärzte und Schriftsteller mit der Qualität des Unbewußt-Seelischen in irgendeiner Weise beschäftigt haben. Erst FREUD aber machte das Studium des unbewußten Seelenlebens zum hervorragenden, zunächst fast zum ausschließlichen Gegenstand seiner Forschung. In der mittleren Epoche seines Schaffens (1923) gliederte er in ein *deskriptiv* und ein *dynamisch* Unbewußtes. In dieser Systematik sind auch die von anderen Forschern oder Richtungen beschriebenen Phänomene gut unterzubringen. Als Orientierungsmaßstab dienen die Bewußtseinsfähigkeit und die Wirksamkeit (Dynamik) der den einzelnen unbewußten Bereichen zuzuordnenden seelischen Erscheinungen (Abb. 4). Es gibt also seelische Phänomene, die augenblicklich nicht bewußt sind, aber schnell und leicht bewußt werden können. Sie beeinflussen das Verhalten des Menschen meist nicht sehr stark. FREUD nannte sie das Deskriptiv-Unbewußte. Das Dynamisch-Unbewußte dagegen ist, wie der Name sagt, sehr wirksam, beeinflußt das Verhalten, setzt aber dem Bewußtwerden Widerstand entgegen.

a) Sozusagen an der Grenze von unbewußt zu bewußt steht das *Unbemerkte* (Unbemerkt-Seelische). Wir alle kennen es aus dem täglichen Leben. Je eingeengter unsere Aufmerksamkeit auf einen bestimmten Gegenstand, z. B. die Arbeit, gerichtet ist, desto größer ist der Bereich des Unbemerkten. Wenn man sagt, jemand sei so konzentriert und versunken, daß er nichts hört und sieht, so stimmt das nicht. Die Sinne

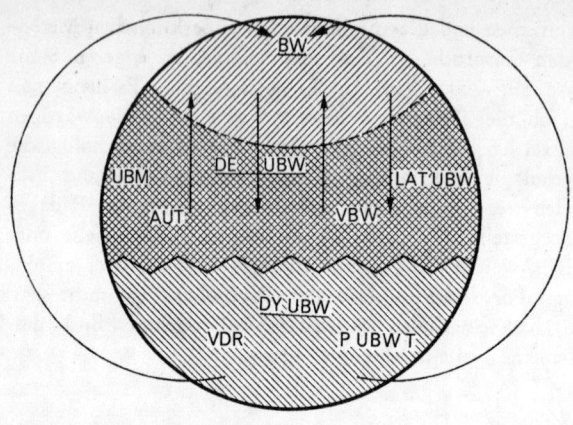

Abb. 4:
System des
Bewußten
und
Unbewußten

BW	=	Bewußtsein
DE UBW	=	Deskriptiv Unbewußtes
UBM	=	Unbemerktes
AUT	=	Automatisches
VBW	=	Vorbewußtes
LAT UBW	=	Latent Unbewußtes
DY UBW	=	Dynamisch Unbewußtes
VDR	=	Verdrängtes
P UBW T	=	Primär unbewußte Triebe
kleine Pfeile	=	Fluktuation zwischen Bewußtsein und deskriptiv Unbewußtem
Außenpfeile	=	Beeinflussung des bewußten Verhaltens und Erlebens ohne Bewußtwerden

funktionieren, die Empfindungen sind vorhanden, sie werden aber nicht bewußt wahrgenommen, sie bleiben unbemerkt. Oftmals genügt eine Anrede, Aufforderung oder Frage, um diese Sinneseindrücke bewußt zu machen. Der oft belächelte „zerstreute Professor" ist ein gutes Beispiel für eine hochgradig eingeengte Aufmerksamkeit; er hat ein weites Feld des Unbemerkten. Das Kind, vor allem im Vorschulalter oder zu Beginn der Schulzeit, kann nur schwer die Aufmerksamkeit auf einen Gegenstand konzentrieren; es bemerkt alles, was in seiner Umgebung vorgeht; bei ihm ist nur sehr wenig Unbemerktes gegeben.

b) Dem Unbemerkt-Seelischen ist das *Automatische* sehr nahe. Das erste Lernen des Kindes ist eine Automatisation anfangs noch sehr unbeholfener, bewußt gesteuerter und von großer Aufmerksamkeit begleiteter Vorgänge. Die Motorik ist der am meisten automatisierte Bereich körperlich-seelischer Funktionen. Man betrachte daraufhin nur einmal das Laufen- und Sprechenlernen, das Zusammenwirken von Sehen und Greifen und das Malen, Zeichnen und Schreiben des Kindes. Die Automatisation hört aber nicht im Schulalter auf. Das Autofahren, das Tanzen, ja selbst die Grundzüge des Klavierspielens beim gefeierten Pianisten sind automatische Vorgänge. Könnten wir nicht einen Großteil unserer Funktionen und Handlungen unbewußt ausüben, wäre der Lebensvollzug beträchtlich gestört. Ausfälle von bisher automatischen Funktionen als Folge von Gehirnverletzungen oder Gehirnerkrankungen machen uns dies deutlich. Nur beim Lernen wird die Aufmerksamkeit benötigt, später, wenn eine Tätigkeit automatisch ist, stört die Bewußtseinszuwendung zumeist den unwillkürlichen Vollzug. Die indische Fabel vom Tausendfüßler verdeutlicht diese psychologische Gesetzmäßigkeit sehr bildhaft: Der Tausendfüßler, gefragt wie er denn mit seinen vielen Beinen beim Laufen zurechtkomme, betrachtet überlegend seine Gliedmaßen und stolpert plötzlich beim Gehen.

c) Das nun in der Darstellung folgende *Latent-Unbewußte* sollte eigentlich korrekter das „Latent-Bewußte" heißen. Das latente, also verborgen Bewußte oder Unbewußte ist dem Gedächtnis ziemlich gleichzusetzen. Sein Inhalt besteht aus dem Erlernten, Erfahrenen und Erlebten, das zwar dem Gedächtnis verfügbar, aber im Augenblick nicht bewußt, d. h. nicht gegenwärtig ist. Wir können ein Gedächtnis für Begriffe, für Namen, Zahlen, Bilder, Töne, ja selbst für Gerüche unterscheiden. Die Leistungen in diesen Gedächtnisbereichen, also Gebieten des latenten Bewußten, sind bei einzelnen Menschen ganz verschieden entwickelt. Die Gedächtnispsychologie ist schon Ende des 19. Jahrhunderts ein bevorzugter Gegenstand der allgemeinen Psychologie, der experimentellen Forschung gewesen. Das Üben des Gedächtnisses oder einzelner seiner Teilfunktionen stellt verständlicherweise auch einen bevorzugten Gegenstand der Pädagogik oder im engeren Sinn der Didaktik dar. Man könnte also das latente Unbewußte einer riesigen Bibliothek oder in einem moderneren Bild einem Computer vergleichen, der eine Fülle von Daten speichert. Anders als bei der Maschine sind im menschlichen Gedächtnis allerdings die Daten nicht gleichwertig. Die Gefühlstönung, also der angenehme oder unangenehme oder neutrale Charakter einer Erinnerung, spielt bezüglich des Bewußtwerdens eine bedeutsame Rolle. Gedächtnispsychologische Untersuchungen haben ergeben, daß gefühlsgeladene Vorstellungen leichter reproduzierbar sind und leichter im Gedächtnis haften.
Zu diesen Ergebnissen der Gedächtnispsychologie stehen die Erfahrungen der Tiefenpsychologie scheinbar im Gegensatz. Bei ihrer Patientin Anna

O. hatten BREUER und FREUD beobachtet, daß stark affektbetonte Erlebnisse gänzlich aus dem Gedächtnis schwinden und nur in einem hypnoseähnlichen Zustand unter fast eruptiver Affektäußerung wieder auftauchen. Derartige affektgeladene verdrängte Erinnerungen können entweder plötzlich an die Bewußtseinsoberfläche gelangen oder langsam im Unbewußten mit anderen Vorstellungen und Bildern eine Verbindung eingehen und so verfügbar werden.

d) Diesen Bereich zwischen den tieferen Schichten des Dynamisch-Unbewußten und dem Bewußtsein hat FREUD das *Vorbewußte* genannt. Im Zwischenbereich des Vorbewußten werden Inhalte des Dynamisch-Unbewußten langsam bewußtseinsfähig. Vor allem können auf dem Weg über das Vorbewußte bisher nur getrennt erlebbare Vorstellungen und Gefühle als zusammengehörig empfunden werden. Die Wut eines erwachsenen Mannes auf seinen als ungemein despotisch erlebten Vater war bisher in Verbindung mit Kindheitserinnerungen nicht erlebbar. Im Verlaufe einer psychotherapeutischen Behandlung stellen sich nun mehr und mehr Szenen mit dem Vater aus der Kindheit ein, welche von den zugehörigen Affekten des Zornes, der Wut und der Aggression begleitet sind. So ist die Überführung von dynamisch unbewußtem psychischem Material ins Vorbewußte, dem Bewußtsein Verfügbare, ein wesentliches Stück des psychotherapeutischen Prozesses. Es wäre jedoch falsch, das Vorbewußte nur als Durchgangsstation für ehemals Verdrängtes anzusehen. Im weiteren Sinne ist das Vorbewußte jene Zone, in welcher die unbewußten, aber wirksamen Motive bewußtseinsnahe werden.

e) Das nun schon mehrfach zitierte *Dynamisch-Unbewußte* ist die eigentliche Domäne der Tiefenpsychologie gewesen. Unter dem Aspekt der Struktur der Persönlichkeit (vgl. Kap. IV) hat FREUD diesen Bereich das „Es" genannt, und JUNG hat das Dynamisch-Unbewußte in ein individuelles und ein kollektives Unbewußtes gegliedert. Manche Kritiker meinen nun, in der Tiefenpsychologie werde das Unbewußte nur als ein Abstellraum für das Verdrängte, als eine Rumpelkammer für Komplexe aufgefaßt. Dies ist ein grundlegendes Mißverständnis. Das Dynamisch-Unbewußte ist in den tiefenpsychologischen Schulen die Heimat der wirksamen, den Menschen bewegenden Kräfte, der Motivationen. Die Tiefenpsychologie hat also entdeckt, daß das uns Menschen Treibende und Bewegende weitgehend unbewußt ist, daß wir meinen zu wissen, warum wir etwas tun, uns dabei aber täuschen. Daß verschiedene tiefenpsychologische Schulen über die wirksamen Kräfte unterschiedliche Aussagen machen, ist zunächst von geringerer Bedeutung; wir werden

56

darauf später eingehen. Triebkräfte unseres Handelns oder — wie JUNG sagen würde — stimulierende Bilder sind vom ersten Lebenstag an unbewußt wirksam. Keinem Menschen sind alle Wurzeln seines Tuns einsichtig, und auch keine Psychoanalyse wird alles Unbewußte bewußtmachen können. Allerdings ist es ein kultureller und pädagogischer Auftrag der Tiefenpsychologie, unbewußte Motive bewußt machen zu helfen, um damit der individuellen und kollektiven Selbsttäuschung zu begegnen. Ein Blick auf unser Modell (Abb. 4) lehrt uns verstehen, warum unbewußte Triebkräfte gefährlich werden können. In der Skizze laufen zwei Pfeile außen, unter Umgehung des Deskriptiv-Unbewußten, vom Dynamisch-Unbewußten zum Bewußten. Eine unbewußte Motivationskraft greift in das Fühlen, Denken und Handeln ein, ohne daß sich die Persönlichkeit über ihr Motiv im klaren ist, da der Weg des langsamen Bewußtwerdens über das Vorbewußte und Deskriptiv-Unbewußte umgangen worden ist. Es bietet sich der Vergleich des Kurzschlusses aus der Welt der Technik an. Die uns schon bekannten Fehlleistungen, neurotische Störungen oder psychosomatische (seelisch bedingte körperliche) Krankheitserscheinungen sind die Folgen derartiger Kurzschlüsse. Jedoch auch im Sozialleben finden sich verwandte Erscheinungen: psychische Epidemien, religiöse und rassische Verfolgungen und auch Kriege haben in ihnen ihre psychologische Wurzel. Daraus wird unsere Behauptung verständlich, daß die mögliche Erhellung des Unbewußten eine kulturelle und pädagogische Aufgabe sei.

3. Drei seelische Erscheinungen als Hinweise auf das Unbewußte

Psychisches ist nur an seinen Äußerungen festzustellen und zu untersuchen. So können wir die Intelligenz nur an den Intelligenzleistungen erkennen. In den automatischen Handlungen, dem Gedächtnis und den unbewußten Kurzschlußhandlungen zeigten wir bereits Äußerungen der verschiedenen Formen des Unbewußten. HEISS (1956) hat drei Gruppen der Aktivierung des Unbewußten, vor allem des Dynamisch-Unbewußten, benannt und behandelt.

a) Wir gehen zunächst, der Geschichte der Tiefenpsychologie folgend, auf die *seelischen Störungen* als Äußerung des Unbewußten ein. Kehren wir zunächst noch einmal zum klassischen Fall der Anna O. zurück. Ihre Geh-, Seh-, Eß- und Verhaltensstörungen wurden dem Arzt erst verständlich (und bald darauf auch einer Heilung zugeführt), als die Patientin ihr bis dahin unbewußte Erlebnisse als Ursachen der verschiedenen

57

Störungen reproduziert hatte. Es handelt sich also um ein Beispiel für das Dynamisch-Unbewußte als Herberge des Verdrängten. In der Charakterentwicklung eines Menschen können aber auch ursprüngliche, primäre Triebe unbewußt bleiben, weil sie von den wichtigsten Beziehungspersonen, den Eltern, nicht akzeptiert worden sind und deshalb auch vom Individuum selbst nicht bejaht werden können. Trotzdem sind auch diese Kräfte mitunter über den Kurzschlußweg wirksam, und erst das Wissen um ihr unbewußtes Vorhandensein macht uns manches an der Persönlichkeit und am Verhalten eines solchen Menschen verständlich. Wenn die Diskrepanz zwischen unbewußt wirksamen Kräften und bewußtem Selbstbild zu stark wird, führt dies verständlicherweise zu Spannungen und zu neurotischen Störungen, zu Charakterneurosen. Das Unbewußte ist also eine notwendige und helfende Annahme für das Verständnis der psychischen Störungen. Die differenzierte Darstellung dieser Störungen bleibt einem späteren Kapitel vorbehalten.

b) Die zweite Gruppe der Äußerungen, der künstlich aktivierten Äußerungen des Unbewußten sind die Phänomene der *Hypnose*. Die Hypnose (HEISS, 1956; I. H. SCHULTZ, 1939) wurde ursprünglich als eine körperliche, als eine physikalische Erscheinung verstanden und von MESMER am Ausgang des 18. Jahrhunderts als „tierischer Magnetismus" beschrieben. In der zweiten Hälfte des 19. Jahrhunderts wurde sie dann zu einer Methode der nervenärztlichen Praxis. Hier interessieren die hypnotischen Erscheinungen im Zusammenhang mit dem unbewußten Seelenleben. Der eindrucksvollste Beleg für die Existenz eines wirksamen Unbewußten ist der sogenannte *posthypnotische Auftrag:* Einer Person wird in Hypnose der Auftrag erteilt, nach dem Erwachen aus der Hypnose oder auch erst nach einem Abstand von Stunden oder Tagen, eine bestimmte Handlung auszuführen. Im Wachbewußtsein hat die hypnotisierte Person keinerlei Erinnerung an den Auftrag, sie reagiert auch nicht auf Fragen, die in den Themenkreis des Auftrages zielen. Zum angegebenen Zeitpunkt aber erledigt die vorher hypnotisierte Person den Auftrag und findet vor sich und vor dritten Personen eine rationale Begründung für diese Tätigkeit.
Wird z. B. einer Versuchsperson in Hypnose befohlen, am darauffolgenden Tag einer bekannten Dame einen Blumenstrauß zu überbringen und wird der posthypnotische Auftrag ausgeführt, so kann die Versuchsperson etwa als Begründung angeben, die Beschenkte habe ihr und der Familie in der letzten Zeit so viele Gefälligkeiten erwiesen, daß es nun an der Zeit sei, sich zu revanchieren. Die auslösenden Worte des Hypnotiseurs bleiben weiterhin unbewußt.

Wir sehen, hier ist durch künstliche Einwirkung ein dem hysterischen Symptom ähnliches Geschehen erreicht worden. In beiden Fällen vollziehen Versuchsperson oder Kranke eine Handlung, deren Ursache ihnen nicht bewußt ist und für die sie zumeist bewußt, verstandesmäßig eine neue, vorgeschobene, ihnen aber real erscheinende Ursache angeben. Ohne ein wirksames Unbewußtes wären derartige Verhaltensweisen nicht erklärbar. In Laienkreisen besteht oft die Befürchtung, das Phänomen des posthypnotischen Auftrages könne verbrecherisch ausgenutzt werden. Es ist jedoch unmöglich, jemanden in der Hypnose zu einer Handlung zu verleiten, gegen die er massive unbewußte Widerstände hat.

c) Eine weitere Gruppe von Dokumentationen des Unbewußten sind die bereits bei der Erörterung der Methoden besprochenen unbewußten Produktionen. Es soll hier auf den *Traum* näher eingegangen werden. Oftmals wird von Menschen behauptet, sie würden nie oder nur höchst selten träumen. Neuere gehirnphysiologische Untersuchungen des Schlafgeschehens in Amerika haben jedoch ergeben, daß jeder Mensch durchschnittlich viermal in einer Schlafperiode jeweils etwa zehn Minuten träumt. Das Hirnstrombild des Träumenden ist charakteristisch und deutlich von dem des Schlafenden oder Wachenden zu unterscheiden. Des weiteren hat ein beängstigender Versuch die von der Tiefenpsychologie schon vor 50 Jahren behauptete Lebensnotwendigkeit des Traumes bestätigt. Versuchspersonen wurden eine Woche lang dadurch am Träumen gehindert, daß sie jedesmal aufgeweckt wurden, wenn sich im Hirnstrombild ein Traum ankündigte. Am Ende der Versuchsperiode zeigten diese Menschen Anzeichen schwerer geistiger Störung, und es bedurfte einer längeren Zeit des Schlafens und Träumens sowie ärztlicher Bemühungen, um sie wieder zu normalisieren. Dieses naturwissenschaftlich erwiesene mehrfache Traumgeschehen in jeder Nacht wird nun von vielen Menschen gar nicht, und von allen nur zu kleinen Teilen erinnert. So ist der Charakter des unbewußten Traumgeschehens experimentell bewiesen.

Das Studium der Psychologie — im Gegensatz zur Physiologie — des Traumes ist von großem Nutzen, weil wir einen Einblick in die Arbeitsweise des Unbewußten gewinnen. Der Traum kann als Gedachtes oder als sinnliche Wahrnehmung erlebt, d. h. geträumt werden. Am häufigsten unter den sinnlichen Wahrnehmungen sind die optischen, die bildhaften Träume; hier lassen sich die hell-dunkeln und die buntfarbigen unterscheiden. Die analytische Arbeit mit neurotisch Kranken hat gelehrt, daß der erinnerte Traum zumeist nicht den Traumsinn — sozusagen wortwörtlich — wiedergibt, sondern einer Deutung (vgl. Kap. II, 1, b) bedarf. Dies erklärt die Unsinnigkeit der erinnerten Träume oder Traumteile. Sie entsprechen vielfach weder den logischen Denkgesetzen noch den physikalischen Naturgesetzen. FREUD betrachtet den Traum als eine unbewußte Selbsterfüllung von Wünschen, die der Träumende aus praktischen, sozialen oder sittlichen Gründen in der Wirklichkeit nicht befriedigen kann. Die noch sehr unverhüllten Träume der kleinen Kinder machen diese Auffassung wahrscheinlich. Die Drei- und Vierjährigen gewähren sich oft im Traume das, was ihnen von den Erziehern verwehrt worden war, und berichten am Morgen strahlend von dem nächtlichen Erlebnis.

Etwas in Abhebung von FREUD sieht auch JUNG im Traume eine Selbstdarstellung bisher noch wenig verwirklichter seelischer Bereiche. Vor allem aber wurde die tiefenpsychologische Auffassung von der Ergänzungsfunktion des Traumes durch die oben beschriebenen neuesten physiologischen Ergebnisse bestätigt.

Wenn nun der erinnerte, der manifeste Traum nicht den eigentlichen Traumsinn wiedergibt, muß ein sozusagen „dahinterstehendes" Traumgeschehen, ein latenter, verborgener Traum angenommen werden. Des weiteren benötigt man in diesem Traummodell eine Instanz, welche die Umwandlung vom latenten in den manifesten Traum anregt, sowie einen Umwandlungsprozeß. FREUD nannte das erstere die Traumzensur und das zweite die Traumarbeit: anscheinend gibt es Wünsche, die der Erwachsene sich nicht einmal im Traume erfüllen darf, daher, in Analogie zur politischen Bedeutung des Worts, der Ausdruck „Zensur".

Die Traumarbeit gibt uns, wie wir oben schon sagten, Einblick in die Psychologie des Unbewußten. So träumt vielleicht jemand, er werde nach einer mißglückten Flucht aus einem Gefangenenlager von einem Wachtmeister sehr beschimpft und biete diesem energisch Widerpart. Der Wachtmeister ist in Zivil, er sieht einem früheren Friseur des Träumers ähnlich und trägt eine Brille, wie der Vater des Träumers. Der Wachtmeister, eine Verkörperung der militärischen Autorität, ist in Zivil; er ähnelt einem harmlosen Friseur und erinnert, wegen der Brille, doch wieder an die früheste Autorität im Leben des Träumers, an seinen Vater. Die Traumfigur hat also einerseits Autoritätsattribute und andererseits Anzeichen der Harmlosigkeit. Man nennt dieses Vorkommen von oft sehr auseinandergehenden Eigenschaften in ein und derselben Traumfigur das Phänomen der Verdichtung.

Zwei weitere Mittel der Traumarbeit sind die Umkehrung ins Gegenteil und die Verschiebung. Die Umkehrung ins Gegenteil ist uns aus der Alltagssprache verständlich. Nicht selten sagt man zu einem sehr großen Menschen ironisch „der Kleine", und die Bezeichnung „vollschlank" für beleibt sein ist alltäglich. Weniger banale Beispiele führen in den Bereich des magischen Denkens. So nannten die alten Griechen das Schwarze Meer, das für die Seefahrt recht gefährlich war, das „gastliche Meer". Die Gefahr sollte durch die freundlichere Benennung gebannt werden. Im Traum wiederum kann z. B. der Tod oder der Todeswunsch durch die Geburt oder durch Merkmale besonderer Gesundheit bei der geträumten Person dargestellt werden. Wir sehen also das Mittel der Umkehrung ins Gegenteil sowohl im Traumdenken als auch in bestimmten Formen des wachen Denkens; es ist dies das scherzhafte und das magische Denken. Nicht umsonst hat FREUD in einer tiefgründigen Studie über den Witz die Zusammenhänge zwischen Traumpsychologie und Witzpsychologie dargestellt.

Oft werden auch im Traume Eigenschaften eines Gegenstandes oder einer Person auf einen ganz anderen Gegenstand oder eine ganz andere Person verschoben. Dabei kann es zu eigentümlichen, ja unsinnigen Geschehnissen kommen. So träumt etwa jemand, er sei völlig nackt in einem Atombombenhagel. Nicht allzu weit entfernt sei eine dicke Betonplatte. Anstatt nun unter diese zu kriechen, legt sich der Träumer in eine Erdvertiefung, bedeckt sein Genitale und seinen Bauch mit etwas aufgekratzter Erde und fühlt sich so geborgen und sicher. Diese Art der Traumkonstruktion erinnert an Äußerungen von Schizophrenen, die oft völlig abwegigen Ereignissen mit absoluter Sicherheit eine in der Wirklichkeit unmögliche Bedeutung beimessen.

Die drei Techniken der Traumarbeit — Verdichtung, Umkehrung und Verschiebung — helfen uns, das schon besprochene Traumsymbol hinsichtlich seiner psychologischen Entstehung besser zu verstehen. Der Begriff Symbol kommt vom griechischen Wort „symballein" und bedeutet „zusammenlegen" oder „zusammensetzen". In dem von uns besprochenen Schlangensymbol (vgl. Kap. II, 1, b) ist sowohl der Aspekt des Guten wie der des Bösen, des Männlichen wie des Weiblichen und endlich des Irdischen wie des Himmlischen enthalten. Man könnte sagen, wie im Traum die Verdichtung verschiedene Erlebnisse aus dem individuellen Leben zusammenfügt, so sind im Symbol verschiedene Erlebnisse aus der Geschichte von Völkern oder der ganzen Menschheit zusammengefügt. Dabei ist die gefühlsmäßige, die emotionale Verdichtung weit wichtiger als verstandesmäßig, rational erkennbare Ähnlichkeiten. Das Symbol — im Traum und im Wachbewußtsein — spricht uns unmittelbar an, weil es den Gefühlsbereich, ja oft das Unbewußte direkt anrührt. Wie in so vielen Möglichkeiten, die dem Menschen gegeben sind, ist auch im Symbolerleben Segen und Gefahr zugleich. Das Symbol ist eine wesentliche Voraussetzung für die Ansprechbarkeit des Menschen vom Kultischen und Musischen her. Umgekehrt können politische Machthaber und ideologische Gruppen ein Symbol manipulieren und es eigennützig in den Dienst ihrer Sache nehmen.

Neurose, Hypnose und Traum sind also drei Beweise für die Existenz und Besonderheit eines unbewußten Seelenlebens, dessen Beschreibung und Erforschung erst durch die Tiefenpsychologie zum Gegenstand der Psychologie gemacht worden ist.

4. Die Trieblehre als Motivationsforschung

Eines der bedeutsamsten Interessen- und Forschungsgebiete der gegenwärtigen Psychologie ist „die Motivation des menschlichen Handelns" (THOMAE, 1966). Die Tiefenpsychologie, vorweg die Psychoanalyse, hat um die Jahrhundertwende den Auftakt zu einer Untersuchung der menschlichen Motive gegeben.

a) Es gibt heute *drei große Gruppen von Theorien der Motivation*, also der Bewegkräfte menschlichen Tuns. Die älteste und auch heute noch populärste Anschauung ist jene, welche für jede Einheit des tierischen oder menschlichen Verhaltens einen eigenen Instinkt oder eine besondere Triebfeder geltend macht. So werden z. B. Flucht- und Kampf-, Brutpflege- und Geselligkeitstrieb genannt. Ein Repräsentant solcher pluralistischer Motivationslehren war zu Anfang unseres Jahrhunderts der angelsächsische Psychologe WILLIAM McDOUGALL. Heute ist dieser Betrachtungsaspekt durch die vergleichende Verhaltensforschung bei Tieren wieder in den Vordergrund gerückt worden. Der populärste Vertreter dieser wissenschaftlichen Richtung ist K. LORENZ; sein bekanntestes Buch „Das sogenannte Böse" zeigt allerdings auch die fragwürdigen politischen und pädagogischen Konsequenzen der Annahme einer starren Instinktgebundenheit menschlichen Verhaltens, vor allem der Aggression. Schafft doch die Annahme, Grausamkeiten seien beim Menschen genauso wie beim Tier hinsichtlich ihres periodischen Auftretens instinktgegeben, eine Entlastung für Erziehung und Selbsterziehung.

Nahmen die Vertreter der zunächst skizzierten Auffassung nahezu für jede Verhaltensform eine Motivationskraft an, so unterstellen die sogenannten Lerntheoretiker nur ein völlig unspezifisches Bedürfnis. Diese Richtung nimmt ihren Ausgang von dem russischen Physiologen P. PAWLOW, der während des ersten Weltkrieges an Hunden den heute allgemein bekannten „bedingten Reflex" entdeckte. Demnach lernt schon das neugeborene Kind sein Verhalten dadurch, daß bestimmte bedingte

Reflexe gebahnt werden, daß das eine Verhalten durch Lob oder Belohnung geweckt und verstärkt, das andere durch Tadel und Strafe verhindert wird. Das Prinzip dieser lerntheoretischen Schulmeinung ist — etwas vergröbert — die Auffassung, der Mensch sei zunächst ein unbeschriebenes Blatt, und erst durch das Lernen im Laufe seines Lebens gewinne er die mannigfachen Ausprägungen seines Verhaltens.

Man sieht, die beiden bisher geschilderten Auffassungen sind einander diametral entgegengesetzt. Im einen Falle bringt der Mensch eine sehr differenzierte Instinktausrüstung ins Leben mit, im anderen Falle lernt er die gesamte Skala seines Verhaltens erst während seines Lebens. Das dynamische Konzept der Psychoanalyse steht zwischen diesen beiden Lehrmeinungen.

FREUD hat sich als erster mit den Trieben als den bewegenden Kräften menschlichen Handelns beschäftigt. Dabei hat er aber, durch die Erfahrungen am Patienten genötigt, nur wenige Triebe als angeboren unterstellt. Zunächst sprach er von Ich- und Sexualtrieben. Diese sind den Selbst- und Arterhaltungstrieben mancher vorgängiger Denker recht verwandt (vgl. Kap. I). Im Jahre 1920 stellte dann FREUD die Sexualtriebe den Aggressionstrieben gegenüber und teilte die Aufgabe der Selbsterhaltung, der Auseinandersetzung mit der Realität, dem „Ich" zu. Das hieraus entstandene Modell der menschlichen Persönlichkeit wird uns später (Kap. IV) beschäftigen. Wesentlich ist, daß FREUD unter den Begriffen Sexualität und Aggression etwas sehr viel Weiteres verstanden hat als man gemeinhin darunter versteht. Außerdem unterliegen die angeborenen Triebe im Leben, vom ersten Lebenstag an, der Auseinandersetzung mit der menschlichen und physikalischen Umwelt und erleiden dadurch mannigfache Veränderungen (vgl. Kap. I und Kap. III). Diese Annahme von der Wandlungsfähigkeit der Triebe im Leben verbindet die Tiefenpsychologie mit der Lerntheorie, und insofern waren wir berechtigt, die tiefenpsychologische Trieblehre zwischen der Instinktlehre und der Lerntheorie einzuordnen.

b) Das psychoanalytische, von FREUD entworfene Triebmodell ist für das Verständnis der normalen und krankhaften Seelenvorgänge sehr nützlich, wenn auch im Laufe der Jahre einige Korrekturen notwendig wurden. Darin werden am Trieb unterschieden: die *Quelle*, der *Drang*, das *Ziel* und das *Objekt* (Abb. 5 a). Wir wollen das Gemeinte an dem „oralen Partialtrieb", d. h. dem Lustgewinn durch den Mundbereich, darlegen.

c) *Ein Beispiel für die Triebdynamik:* Die Triebquelle ist immer im Körperlichen zu suchen. Beim Säugling ist es einerseits der sehr komplizierte

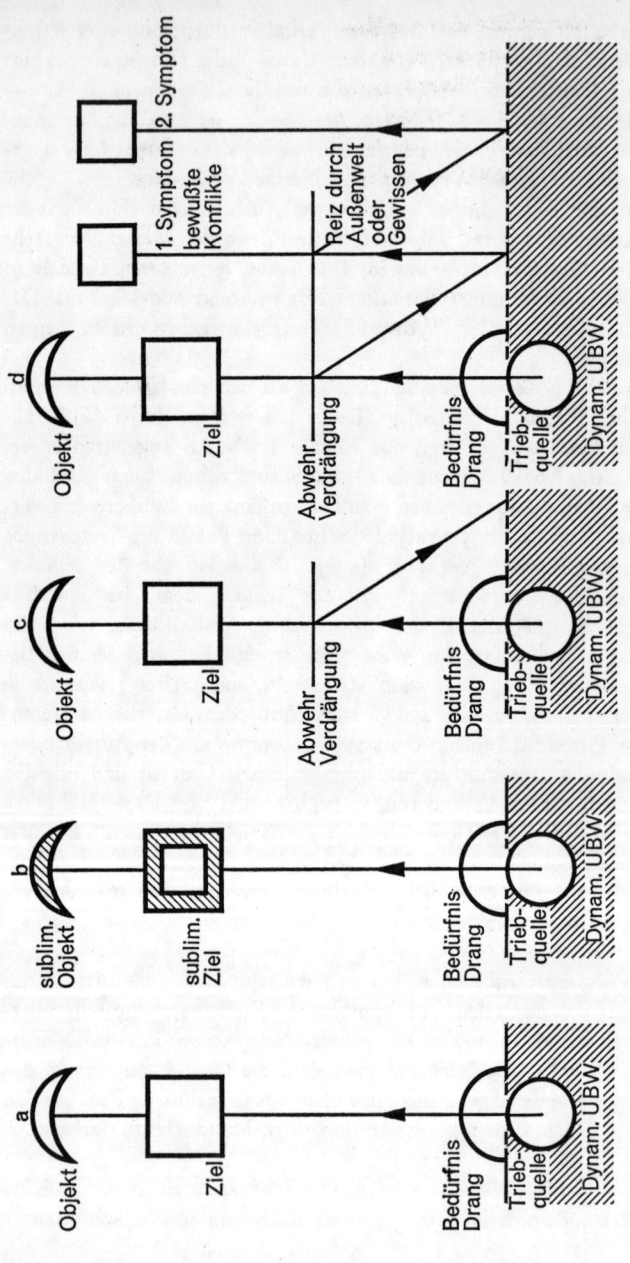

Abb. 5

a) Modell der Trieb- oder Motivationsdynamik   b) Sublimation = sozio-kulturelle Anpassung der Triebwünsche
c) Abwehr (Verdrängung) von gefährlichen oder unerlaubten Triebwünschen   d) Symptomentstehung

physiologische Vorgang, der zum Hunger führt, und andererseits das neuro-sensorisch (nervlich-empfindungsmäßig) bedingte Bedürfnis der Kontaktnahme durch die Mundschleimhaut beim Vorgang des Saugens Das körperliche Geschehen, die Triebquelle, können wir nur seelisch als ein Bedürfnis oder einen Drang nach etwas erleben. So hat der Säugling das Bedürfnis nach Nahrung und den Drang, mit seinen Lippen, d. h. mit seiner Mundschleimhaut, an der Brust oder einem Ersatz zu saugen. Drang und Bedürfnis sind also die seelische, die Erlebnisseite der körperlichen Triebquelle. Der Trieb drängt nach sofortiger Befriedigung, das Bedürfnis will sogleich gestillt werden. Die sofortige Befriedigung ist aber in allen Lebensbereichen und in allen Zeiten der menschlichen Entwicklung unmöglich. So entstehen Spannungen; jede Spannung aber wird als unlustvoll, ja oft als qualvoll erlebt. Die Lösung dieser Spannungen ist das Ziel des Triebes. Das Triebziel des oralen Partialtriebes beim Säugling ist mithin die Stillung des Hungers und der lustvolle Kontakt der Mundschleimhaut mit der mütterlichen Brust oder deren Ersatz. Die Mutterbrust, ja die Mutter selbst, ist in der nüchternen Sprache der psychoanalytischen Trieblehre das Triebobjekt. Nur das Triebobjekt kann dem Individuum zur Spannungslösung, zur Erreichung des Triebzieles verhelfen und ihm den ursprünglichen Ruhezustand vermitteln. Dieser Zusammenhang von körperlicher Triebquelle bzw. seelischem Drang, Triebziel und Triebobjekt, läßt sich beim Säugling gut beobachten. Hier ist nur ein Triebbedürfnis vorhanden, und es wirken keine durch die Erfahrung des Lebens erworbenen Steuerungskräfte entgegen. Verständlicherweise ist das Spiel der Antriebskräfte und das Widerspiel der Steuerungen beim erwachsenen Menschen ungleich komplexer. Es ist so komplex, daß nur das Vergrößerungsglas seelischer Störungen und Konflikte uns dazu verholfen hat, dieses Zusammen- und Gegenspiel zu verstehen.

Es war oben davon die Rede, daß jeder Trieb nach sofortiger Befriedigung drängt. Diese sofortige Triebbefriedigung ist bereits beim Hunger des Säuglings nur sehr bedingt möglich. Das Erlernen des Aufschiebens von Triebzielen, das Ertragen von Spannungen, ist im weitesten, aber wohl wichtigsten Sinne des Wortes Erziehung. Wiederum sehen wir es beim Kind am deutlichsten: Ein Kind, das in einer unpassenden Situation eine sofortige Bedürfnisbefriedigung fordert, bezeichnen wir als ungezogen. Der wirklich kultivierte, d. h. auch der gut erzogene Mensch hat gelernt, seine dranghaften Triebbedürfnisse so zu formen, daß deren Befriedigung zeitlich und auch der Art nach den Forderungen seiner Kultur angepaßt ist. Die wesentliche Frage ist nun: kann eine derartige Kultivierung ohne Schädigung der natürlichen biologischen Ausstattung des

65

Menschen vor sich gehen? FREUD meinte noch, dies aufgrund seiner Erfahrungen verneinen zu müssen und schrieb daher seine kulturpessimistische Abhandlung „Das Unbehagen in der Kultur" (1930). Die Erfahrungen an Patienten und nicht zuletzt auch das Erlebnis des ersten Weltkrieges brachten ihn zu dieser Überzeugung. Aus dieser Sicht ist die Bezeichnung „Abwehrmechanismen" für jene seelischen Vorgänge verständlich, welche die Triebansprüche zu verhindern oder zu verändern trachten. In der gegenwärtigen Tiefenpsychologie sieht man dies etwas anders. Bei zunehmender Beschäftigung mit dem gesunden Seelenleben hat man gelernt, daß die Abwehrmechanismen nicht nur seelische Störungen (Neurosen) produzieren, sondern auch eine bedeutsame Vermittlerrolle zwischen Triebansprüchen des Individuums und Forderungen der Gesellschaft und Kultur spielen. HEINZ HARTMANN, ein bedeutender Theoretiker der Psychoanalyse, spricht deshalb von Anpassungsmechanismen. Wir werden diese im Folgenden näher erläutern. Dem praktisch orientierten Leser sei gesagt, daß sich gerade in diesem psychologischen Bereich die Nahtstelle zwischen Tiefenpsychologie und Erziehung befindet.

d) *Triebenergie und Geist:* Hier ist auch der Ort, einem oft geäußerten, nicht psychologischen, sondern weltanschaulichen Einwand, besser noch, einem gefühlsmäßigen Mißbehagen zu begegnen. Diese Kritik sagt, die Tiefenpsychologie, in engerem Sinne die Psychoanalyse, sähe auch die höchsten geistigen Regungen des Menschen nur als veränderte Triebimpulse an. Der Form nach ist diese Bemerkung richtig, zugleich kündet sie aber vom Unverständnis des Kritikers für dynamisch-psychologische Zusammenhänge. Tut es denn dem hohen kulturellen Ziele Abbruch, wenn die Kraft des Denkens, Fühlens oder Handelns aus der biologischen Existenz des Menschen kommt? In dieser Art setzten sich der nicht christliche Philosoph HERBERT MARCUSE (1957) und der christliche Denker ROMANO GUARDINI (1956) mit den Kritikern auseinander, welche die Souveränität des Geistigen vor der Psychoanalyse zu schützen trachten.

5. Die Abwehr- oder Anpassungsmechanismen

Ihre Theorie ist ein fundamentaler Beitrag der Psychoanalyse zur modernen Psychologie. Die Abwehr gilt den inneren, ungezügelten Triebansprüchen, die Anpassung geschieht an die soziale und physikalische Wirklichkeit der Umwelt oder an die innere Wirklichkeit des Gewissens. Diese tiefenseelischen Funktionen, wie HEISS (1956) sie nennt, sind für das

Verständnis der seelischen Entwicklung, des Gefüges der Persönlichkeit und der Entstehung der Neurosen von besonderer Wichtigkeit. Hier soll zunächst das Grundsätzliche behandelt werden, um später das Spezielle einordnen zu können. Es lassen sich die „erfolgreichen Anpassungsmechanismen der gesunden Persönlichkeit" und die „erfolglosen, pathogenen (krankmachenden) Anpassungsmechanismen der gestörten Persönlichkeit" (FENICHEL, 1945) unterscheiden. Allerdings muß gesagt werden, um spätere Verwirrung zu vermeiden, daß manche dieser seelischen Funktionen sowohl bei der gesunden, als auch bei der kranken Persönlichkeit vorkommen.

a) Der Prototyp eines *erfolgreichen Anpassungsmechanismus* ist die *Sublimation*. Was ist nun eine erfolgreiche Anpassung? Immer dann, wenn ein Triebbedürfnis so verwirklicht werden kann, daß die Persönlichkeit weder in äußere Schwierigkeiten, noch in innere Konflikte gerät und die im Bedürfnis wirksame Triebspannung dennoch vollkommen gelöst wird, ist eine erfolgreiche Anpassung gegeben. Unter Sublimation verstehen wir dann eine Veränderung des Triebzieles oder Triebobjektes entsprechend den Forderungen und Erwartungen der Gesellschaft oder des Gewissens (Abb. 5, b). Ein bewußt vereinfachtes Beispiel mag dies verdeutlichen:
Im dritten bis fünften Lebensjahr besteht die Neigung, den eigenen und den fremden Körper, besonders die sonst bekleideten Genitalzonen, zu betrachten. In dem jedem Pädagogen bekannten „Doktor-Spielen" der Kleinen findet dies seinen Niederschlag. Bliebe nun diese triebhafte Neugierde für das Sexuelle bis ins Erwachsenenalter hinein bestehen, so entstünde eine Perversion — das sogenannte Voyeurtum. Es kann nun entweder das Triebobjekt gewechselt werden; z. B. kann das Beschauen von Kunstwerken mit großem ästhetischem Wohlgefallen einen Menschen zur Wahl des Berufes eines Kunsthistorikers oder Archäologen veranlassen. Oder es kann das Triebziel verändert werden und die triebhafte sexuelle Neugierde sich in Forscherdrang und wissenschaftliches Interesse wandeln. Das Beispiel ist der Deutlichkeit halber bewußt extrem gewählt. Die Sublimationen des Alltags sind weniger imponierend, für die Entwicklung einer Persönlichkeit jedoch nicht minder wichtig.

b) Und nun betrachten wir die *erfolglosen pathogenen (krankmachenden) Anpassungsmechanismen*. Der Prototyp für diese Funktionen ist die *Verdrängung* (vgl. Kap. I). Die im Bedürfnis drängende Triebenergie kommt nicht zum Ziel und findet auch kein Objekt, sondern wird vorher abgewehrt, verdrängt (Abb. 5, c). Der Triebwunsch ist durch die Verdrängung wieder ins Unbewußte, und zwar ins Dynamisch-Unbewußte zurückgewiesen. Solange die Kräfte, die Gegenenergie der Verdrängung oder auch anderer Anpassungsmechanismen, der Energie des Triebanspruches gleichwertig sind, bleibt dieser im Unbewußten und stört die Persönlichkeit nicht. Der Konflikt mit der Außenwelt oder mit dem eigenen Gewissen ist also eine Zeitlang vermieden. Kommt die Persönlichkeit nun in neue, der alten Situation verwandte Konflikte, dann werden die verdrängten Triebansprüche mobilisiert und kommen nunmehr als störende seelische Krankheitssymptome, als neurotische Symptome, an die Bewußtseinsoberfläche (vgl. die Außenpfeile in Abb. 4 und Abb. 5, d). Um nun mit dem Symptom oder mit dem wiederauflebenden bewußten Konflikt fertig zu werden, setzen die Steuerungskräfte den Bedürfnissen eine zweite Gruppe von Anpassungsmechanismen entgegen. Es kann durchaus sein, daß diese Aktion gelingt, daß die Triebansprüche wiederum unbewußt gemacht werden können und damit die Persönlichkeit für einige Zeit erneut symptom- und konfliktfrei ist. Die endgültige Störung ist dann gegeben, wenn das System der Abwehr- oder Anpassungsmechanismen nicht mehr ausreicht, um mit den jeweiligen konflikterregenden unbewußten Triebkräften fertig zu werden.

An Sublimierung und Verdrängung sollte nur jeweils das Modell der erfolgreichen oder erfolglosen Anpassung dargestellt werden. In der Entwicklungspsychologie werden wir die Bedeutung der *Identifikation,* d. h. des sich seelisch mit einer Persönlichkeit Gleichsetzens, und die vielfachen Möglichkeiten der *Reaktionsbildung,* d. h. der Verwandlungen von Bedürfnissen in ihr Gegenteil, kennenlernen. Eine höchst bedeutsame Funktion im gesunden und kranken, individuellen wie auch sozialen Leben ist die *Projektion.* Man versteht darunter das „Nach-außen-Verlagern von unbewußten Wünschen und Konflikten". Im Spiel des Kindes und in den Werken der Künstler können wir derartiges beobachten (vgl. Anhang). Jedoch spielt dieser Mechanismus auch bei der Entstehung von geistigen Störungen — Wahnerkrankungen — und sozialen Vorurteilen gegenüber Angehörigen fremder Rassen, Religionen oder Nationen eine gefährliche Rolle. Andere ausschließlich pathogene Anpassungsmechanismen im Gefolge der Verdrängung werden wir bei der Erörterung spezieller Störungen noch behandeln.

Tiefenpsychologie der Entwicklung und der Persönlichkeit

III. Kindheit und Jugend

Die Psychologie des Kindes- und Jugendalters ist verständlicherweise das Hauptinteressengebiet des Pädagogen, und es stellt sich die Frage, welche Beiträge zu dieser Disziplin die Tiefenpsychologie leistet. Innerhalb der verschiedenen tiefenpsychologischen Richtungen hat allein die Psychoanalyse eine ausgebaute und auf Beobachtungen gegründete Entwicklungspsychologie. Dieses Interesse für die Psychologie des Kindesalters hatte sich natürlicherweise ergeben, da man die frühe Kindheit als Hauptentstehungsperiode der psychischen Störungen des Erwachsenenalters in der klinischen Praxis erfahren hatte. Es ergibt sich nun die Frage, ob die Entwicklungspsychologie, wie sie z. B. von REMPLEIN (1966) in dem wohl unter Pädagogen bekanntesten Lehrbuch dargestellt wird, und die Tiefenpsychologie, im engeren Sinne die Psychoanalyse, die gleichen Themen behandeln. Etwas vereinfacht läßt sich hierzu folgendes sagen:

1. Tiefenpsychologische und klassische Entwicklungspsychologie

Die klassische Entwicklungspsychologie beschäftigt sich mit dem, was das Kind in bestimmten Lebensaltern kann oder nach allen Erfahrungen können sollte. Es sind dies die körperlich-seelischen Leistungen und Funktionen, die Motorik der Arme und Beine und ihr Zusammenspiel, die Intelligenz und ihre Erscheinungen, vor allem auch die Entwicklung der Sprache und endlich die Wahrnehmung der äußeren Welt und des eigenen Körpers auf dem Wege der Sinnesempfindungen. Man könnte dies das Instrumentarium nennen, mit Hilfe dessen der erwachsene Mensch seine Ziele zu erreichen versucht. *Die Entwicklung dieser Ziele* des Erwachsenen ist das eigentliche Thema der psychoanalytischen Entwicklungspsychologie. Die Entfaltung der Triebe und Bedürfnisse als Motivationskräfte menschlichen Handelns, die Anpassung dieser Bedürfnisse an die jeweiligen Gegebenheiten der Gesellschaft und die Wechselbeziehungen zwischen Kind und Gesellschaft formen in ihrem Zusammenwirken die Ziele des erwachsenen Menschen. Heute sind die Grenzen zwischen den Interessengebieten der klassischen und der tiefenpsychologischen Entwicklungspsychologie fließend. Wir werden uns hier verständlicherweise mit den Hauptanliegen der tiefenpsychologischen Entwicklungspsychologie und ihren eigenständigen Erkenntnissen beschäftigen.

2. Reifung und Entwicklung

Vorweg ist noch eine weitere Klärung notwendig. Die Begriffe Reifung und Entwicklung werden vielfach für die gleichen Vorgänge gebraucht. Die landläufige Verwendung des Wortes Reife für einen Grad der seelisch-geistigen Vollkommenheit, wie es sich ja auch als Erwartung in der Bezeichnung „Reifeprüfung" ausdrückt, fördert ein Mißverständnis. Sehr viel klarer ist in dieser Beziehung der Gebrauch der Begriffe im angelsächsischen Schrifttum. Dort versteht man unter Reifung (maturation) alle jene Vorgänge, die vorwiegend durch das Wachstum und durch Veränderungen im Nervensystem und im Haushalt der innersekretorischen Drüsen bedingt sind. Entwicklungsgeschehen im engeren Sinne, oftmals auch Akkulturation — Einleben in die Kultur — genannt, meint alle jene Erlebens- und Verhaltensweisen, welche ein Kind Schritt für Schritt in der Auseinandersetzung mit einer bestimmten Kultur erfährt und vollzieht und die es zum erwachsenen Mitglied dieser Kultur werden lassen. Der Mensch ist vom ersten Atemzuge an ein soziales Wesen, und deshalb lassen sich Reifungs- und Entwicklungsvorgänge nicht strikt trennen. Es lassen sich nur Akzente setzen. Ein Beispiel mag dies verdeutlichen: Ein Kind kann etwa nach Vollendung des ersten Lebensjahres aufrecht stehen und gehen. Diese motorische Leistung ist möglich, weil um jene Zeit diejenigen Nervenbahnen, welche die Muskulatur der Beine und des Rumpfes versorgen, ausgereift sind. Auch intensive Übungen der Mutter mit dem Kinde würden es nicht befähigen, früher zu gehen. Umgekehrt kann jedoch auch ein völlig gesundes Kind in der Beherrschung der Motorik seiner Beine lange Verzögerungen erleiden, wenn der Zuspruch durch die Mutter und die Übung der Gehwerkzeuge fehlen. Bei Kindern, die über das erste Lebensjahr hinaus in einem Säuglingsheim, also ohne Anreiz und Gelegenheit zum Laufen, leben, läßt sich dies immer wieder beobachten. Kommen solche Kinder in die Obhut der Mutter oder anderer Erwachsener, die sie beim Laufenlernen ermuntern, loben und fördern, so holen sie die Verzögerung erstaunlich rasch nach. An diesem Beispiel läßt sich sowohl der Unterschied von Reifung und Entwicklung, als auch das komplizierte Zusammenspiel der beiden Vorgangsreihen gut erkennen. Die Reifung geht nach einer Art innerer Uhr vor sich, und auch liebevollstes Bemühen der Erzieher kann diese Uhr nicht vorrücken, manchmal wird das Kind sogar durch vorzeitiges Üben überfordert. Die innere Uhr wird aber angehalten, wenn die Beschäftigung der Erzieher mit dem Kind fehlt. Wir verstehen nun auch, warum dem Problem des Zeitgerechten, des Reifungsgerechten in der Erziehung und Pflege des Kindes so viel Bedeutung beigemessen werden muß.

a) *Triebreifung und soziale Beziehungen:* Ist nun die psychoanalytische Entwicklungspsychologie mehr den Reifungsvorgängen oder mehr dem Entwicklungsgeschehen im engeren Sinne zugewandt? Die Organisation und zeitliche Abfolge der Triebe und Bedürfnisse des Kindes, wie sie bereits FREUD aus den Krankengeschichten seiner erwachsenen Patienten rekonstruiert hat (vgl. Kap. I), ist ein Reifungsvorgang. Auf diese Bedürfnisäußerungen des Kindes — vom ersten Atemzuge an bis zur Pubertät — reagieren die Erwachsenen verschiedener Kulturen ganz verschieden, und die Kinder reagieren ihrerseits wiederum auf die Verhaltensweisen der Erwachsenen. Es bleibt aber nicht bei diesem zwar schon komplizierten, aber an der Wirklichkeit gemessen noch sehr einfachen Ineinandergreifen, denn das bisher Geschilderte betraf nur die äußeren, die beobachtbaren Vorgänge. Die Reaktionen der Mutter und der anderen Erwachsenen auf seine Bedürfnisse und triebhaften Wünsche nimmt das Kind in das eigene Innere auf und versucht einen unbewußten, innerseelischen Kompromiß zwischen den Forderungen der geliebten Erwachsenen und den dranghaften Bedürfnissen, welche diese Erwachsenen oft nicht gutheißen, zu finden. Dieses komplexe Ineinander von angeborenen und triebhaften Wünschen, Forderungen und Eingriffen der Kultur, repräsentiert durch die Eltern und Erzieher, und Anpassungsversuchen des Kindes nach beiden Seiten, ergibt die Entwicklung der Persönlichkeit. Die psychoanalytische Entwicklungspsychologie beschäftigt sich also sowohl mit Reifungsprozessen als auch mit Entwicklung im Sinne der kulturellen Anpassung. Vor allem aber hat die Psychoanalyse erkannt, daß der Prozeß der menschlichen Entwicklung vom Neugeborenen bis zum Erwachsenen nicht ohne Konflikte und Krisen abgehen kann; dies gilt auch für die gesunde Persönlichkeit. Damit wurde die Legende von der glücklichen und unbeschwerten Kindheit zerstört. Es erscheint uns, als ob dieser Raub des Paradieses der Kinder die Gemüter gegen die Psychoanalyse aufgebracht habe und der zu Anfang unseres Jahrhunderts häufig gehörte Vorwurf, die Psychoanalyse habe das Kind sexualisiert, ein Vorwand für den tieferen Grund der Enttäuschung gewesen sei.

b) Die Psychoanalyse beschäftigt sich also zu einem kleineren Teil mit dem biologischen Geschehen der Triebreifung und zum viel größeren Teil mit der Entwicklung der menschlichen Beziehungen. Für den letzteren Bereich hat E. H. ERIKSON (1965), ein amerikanischer Kinderpsychoanalytiker und Erforscher der indianischen Erziehungsgepflogenheiten, ein sehr anschauliches Modell geschaffen. ERIKSON spricht von der *wechselseitigen Regulation* (mutual regulation) zwischen Kind und Mutter, Kind und Erzieher. Er meint damit, daß nicht nur die Eltern und Erwachsenen das Kind durch ihre Art des Umgangs, der Pflege und der Erziehung prägen, sondern daß auch das Kind, selbst schon der Säugling, seine Mitwelt formt. Schon die Ankunft eines Kindes verändert die Familie, oder in primitiven Kulturen die gesamte Sippe. Der neue Erdenbürger ist ein Tyrann in hohem Ausmaße. Er nimmt die Mutter fast völlig in Beschlag; hat sie bisher gearbeitet, so kann sie dieser Beschäftigung jetzt nicht mehr oder nur noch eingeschränkt nachgehen. Auch steht sie nunmehr in geringerem Ausmaß dem Ehemann und den älteren Geschwistern des Kindes zur Verfügung.

Doch nicht allein in die Intimsphäre der Familie greift der Säugling ein, er verändert auch den sozialen Status des Vaters. In einfachen Kulturen bekommt der Mann oft erst nachdem er Vater eines Sohnes geworden ist, bestimmte Rechte in der Männergemeinschaft. Auch in der modernen Zivilisation greift der Säugling in die Beziehungen seiner Eltern zur Gesellschaft ein; er bringt sie in eine neue Steuerklasse und verhilft ihnen zu Kindergeld, macht sie aber unter Umständen auch zu unerfreulicheren Mietparteien und hindert sie am geselligen Verkehr (abendlichen Ausgehen).

Das Geschlecht des Neugeborenen spielte in vielen Kulturen, vor allem in den Agrargesellschaften eine bedeutsame Rolle. Wenn diese soziale und ökonomische Bedeutsamkeit in unserer industriellen Gesellschaft auch weitgehend geschwunden ist, so reagieren die Eltern doch, je nach Erwartungshaltung und Wunschvorstellung, in ihrer Art auf das Geschlecht des Kindes. Diese wenigen Hinweise belegen ERIKSONS Modell der wechselseitigen Regulation. Vom ersten Atemzug an, ja bereits schon vorher, reguliert das Kind seine zukünftige Umwelt, und die Menschen dieser Umwelt reagieren darauf, und das Kind seinerseits reagiert wiederum auf diese Reaktionen.

Nun wird so oft von der Mütterlichkeit gesprochen, als sei sie eine biologische Eigenschaft, die jede Frau mit der Schwangerschaft und dem Akt des Gebärens erwirbt. Dies ist eine romantische Verklärung nüchterner, sachlicher, biologischer Gegebenheiten. Die Tiermutter, die eines ihrer frischgeworfenen Jungen auffrißt, ist eine drastische Widerlegung dieser falschen Meinung. Diese Meinung ist aber nicht nur falsch, sondern auch gefährlich. Eine Frau, die ihrem Kind in jeder Handreichung der Pflege liebevolle Zuwendung angedeihen lassen soll, bedarf ihrerseits der Geborgenheit und der Liebe der ihr nächststehenden Menschen, des Mannes oder der Eltern. Diese Menschen sind aber andererseits auch notwendig, um ein Stück der Zuwendung der Mutter vom Kinde abzuziehen. Wir werden uns später noch mit den Schädigungen durch die übertriebene pflegerische Zuwendung der Mutter zum Kinde (im englischen

Originalausdruck „overprotecting mother") zu beschäftigen haben. Die unverheirateten Mütter oder Mütter mit einem real zwar vorhandenen, psychologisch aber nicht existierenden Ehemann, sind hierin besonders gefährdet.

Das Prinzip der wechselseitigen Regulation muß also zum Verständnis des Phänomens der Mütterlichkeit um einen Kreis erweitert werden. Nicht nur Kind und Mutter regulieren sich wechselseitig, sondern die Mutter wird sozialpsychologisch auch durch ihre mitmenschlichen Beziehungen reguliert. Der weiteste Kreis in diesem System ist die Gesellschaft selbst. Man denke nur an die Mutter des unehelich geborenen Kindes; die Haltung der Gesellschaft und ihrer Mitglieder wird die Beziehung der Mutter zu ihrem Kinde in irgendeiner Form prägen, und so greift die große Gesellschaft in die Beziehungen zwischen Mutter und Neugeborenem ein. Die Verwendung der Begriffe „wechselseitige Regulation" und „Kreis-Systeme" soll nun nicht etwa den Eindruck erwekken, als würden hier Begriffe aus der Technik, aus der sogenannten Regeltechnik oder Kybernetik auf die Entwicklung menschlicher Beziehungen übertragen. Bereits TH. V. UEXKÜLL (1963) hat in seinem Buch über Psychosomatische Medizin aufgewiesen, daß die Möglichkeiten der Regeltechnik, so differenziert sie auch sein mögen, für die Erfassung seelisch-körperlicher Vorgänge und vor allem für die höchst komplizierten bewußten und unbewußten mitmenschlichen Beziehungen zu grob sind. Dessen ungeachtet erscheint uns der Begriff der wechselseitigen Regulation ein bedeutsamer Fortschritt im entwicklungspsychologischen Denken, weil mit ihm das jeweils wechselnde Dogma von der Vorherrschaft der Anlage oder der Umwelt (Erziehung) gebrochen worden ist.

3. Das erste Lebensjahr

Wir wollen uns nun den Untersuchungen von R. SPITZ (1960, 1965, vgl. Kap. II) über die Beziehung zwischen Kind und Mutter im ersten Lebensjahr zuwenden. Die Beschäftigung mit diesem Thema ist auch für den Pädagogen wesentlich, weil die Forschungen der Psychopathologie ergeben haben, daß mit hoher Wahrscheinlichkeit gerade die ersten Monate für die Entstehung schwerer seelischer Störungen maßgeblich und vor allem für die Kontaktfähigkeit der Erwachsenenpersönlichkeit vorprägend sind. Die Plastizität und damit auch die Anfälligkeit des Kindes während der ersten Lebensmonate haben die Entwicklungspsychologen schon früher erkannt, die das Mutter-Kind-Verhältnis als Symbiose bezeichneten, und die Biologen, die diese Zeit als eine verlängerte Schwangerschaft außerhalb des Mutterleibes ansahen. Nur wurde lange Zeit die Symbiose, d. h. jenes auch nach der Geburt fast ungeschiedene Zusammenleben von Mutter und Kind, in idealisierender Form als Prototyp der menschlichen Beziehung angesehen. Spitz hat in Hunderten von Beobachtungen und Filmuntersuchungen Regelmäßigkeiten der Entstehung echter Objektbeziehungen, d. h. erster menschlicher Gefühlsbeziehungen, aufgewiesen.

a) *Wahrnehmung und Bedürfnis:* Die Wahrnehmung der Außenweltreize, der optischen wie der akustischen, ist beim Kinde in den ersten Lebenswochen noch sehr gering. Zunächst ist sie ganz auf den eigenen Körper und dessen Zustände beschränkt. Spitz hat hierfür ein ausgezeichnetes Beispiel: wenn das Neugeborene in die übliche, nahezu horizontale Still-Lage gebracht wird, wendet es seinen Kopf zur Seite und öffnet den Mund zum Saugen, gleichgültig, ob es eine männliche oder weibliche Person hält. Dies zeigt uns, daß die Bereitschaft zur Nahrungsaufnahme nicht durch eine Wahrnehmung der nahrungspendenden Person, sondern durch eine Empfindung der eigenen Körperlage, der Tiefensensibilität, eingeleitet wird. Erst allmählich folgen den Empfindungen der eigenen Körperzustände die taktilen Wahrnehmungen (Hautempfindung und Tastsinn), der Hör- und Gesichtssinn. Umgekehrt ist die Mutter sehr stark auf die körperliche Berührung mit dem kleinen Wesen eingestellt und empfindet diese Körperberührung als angenehm und lustvoll. Der Säugling wiederum nimmt innerhalb der ersten Lebenswochen die Brustwarze, oder ersatzweise den Sauger der Flasche, nur dann wahr, wenn er hungrig ist. Das heißt doch, daß zu diesem Zeitpunkt noch die durch das Bedürfnis getönte Grundstimmung nötig ist, damit der Säugling überhaupt wahrnehmen kann. Wahrnehmung wird also in dieser Frühzeit des Menschen erst dann möglich, wenn das triebhafte Bedürfnis — Hunger und Lust an der taktilen Berührung — eine gewisse Stärke erlangt.

b) *Unlustsignale:* Ist nun in diesen ersten Lebenswochen bereits eine Verständigungsmöglichkeit, eine Kommunikation zwischen Kind und Mutter möglich? Veränderung der Lage, der Temperatur und andere Hautempfindungen dienen als Signale für den Nahrungsempfang und bereiten das Kind darauf vor. Umgekehrt sendet das Kind im Schreien Unlustsignale aus. Fälschlicherweise wird meist angenommen, das Schreien an sich sei eine Äußerung der Unlust. Tatsächlich dient es zunächst nur der Spannungsabfuhr über die Regulierung der Atemmuskulatur und wird erst allmählich, durch die Reaktion der Mutter darauf, zu einem Signal. Wir sehen also an dieser skizzenhaften Schilderung der Elementarvorgänge der ersten Lebenswochen eine höchst komplizierte Verschränkung von triebhaften Bedürfnissen, psychischen Leistungen (Innen- und Außenwahrnehmungen — enterorezeptive und exterorezeptive Vorgänge) und einfachsten Formen sozialer Beziehung. An dieser Situation der Frühgeschichte des Menschseins wird die psychoanalytische, entwicklungspsychologische Konzeption deutlich: die dauernde Beachtung von triebhaften Bedürfnissen und sozialen Beziehungen für die Entwicklung der Persönlichkeit.

c) Nun beginnt bereits in diesen ersten Lebenswochen die Begegnung des Kindes mit dem Ernst des Lebens. *Versagungen* erlebt bereits der Säugling, und sie lassen sich gar nicht vermeiden. Man denke an kurzfristigen Hunger, an Mißempfindungen im Verdauungstrakt und körperliches Unbehagen durch Feuchtigkeit oder unbequemes Liegen. Diese Versagungen werden durch Sättigung, angenehm zärtliche Berührung und sinnvolle oder sinnlose Koseworte der Mutter wieder wettgemacht. Bildlich gesprochen erlebt der Säugling gute und böse Aspekte seiner Welt. Die guten Erfahrungen helfen ihm, die schlechten zu ertragen.

Man kennt nun in der Psychologie eine sogenannte *Frustrationstoleranz*, d. h. ein Maß für die Fähigkeit, Versagungen zu ertragen. Die Grundlagen zu dieser Befähigung werden also bereits in den ersten Lebensmonaten durch das Verhältnis von guten und schlechten Erfahrungen gelegt. Erst die Erfahrung, daß es schließlich doch wieder gut wird, befähigt den Menschen überhaupt und schon das kleine Kind, die Unbill des Lebens hinzunehmen. Häufig hegen Pädagogen das Vorurteil, es sei eine Forderung der Psychologie — und vor allem der Tiefenpsychologie —, vom Kinde jegliche Verbote oder Versagungen fernzuhalten. Gerade die letzten Ausführungen über die Situation des Säuglings widerlegen diese Meinung. Versagungen sind unvermeidbar und daher notwendig. Ebenso notwendig aber ist die Gewißheit, daß den Versagungen positive Erlebnisse folgen werden. Nur aufgrund dieser Erfahrungen kann ein „Basis-Ur-Vertrauen" in das Leben entstehen, über das wir bei der Schilderung von ERIKSONS Phasenlehre der Entwicklung noch ausführlicher sprechen werden.

Wie sehr Pflegegewohnheiten und damit auch das als richtig empfundene Maß an dem Kinde aufzuerlegenden Versagungen den jeweiligen Stil einer Kultur spiegeln, zeigen uns die beiden Extremvarianten der in den letzten 40 Jahren empfohlenen Fütterungspläne für Säuglinge. Von den einen wird ein striktes Reglement — etwa Fütterung alle vier Stunden — empfohlen, denn nur so habe das Kind seine Ordnung und gewöhne

77

sich an Ordnung. Nach der anderen Auffassung, die besonders während der letzten zwanzig Jahre in den Vereinigten Staaten herrschte, soll das Kind nur dann gefüttert werden, wenn es selbst Hunger äußert. Diese Form, in der das Kind den Zeitplan seiner Mahlzeiten selbst reguliert (self demand schedule), entspreche am ehesten den biologischen Gegebenheiten. Das strikte Zeitreglement paßt sich vor allem aber den Gegebenheiten der industriellen Gesellschaft an, sei es, daß die Mutter oder die Familie durch Beruf und sonstige Tätigkeit an die Zeitordnung der Gesamtgesellschaft gebunden ist, sei es, daß das Kind schon früh an die in der industriellen Gesellschaft notwendige Zeitordnung gewöhnt werden soll. Die freien, selbstgeforderten Mahlzeiten des Kindes finden wir schon immer in den einfachen, vor allem den Agrarkulturen, wo der Zeitplan lange nicht die dominierende Rolle spielt wie in unserer Welt. Das also, was mit großer Emphase jeweils als gesünder und zuträglicher für das Kind empfohlen wird, ist in Wirklichkeit ein Stück Einbezogenheit des kleinen Erdenbürgers in die jeweilige Kultur.

d) *Das erste Wiederlächeln:* Trotz einiger Vorausblicke verweilen wir noch immer bei der Beobachtung des Kindes in den ersten beiden Lebensmonaten und bemühen uns, SPITZ folgend, die Entfaltung der Beziehungen zwischen Mutter und Kind sachlich zu untersuchen. Das sogenannte „erste Wiederlächeln" des Kindes spielte in den Entwicklungspsychologien schon immer eine gewichtige Rolle. Es wurde als ein Markstein der Entwicklung angesehen, und O. KROH (1952) hat es in seiner Einteilung der Entwicklung als Ende der ersten Entwicklungsphase gekennzeichnet. SPITZ hat dazu in seinen Untersuchungen festgestellt, daß dieses Wiederlächeln nicht nur der Mutter gegenüber erfolgt, sondern gegenüber jedem Menschen, wenn er sein Gesicht dem Kinde lächelnd en face (nicht im Profil) zuwendet. Viel erstaunlicher ist, daß das Kind auch bei Darbietung einer Maske, welche die Mimik des Lächelns aufweist, zurücklächelt. Verständlicherweise erzeugte diese Entdeckung eine gewisse Enttäuschung, glaubte man doch bis dahin, im Wiederlächeln einen spezifischen Ausdruck der Mutter-Kind-Beziehung vorzufinden.
Die Beobachtungen haben also ergeben, daß das Kind gegen Ende des dritten Lebensmonats auf das physiognomische Zeichen des Lächelns mit einem Wiederlächeln reagiert, vielleicht das Lächeln imitiert. Die beobachtbare mimische Reaktion des Kindes gilt aber nicht einer speziellen Person, sondern, wie gezeigt, dem physiognomischen Zeichen des Lächelns im frontalen Antlitz. SPITZ erkannte daher in dieser Erscheinung eine Vorform der echten Objektbeziehung, d. h. der echten Beziehung zu einem bestimmten menschlichen Objekt.

78

e) *Die Acht-Monats-Angst:* Zwischen dem dritten und dem achten Lebensmonat entwickelt sich nun zunehmend die Beziehung zu dieser einen Person, zu diesem bestimmten menschlichen Objekt. Auch den Endpunkt dieser Entwicklung konnte SPITZ an einer eigentümlichen Erscheinung deutlich machen. Ungefähr um den achten Lebensmonat zeigt das Kind beim Auftauchen einer fremden Person, und zumeist gilt für das Kind jeder Mensch außer der Mutter oder ihrer Stellvertreterin als solche, Angst in Mimik und im ganzen Gehabe. Im volkstümlichen Sprachgebrauch sagt man gerne, das Kind „fremdle". So wurde diese Erscheinung von den Entwicklungspsychologen denn auch lange Zeit als eine Reaktion auf den fremden Menschen angesehen. SPITZ konnte jedoch nachweisen, daß es sich um eine Enttäuschung des Kindes handelt, weil nicht die vertraute, von ihm erwartete und ersehnte Mutter, sondern eine andere Person in seinen Gesichtskreis tritt. Bedenkt man die Freude des Kindes, wenn beim bekannten „Kuckuck-Spiel" die Mutter wiederum im Gesichtsfelde des Kindes auftaucht, so gewinnt die Interpretation von SPITZ an Wahrscheinlichkeit. Die Enttäuschung des Kindes zeigt uns aber, daß es seine Mutter, die geliebte und vertraute Person, kennt und mit keiner anderen verwechselt. Damit ist der Beweis für die erste individuelle zwischenmenschliche Beziehung, die erste Objektbeziehung, wie die Psychoanalyse das sehr nüchtern benannt hat, erbracht. Die Angst, mit welcher das Kind auf die fremde Erscheinung, also den scheinbaren Verlust der Mutter, reagiert, nennt SPITZ ihres Zeitpunktes wegen die „Acht-Monats-Angst". Diese Reaktion zeigt uns, wie bedeutsam und ungeheuer verletzlich die erste mitmenschliche Beziehung ist. Die Folgen der Störungen der Mutter-Kind-Beziehung, des zeitweisen oder endgültigen Verlustes der Mutter, werden wir an anderer Stelle ausführlich erörtern.

4. Die modifizierte psychoanalytische Phasenlehre

Bereits in den ersten Lebensmonaten sind Reifungsabläufe und kulturell bedingtes Entwicklungsgeschehen unentwirrbar verflochten; und dies, obwohl der Säugling noch weitgehend ein biologisches Wesen ist. FREUD hat nun in seiner Phasenlehre fünf reifungsakzentuierte und eine entwicklungs-, d. h. kulturakzentuierte Phase dargestellt. Der historischen Gerechtigkeit halber müssen wir allerdings sagen, daß FREUD mit der eben gebrauchten Formulierung nicht einverstanden gewesen wäre. Er hatte alle Phasen — die orale, die anale, die phallische und die ödipale Phase, sowie die Latenzzeit und die Pubertät — als allein triebbedingt, also reifungsakzentuiert angesehen. Wir werden unsere Akzentsetzung sogleich begründen, möchten aber zunächst einen Blick auf die anderen tiefenpsychologischen Schulen werfen.

a) *Entwicklungsphasen in den anderen tiefenpsychologischen Schulen:* ADLER hat keine Einteilung des menschlichen Entwicklungsablaufes gegeben. Für ihn war die Problematik des Oben und Unten, des Machtstrebens und Minderwertigkeitsgefühls etwas, das sich in allen Stationen des Kindes bis in das Jugendalter und das Erwachsenensein hinein dokumentierte. Die Unterlegenheit des Kindes, das noch nicht laufen kann, ist nach ihm nur graduell verschieden von derjenigen des Knaben, der eine handwerkliche Technik noch nicht so beherrscht wie der Erwachsene. Da das Geltungsstreben in bestimmten Phasen eine besondere Rolle spielt, wie wir noch hören werden, gibt hier auch die Individualpsychologie eine Verstehenshilfe.

Obwohl C. G. JUNG in keiner Weise an der Psychologie des Kindes- und Jugendalters interessiert war, hat einer seiner bedeutendsten Schüler, E. NEUMANN (1963), eine entwicklungspsychologische Phasenlehre aus JUNGscher Sicht entwickelt. Diese recht interessante, an mythologischen Parallelen orientierte Einteilung gibt dem Pädagogen für die Praxis allerdings wenig Hilfen.

Von allen tiefenpsychologischen Schulen außerhalb der Psychoanalyse hat nur die sogenannte Neo-Psychoanalyse von H. SCHULTZ-HENCKE (1951) einen Beitrag zur Entwicklungspsychologie und ihrer Einteilung geliefert (vgl. Kap. I). Die Auffassungen SCHULTZ-HENCKES sind in der Erziehungsberatungsarbeit und Heilpädagogik in Deutschland dank dem Buche von A. DÜHRSSEN (1954) „Psychogene Erkrankungen bei Kindern und Jugendlichen" sehr verbreitet. Wir werden daher in der folgenden Darstellung der tiefenpsychologisch-psychoanalytischen Entwicklungsphasenlehre jeweils am geeigneten Ort darauf eingehen.

b) *Der Begriff Phase:* Nachfolgende Darstellung ist am Entwicklungsphasenmodell von E. H. ERIKSON orientiert. Es bedarf zunächst noch einer begrifflichen Klärung des Wortes Phase, da sonst gerade der in der entwicklungspsychologischen Literatur wenig bewanderte Leser irritiert sein könnte. Der Begriff wird von den einen als Bezeichnung für Abschnitte echten Fortschrittes in der seelisch-körperlichen Reifung und Entwicklung benutzt (KROH, REMPLEIN), während andere (so der amerikanische Kinderpsychologe A. GESELL, 1953²) unter Phasen Abschnitte der periodischen Wiederholung ähnlichen Verhaltens auf jeweils höherer Entwicklungsebene verstehen. Beide Arten, den Begriff Phase zu verwen-

80

den, erscheinen uns, gemessen an der Kompliziertheit des Vorganges, nicht ganz richtig. Wir verstehen darunter in konsequenter Weiterentwicklung der Entdeckung FREUDS etwa folgendes:
Jede Phase ist gekennzeichnet durch einen besonderen, neuartigen Reifungszustand von Organen und Organsystemen; so kann z. B. das Kind im zweiten Lebensjahr seine Muskulatur, vor allem die Schließmuskeln von Blase und After, gut beherrschen. Mit jeder neuen Funktionstüchtigkeit von Organen treten auch neue triebhafte Bedürfnisse in den Vordergrund. Diese beiden Momente — körperlicher Reifungszustand und triebhaftes Bedürfnis — sind der Reifungsaspekt. Die Reaktionen der Umwelt auf körperliche Reifungszustände und triebhafte Bedürfnisse einerseits und die Gegenreaktion des Kindes auf diese Umwelt-Antworten andererseits sind die Entwicklungsaspekte der Phase. Wir wollen mit dieser Begriffserklärung nicht das Verständnis erschweren und wissenschaftliche Ausdrücke komplizieren, sondern im Gegenteil das Wort der Lebenssituation — und diese ist nun einmal kompliziert — näherbringen.

c) Reifungs- und Entwicklungsaspekte der jeweiligen Phase beschreibt ERIKSON als die Themen der *Zonen, Modi und Modalitäten.* Die Zonen sind die Körperzonen, die den drei Körperöffnungen — Mund, After und Genitalöffnung — entsprechen. Jedoch ist jeweils nicht nur die benannte Körperöffnung, sondern ein ganzer Organbereich, der durch eine gemeinsame nervöse Steuerung gekennzeichnet ist, gemeint. So gehört zum Mund, der Leitzone der oralen Phase, der gesamte obere Verdauungsbereich bis zum Magen, da ja Saugen, Schlucken und Aufnehmen in den Magen notwendigerweise zur Nahrungsaufnahme gehören. Ähnlich ist es mit dem After, der Körperöffnung, die der analen Phase den Namen gibt. Der ganze untere Verdauungstrakt, vor allem der Dickdarm, gehört zur Zone des Analen. Und endlich gehört zur Genitalöffnung das gesamte System der Geschlechts- und Flüssigkeitsausscheidungsorgane, die sowohl durch gemeinsame Nerven gesteuert werden als auch vom Kinde wegen ihrer räumlichen Nähe zunächst als etwas Gemeinsames erlebt werden. Erst ein praktisch beobachtbarer Bezug und eine theoretische Annahme machen dieses Modell der Körperzonen und ihrer Reifung für den Entwicklungspsychologen, den klinischen Psychotherapeuten und den Pädagogen nutzbar.
Während die Dominanz und das Funktionieren der einzelnen Zonen in bestimmten Entwicklungsphasen eindeutig dem Reifungsgeschehen zugehören, also durch angeborene Regelvorgänge gesteuert sind, sind die Modi als die Art und Weise, wie sich ein Kind in der jeweiligen Phase

verhält (z. B. in der oralen Phase das Einverleiben), und die Modalitäten als Formen der sozialen Beziehung zwischen Kind und Partner (z. B. das Nehmen und Geben in der oralen Phase) weitgehend dem psychosozialen Entwicklungsprozeß unterworfen. Wir werden auf die Modi und Modalitäten der Entwicklung später noch ausführlich eingehen. Die hervorragende Rolle des Mundes im ersten Lebensjahr wurde bereits durch die eingangs geschilderten Beobachtungen von SPITZ deutlich. Da die Mahlzeiten die Marksteine des Tageslaufes eines Säuglings sind, sind auch der Mund und das Verdauungssystem in dieser Zeit dominierend. Sobald das Kind Gegenstände ergreifen und diese zum Munde führen kann, wird der Mund auch ein Forschungsinstrument, sozusagen ein Sinnesorgan. Dieses Sinnesorgan ergänzt die langsam reifenden Sinne des Tastens, Hörens und Sehens. Wann sich Geruch und Geschmack entwickeln, ist nur sehr schwer festzustellen. So hat denn auch ERIKSON, u. E. recht glücklich, diese Phase die „oral-sensorische" (durch Mund und Sinnesorgane bestimmte) benannt. Zwar bleibt der Mund selbstverständlich das ganze Leben hindurch eine wesentliche Körperöffnung und ein wichtiges Organ, doch tritt er in seiner Ausschließlichkeit, seiner Dominanz, so etwa um das erste Lebensjahr zurück.

Nunmehr kann das Kind immer besser seine Muskulatur beherrschen, und zwar nicht nur die der Gliedmaßen, sondern auch die der Ausscheidungsöffnungen. Anatomisch-physiologisch haben die Muskeln der Ausscheidungsorgane eine Verwandtschaft mit denen der Gliedmaßen, weil auch sie dem Willen unterworfen sind, im Gegensatz zu den Muskeln der inneren Organe. Jede Funktion, die neu ist und erst geübt werden muß, steht im Vordergrund der Beachtung und im Mittelpunkt des Erlebens. Das Kind erlebt die Beherrschung seiner Muskulatur und auch die Verfügungsgewalt über seine Schließmuskeln sehr intensiv. Diese Erlebnisweise des Kindes wird durch die Beachtung der Mutter und der anderen Erwachsenen ungemein verstärkt.

Etwa im dritten Lebensjahr ist das Kind, oftmals zum Schrecken der Mutter, in der Lage, sich überallhin zu bewegen, wohin es will. Es ist also jetzt Meister seiner Lokomotorik (Fortbewegungsfähigkeit). Da die Kinder jetzt oft zum Spielen außer Haus sind, wird die Entleerung selbsttätig besorgt, zumeist allerdings nur die der Blase. Dabei entdecken Jungen und Mädchen, sollten sie es nicht schon vorher bei Geschwistern gesehen haben, die Verschiedenartigkeit ihrer Geschlechtsorgane. Sie sehen diese Verschiedenheit vor allem auch an der jeweiligen Art des Urinierens, und die Buben nützen ihre Möglichkeit, einen großen Bogen zustande zu bringen, oft bis in das Erwachsenenalter aus. Neben der Fortbewegung ist also die Genitalöffnung zwar nicht Neuerwerb, aber

82

Neuentdeckung dieses Alters. Dafür spricht das Interesse des Kindes am eigenen und fremden Körper, und vor allem an den eigenen und fremden Geschlechtsorganen. Es beginnen um diese Zeit auch Manipulationen, Spielereien an den Genitalien mit deutlichen Äußerungen angenehmer Empfindungen bis zur Onanie. Daß ein Junge in diesem Alter eine Erektion seines Gliedes als etwas Positives, ja im wahrsten Sinne des Wortes als etwas Hervorragendes empfinden kann, mag folgendes Beispiel illustrieren: Ein etwa dreieinhalbjähriger Junge kommt wütend zu seiner Mutter, deutet auf sein entblößtes Glied und verlangt schimpfend „mach das wieder fest". Dieses Interesse für die neuentdeckten Genitalorgane und deren Funktion, soweit das Kind sie betätigen kann, schwindet wieder und tritt, in ganz anderer Form, erst in der Pubertät wieder auf. ERIKSON hat demnach recht, wenn er diese Phase die „phallisch-(griechische Bezeichnung für das männliche Genitale)lokomotorische" nennt.

Wir haben also an beobachtbaren Sachverhalten nachgewiesen, daß die Psychoanalyse zu Recht frühkindliche Entwicklungsphasen nach Körperzonen bezeichnet.

5. Körperliche Reifung und Aggressionstrieb

Die theoretische Annahme, welche die Zoneneinteilung der Reifung und Entwicklung besonders fruchtbar macht, ist die Trieblehre der Psychoanalyse. Im Gegensatz zu dem bisher Beschriebenen sind Triebe nicht beobachtbar, sondern höchstens ihre Auswirkungen. Die Hypothese eines Sexual- und eines Aggressionstriebes hat sich für die Erforschung und Behandlung psychischer Störungen im Erwachsenen- und Kindesalter als äußerst vorteilhaft erwiesen, und immer dann, wenn Vorstellungen für das bessere Verständnis von beobachteten Vorgängen, in unserem Fall denen der normalen und krankhaften Entwicklung, nutzbringend sind, sind sie erlaubt. Es muß aber noch einmal gesagt werden, daß die Begriffe Sexualität und Aggression innerhalb der Psychoanalyse in einem sehr weiten Sinne und nicht im Alltagsverständnis gebraucht werden. Die reife Sexualität umschließt, so verstanden, die sexuelle Begegnung zweier Partner verschiedenen Geschlechts, die allgemeine menschliche Beziehungsfähigkeit, die individuelle und kollektive Produktivität. Die Bedeutung des Aggressionstriebes wird am besten aus einer wörtlichen Übersetzung des lateinischen Ursprungswortes — ad-gredi, d. h. darauf zugehen — verständlich. Darauf zugehen im aktiven Sinne ist zur Erhaltung des Lebens notwendig; das Kind wird allmählich aus einem zunächst gänzlich passiven zu einem aktiven, selbsttätigen und selbständigen Wesen. Die Aktivität kann bis zur Vernichtung des anderen, einer anderen Person oder eines Gegenstandes, also zur Aggressivität im eigentlichen Wortverständnis gehen, und sie kann auch wieder umschlagen in Auto-Aggression, d. h. Selbstvernichtung. Wenn wir uns diese Weite der Begriffe Sexualität und Aggression stets vor Augen halten, werden wir auch FREUDS Auffassung von den sogenannten Partialtrieben, die in den einzelnen Phasen wirksam sind, verstehen (vgl. Kap. I und II).

Die Partial-(Teil-)Triebe sind mit den für die einzelnen Phasen charakteristischen Vorgängen der Nahrungsaufnahme, Muskelbeherrschung und Ausscheidung, Fortbewegung und teilweisen Funktionsfähigkeit des äußeren Genitale verbunden und geben diesen Vorgängen die triebhafte Energie. Diese Darlegung ist theoretisch und klingt sicher wenig einleuchtend; ein kleines Beispiel wird jedoch sofort das Gemeinte einsichtig und akzeptabel machen:

Ein Säugling, dem plötzlich die Mutter entrissen ist, verweigert zumeist die Nahrung. Dabei ist, wie wir schon erfahren haben, der Lebensmonat von wesentlicher Bedeutung. In den ersten Lebensmonaten wird die Umgewöhnung von der Brust auf die Flasche desto eher vor sich gehen, je mehr die sonstigen Bedingungen der Situation mit der Mutter gleichen. Am schwierigsten ist es zwischen dem 6. und 8. Monat. Hier hat das Kind eine persönliche Beziehung zur Mutter gewonnen, die nicht so leicht durch Anpassung äußerer Bedingungen nachgeformt werden kann, verfügt aber noch nicht über die nötige Gefühlsdistanz und Einsicht, um dem Hunger stattzugeben. Die Gefahr, daß derartige Kinder aus Sehnsucht, Liebesverlust oder wie immer wir das Gefühl nennen wollen, verhungern, ist nicht selten. Das dranghafte Bedürfnis nach Lust oder Unlustvermeidung, gekoppelt an die geliebte Person, ist also sozusagen die Gleitschiene, auf welcher die für den Organismus so notwendige Nahrungsaufnahme funktioniert.

Dies ist gemeint, wenn von der „libidinösen Besetzung" von Organen, Organsystemen oder Zonen in bestimmten Entwicklungsphasen gesprochen wird. Die Besetzung mit libidinöser, sexueller Energie gestaltet einen körperlichen Vorgang angenehm und lustvoll, und dies wiederum ist notwendig, damit das Kind die seiner Reifung entsprechenden Möglichkeiten seines Organismus betätigt und ausschöpft. Gerade in dieser eigentümlichen Koppelung von triebhaften und notwendigen Funktionen des Organismus, seelischen Leistungen und sozialen Beziehungen liegt die Quelle für spätere seelische und seelisch-körperliche Störungen.

Als Vorgriff auf Späteres soll hier nur die sogenannte „Pubertäts-Mager-

84

sucht" der Mädchen angeführt werden. Aus einer unbewußten sexuellen Problematik heraus entsteht bei diesen Mädchen eine starke Abneigung gegen Nahrung, und selbst die dem Alter bereits gemäße Einsicht in die Notwendigkeit der Nahrungsaufnahme vermag diese Abneigung nicht zu steuern. Ohne psychotherapeutische Behandlung geraten derartige Mädchen in eine hochgradige Abmagerung, welche die körperlichen Organe schwer schädigt, ja manche kommen durch buchstäbliches Verhungern zu Tode.

Am Beispiel der Nahrungsaufnahme und Nahrungsverweigerung stellten wir die Verschränkung von Trieb und körperlich-seelischen Funktionen dar. Dasselbe gilt für das Lernen im schulischen Sinne. Sind der Lernstoff, die Schule und die Lehrerpersönlichkeit nicht mit positiver Triebenergie besetzt, dann stehen Lehren und Lernen unter einem ungünstigen Vorzeichen. In der Pädagogik spricht man vom Interesse des Kindes und von der notwendigen Weckung und Förderung dieses Interesses. Es ist das Ziel dieser tiefenpsychologischen Entwicklungspsychologie, die Zusammenhänge zwischen frühkindlichen Entwicklungsphasen, triebhaften Bedürfnissen und späterer schulischer Lerneinstellung aufzuweisen.

Zunächst aber muß noch das andere große Triebsystem, die Aggression, in ihren Bezügen zu den Entwicklungsphasen und den Körperzonen untersucht werden. Wir finden in der Reifung der Organe und körperlichen Funktionen drei Gegebenheiten, die das Aggressiv- und Aktivwerden dem Kinde nahelegen. Mittels der Zähne, die im Verlaufe des zweiten Lebenshalbjahres kommen, vermag das Kind zu beißen, zu zerkleinern und festzuhalten. Zur selben Zeit treten auch die Wutanfälle der Kleinkinder auf, welche die Kinderärzte als Affektkrämpfe bezeichnen. Die Beherrschung der Muskulatur, vorweg die der Ausscheidungsorgane, ist ein weiteres Mittel für die triebhafte Aggressionsabfuhr. Das Kind kann jetzt mittels seiner Muskulatur Dinge zerstören, Gebautes umwerfen und auf Geschwister, Eltern und auf sich selbst einschlagen. Die Erlebnisbedeutung der Darmausscheidung für die Aggression wird in den vulgären Ausdrücken aller Sprachen deutlich.

In der lokomotorisch-phallischen Phase werden noch einmal Möglichkeiten und Impulse für den Aggressionstrieb gegeben. Das „Auf-jemand-Losgehen" ist ja die wörtliche Übersetzung von ad-gredi. Und ist nicht das Anurinieren eine Waffe der kleinen Jungen, die wiederum mit der spezifischen Ausbildung des männlichen Geschlechtsorganes zusammenhängt? Diese Waffe vermittelt aber zugleich auch das Erlebnis der Macht, und es heißt nicht zufällig im Volksmund, daß einer „mit den großen Hunden pissen" will.

Die Beziehung zwischen Aggressionstrieb und körperlicher Reifung ist noch weit weniger erforscht als die Zusammenhänge zwischen Sexualtrieb und körperlicher Reifung. Aus der klinischen Erfahrung der Störungen des Aggressionstriebes wissen wir heute, daß die muskulär-anale Phase die bedeutsamste für die gesunde Entfaltung der Aggression, damit zugleich aber auch die gefährdetste ist. Hier sei auf eine Problematik hingewiesen, deren Erörterung uns noch mehrfach beschäftigen wird: die erzieherische Bewältigung des Aggressionstriebes, d. h. dessen Einbau in die gesunde Persönlichkeit, ist u. E. die wesentlichste Aufgabe der Pädagogik unserer Tage. Beim kleinen Kinde sind zunächst nur die Möglichkeiten des eigenen Körpers Mittel der Aggressionsausübung, beim Erwachsenen sind es die schier unbegrenzten Möglichkeiten unserer verwalteten und industrialisierten Gesellschaft.

Es war unser Anliegen, die Rolle der Körperzonen in den Phasen, den Zusammenhang zwischen Körperzonen und triebhaften Bedürfnissen und die Bedeutung beider Reihen von Reifungsvorgängen im seelischen Entwicklungsgeschehen zu skizzieren. Verständlicherweise spielt die körperliche Reifung in den ersten vier, fünf Lebensjahren des Kindes eine weitaus bedeutsamere Rolle als in der übrigen Kindheit und Jugend. So ist es auch erklärlich, daß die übrigen Phasen der psychoanalytischen Entwicklungspsychologie, die ödipale Phase, das Latenzalter und die Pubertät nicht mehr nach Körperzonen benannt sind.

6. Die Entwicklung der Verhaltensweisen (Modi)

Wir kommen nun zum zweiten Begriff von ERIKSONS Phasenlehre, den Modi. Das lateinische Wort modus heißt, auf unsere Problematik übertragen, die Art und Weise des der jeweiligen Phase entsprechenden und der jeweils dominierenden Körperzone eigenen Verhaltens des Kindes.

a) Als typischen Modus der oral-sensorischen Phase erkennt ERIKSON das *Einverleiben*, und zwar in den ersten sechs Lebensmonaten das passive Einverleiben und im zweiten Halbjahr, nach der Ankunft der ersten Zähne, das aktive Einverleiben, das Festhalten von Dingen, die im Mundbereich sind. Zu diesem Einverleiben, wie es zunächst ganz wörtlich genommen durch den Mund geschieht, gesellt sich das Einverleiben durch die Sinnesorgane, durch die beginnende und sich differenzierende Wahrnehmung. Es ist ja nicht zufällig, daß wir für das geistige Sich-Aneignen auch den Ausdruck „Sich-Einverleiben" haben.

Ebenso nun wie der Mund und der obere Verdauungstrakt im weiteren Leben zwar ihre Bedeutung behalten, aber die absolute Herrschaft,

86

welche sie während der Säuglingszeit haben, normalerweise verlieren, ebenso verhält es sich mit dem Modus des Einverleibens. Behalten Körperzone und Modus ihre Dominanz bis in spätere Entwicklungsphasen, in die weitere Kindheit, in das Jugend- und Erwachsenenalter hinein bei, so spricht die Tiefenpsychologie von einer Fixierung dieser früheren Körperzone, der ihr zugehörigen Verhaltensweise und der ihr entsprechenden Art der Triebbedürfnisse.

Manchmal aber kann auch ein Kind, das bisher durchaus phasengerecht fortgeschritten war, unter einer unerträglichen Belastung einen Rückschritt machen und wieder unter die Dominanz beispielsweise der Mundzone und des Modus des Einverleibens geraten. Der Fachausdruck hierfür ist Regression, also seelischer Rückschritt. Ein Schulkind, das unter einer Belastung regrediert, wird wie der Säugling einverleiben wollen, sei es geistige Kost oder leibliche Nahrung. Es verliert Aktivität, Arbeitshaltung und Tätigkeitsdrang. Erfährt es nicht jene Art von Zuwendung, wie sie normalerweise nur einem ganz kleinen Kind entgegengebracht wird, erlebt es die gesamte Umwelt als lieblos und gerät vielleicht in traurige Verstimmung, in eine Depression.

b) Der körperzonalen Dominanz des „Muskulär-Analen" entspricht als Verhaltensweise das Ausscheiden — die *Elimination* — und das Festhalten — die *Retention*. Am Vorgang der Stuhlentleerung und an der Reinlichkeitsgewöhnung ist dieses Widerspiel der beiden Verhaltensweisen am deutlichsten erkennbar. Das Kind kann seinen Stuhl an dem von der Mutter oder anderen Erziehungspersonen gewünschten Platz entleeren und wird zumeist dafür gelobt. Es kann seinen Stuhl festhalten und ihn zur unrechten Zeit am falschen Platz entleeren. Dann wird das Kind getadelt; und die Erwachsenen ärgern sich. Das Kind erlebt also, daß sein Verhalten bei der Stuhlentleerung seine Beziehungen zur Mutter reguliert. Es kann ein braves Kind und ein böses Kind sein, je nachdem, wie gut es sein Verhalten den Wünschen der Mutter anpaßt. Die Kritiker der Tiefenpsychologie empfinden die Betonung und Beachtung dieser Vorgänge als übertrieben und unberechtigt. Dabei vergessen sie, daß in dieser Entwicklungsphase zum erstenmal die im späteren Leben so bedeutsamen wertenden Begriffe, die Polarität von gut und böse, von richtig und falsch, an das Kind herangetragen werden. Sicher spielen die erzieherischen Gepflogenheiten innerhalb einer bestimmten Kultur dabei eine besondere Rolle. So werden bei einer Reihe von Südseestämmen die kleinen Kinder von ihren größeren Geschwistern zur Erledigung der Bedürfnisse stillschweigend ins Gebüsch gezogen, und die ganze Prozedur bietet kaum Gelegenheit zu einer erzieherischen Auseinandersetzung zwischen Kind und Mutter. In unserer Umgebung jedoch ist wegen der hygienischen Anschauungen und der Wohnverhältnisse die Reinlichkeitsgewöhnung des Kindes ein höchst bedeutsamer Teil der Kleinkindererziehung. Man muß sich die Zusammenhänge zwischen körperlichen Bedürfnissen und Körperempfindungen des Kindes, erzieherischen Eingriffen der Mutter und dabei gebrauchten moralischen Wertungen sehr deutlich machen, um zu verstehen, warum die Psychoanalyse so viel Wert auf die Untersuchung jener frühen, primitiven Vorgänge legt.

c) Für die „lokomotorisch-phallische Phase" benannte ERIKSON den Modus des *Eindringens*. Es liegt nahe, das Eindringen als eine Funktion des männlichen Geschlechtsorgans aufzufassen, und manchem wird dies dann wieder als eine typische psychoanalytische Überspitzung erscheinen. Betrachten wir jedoch die Möglichkeit des Eindringens in einem weiteren Sinne: Das Kind, das nunmehr unbeschränkte Möglichkeiten der Fortbewegung hat, kann überall eindringen, es gibt keinen Raum und keinen Schrank mehr, die dem Kinde unerreichbar sind, ja es versteht sogar schon mit Schlüsseln umzugehen. Weiter äußert sich diese dominierende Verhaltensweise des Eindringens auch in der typischen kindlichen Neugierde dieses Alters. Die Buben zerlegen Uhren, um ihren Erkenntnisdrang zu befriedigen, die Mädchen öffnen den Puppen und Teddys oftmals den Leib. Mit dieser zerstörerischen Neugierde geht das Fragen einher, jenes Fragen, das in seiner quälenden Intensität durchaus etwas Eindringendes hat und Erwachsene oft zur Verzweiflung bringen kann. Das Interesse für den Körperbau des anderen Geschlechts und die Geburtsvorgänge sind der dranghafte Prototyp der eindringlichen Neugierde jener Phase. Andererseits setzt hier auch die erste Chance für eine die Entwicklung begleitende sexuelle Aufklärung ein.

d) *Exkurs über die Antriebserlebnisse bei Schultz-Hencke:* Der Leser wird sich erinnern, daß wir bei der kurzen Erörterung des Beitrages der verschiedenen tiefenpsychologischen Schulen zur Entwicklungspsychologie, SCHULTZ-HENCKE und A. DÜHRSSEN nennend, auf später verwiesen haben. SCHULTZ-HENCKE spricht von einem intentionalen (gerichteten), captativen (besitznehmenden), retentiven (festhaltenden), urethral-geltungsbedürftigen und sexuell-zärtlichen Antriebserlebnis. Diese entsprechen — man vergleiche die deutschen oder lateinischen Benennungen — den modalen Aspekten bei ERIKSON. SCHULTZ-HENCKE hat also den zonalen, den körperlichen Reifungsaspekt, und damit auch das biologisch Triebhafte, weggelassen und das jeweilige dem Reifungszustand zugehörige Verhalten als Antriebserlebnis verabsolutiert. Dadurch fallen

88

die beiden Grundantriebe, der Sexualtrieb und der Aggressionstrieb, weg, und die Körperzonen in ihren verschiedenen Reifungsstadien verlieren ihre Bedeutung. Dies erscheint uns nicht sehr glücklich, da die durchgehende Beziehung vom Biologischen zum Geistigen, wie wir sie am Beispiel der Stuhlentleerung und Reinlichkeitsgewöhnung sichtbar zu machen trachteten, verlorengeht. Damit der pädagogische Leser bei der Lektüre von heilpädagogischen und psychotherapeutischen Schriften aus der neo-analytischen Schule SCHULTZ-HENCKES eine Zuordnungsmöglichkeit findet, erwähnen wir diese Begriffe.

7. Erläuterung der kartographischen Skizze von Erikson

An dieser Stelle erscheint es zweckmäßig, die von ERIKSON entworfene kartographische Skizze seiner Phasenlehre einzuführen. Wir verwenden diese Skizze in etwas abgewandelter Form und bauen sie in Ergänzung zu ERIKSON auch für spätere Phasen der Entwicklung im Kindes- und Jugendalter aus (vgl. Abb. 6 und 7). Die in den Quadraten befindlichen Kreise repräsentieren den menschlichen Organismus. Die Öffnungen im Kreise entsprechen den Körperöffnungen, a = Mund, b = After, c = Geschlechtsorgan. Die einzelnen Modi, Arten und Weisen des Verhaltens, sind durch entsprechende Zeichen dargestellt: 1. einverleibend durch den

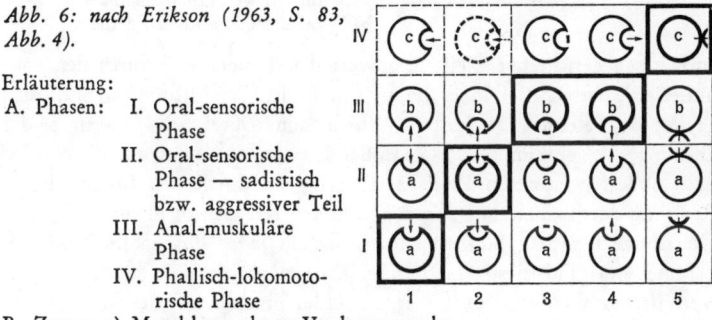

Abb. 6: nach Erikson (1963, S. 83, Abb. 4).

Erläuterung:
A. Phasen: I. Oral-sensorische Phase
             II. Oral-sensorische Phase — sadistisch bzw. aggressiver Teil
             III. Anal-muskuläre Phase
             IV. Phallisch-lokomotorische Phase
B. Zonen: a) Mund bzw. oberer Verdauungstrakt
            b) After bzw. unterer Verdauungs- bzw. Ausscheidungstrakt
            c) Genital- und urinatorischer Trakt
C. Modi: 1. einverleibend
           2. einverleibend-zubeißend
           3. retentiv (festhaltend)
           4. eliminierend (ausstoßend, ausscheidend)
           5. eindringend-vordringend
Die starkumrandeten Quadrate bezeichnen die Leit-Modi (-Verhaltensweisen) der einzelnen Phasen.

89

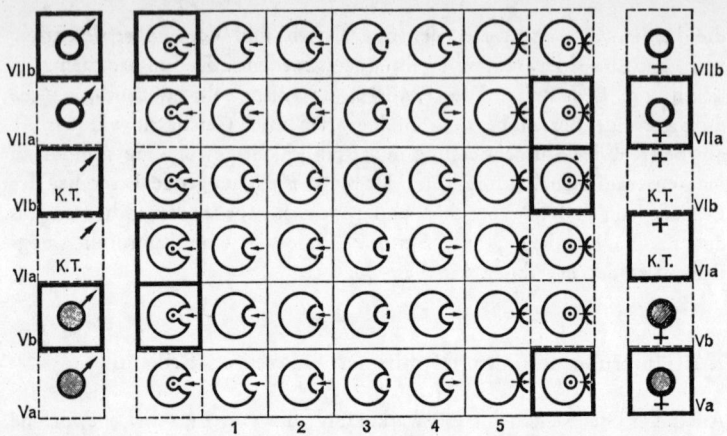

Abb. 7

Erklärung: V = ödipale Phase; a) Tendenz des Knaben zum weiblichen
                                   Objekt
                                b) Tendenz des Mädchens zum männlichen
                                   Objekt

           VI = Latenzperiode;   a) vorwiegend weibliche Kulturtechniken
                                   und Verhaltensweisen
                                b) vorwiegend männliche Kulturtechniken
                                   und Verhaltensweisen

           VII = Pubertät;   a) Wahl des weiblichen Partners
                                b) Wahl des männlichen Partners

nach innen gerichteten Pfeil; 2. einverleibend-zubeißend durch den nach
innen gerichteten Pfeil und die an den Enden der Öffnung befindlichen
Pfeile; 3. retentiv, festhaltend durch den Querstrich innerhalb der
Öffnung; 4. eliminierend, ausstoßend oder ausscheidend durch den
nach außen gerichteten Pfeil; 5. eindringend durch den Strich, dessen
Richtung durch einen nach innen gerichteten Kreissektor angedeutet ist.
Den Beschauer mag nun erstaunen, daß in jeder Phase alle Modi ge-
zeichnet sind und dies somit unserer Darstellung, in der jeder Zone eine
Verhaltensweise zugeordnet war, zu widersprechen scheint. Dies soll an-
zeigen, daß schon alle Verhaltensweisen bereits in der ersten Phase angelegt sind. Es führt jedoch zu Störungen, wenn Modi nicht in phasen-
gerechter Weise auftreten, sei es, daß in einer früheren Phase eine spätere
Verhaltensweise oder in einer späteren Phase eine frühere Verhaltensweise überwiegt. So könnte man für den ersten Fall die Kinder mit
Magenpförtnerkrampf, die sogenannten „Spuckerles" anführen; hier
dominiert im krankhaften Verdauungsvorgang, im dauernden Ausspeien
der Nahrung der eliminative Modus, wo doch eigentlich das Einver-

90

leibende vorwiegen sollte. Umgekehrt zeigt ein Kind in der lokomoto-risch-phallischen Phase, wenn es noch gefüttert werden muß oder den Hauptteil seiner Nahrung aus der Flasche zu sich nimmt, einverleibendes Verhalten, wo doch das Eindringende, das Vordringende der Leitmodus sein sollte. So lassen sich an diesem Modell auch sehr gut Störungen demonstrieren, und wir werden später darauf zurückverweisen.

8. Strukturen der sozialen Beziehung von Kind und Umgebung

Wir haben bisher die Körperzonen, die mit ihnen in Verbindung stehenden dranghaften Bedürfnisse und die Verhaltensweisen des Kindes als vorwiegend der Reifung unterworfene Vorgänge kennengelernt. Ganz zu Anfang aber haben wir von der wechselseitigen Regulation zwischen Mutter und Kind oder Kind und Umgebung gesprochen. ERIKSON hat nun für jede Phase Strukturen des sozialen Verhaltens des Kindes und des von ihm erlebten Verhaltens seiner Umgebung charakterisiert. Er nennt dies Verhalten und Erleben, das sich in jeweils veränderter, altersgemäßer Form durch das ganze Leben hindurchzieht, die Modalitäten.

a) In der *ersten*, der oral-sensorischen *Phase*, ist die Modalität vom Kind aus gesehen das Bekommen, das Empfangen, und aus der Sicht der Mutter das Geben. Diese Feststellung klingt banal. Ein Kind muß Nahrung bekommen, und die Mutter oder ihre Stellvertreterin muß sie ihm geben. Sicher, über das Was, über das biologische Existenzminimum, brauchen wir nicht zu diskutieren. Im Wie des Empfangens und des Gebens zeigt sich jedoch eine ungeheure Variationsbreite. SPITZ hat Mütter während des Stillens gefilmt, und obwohl dieser Vorgang durch die Anatomie und Physiologie des Stillaktes weitgehend festgelegt ist, kann man dennoch eine breite Variation der Verhaltensweisen dieser Frauen feststellen. So gibt es ängstliche, energische, ungeduldige, sichere und zärtliche stillende Frauen. Die Modalität des Empfangens einerseits und des Gebens andererseits kann also sehr verschieden sein.
Man mag Zweifel anmelden, ob derartige diffuse Erlebnisse in den ersten Lebensmonaten das Kind bis ins Erwachsenenalter hinein prägen können. Hier führen wir zweckmäßigerweise den Begriff der Toleranz ein, wie ihn die Naturwissenschaftler verstehen. Der Säugling, das Kleinkind, das Kind und der Erwachsene vermögen je nach Lebensalter im biologischen und psychologischen Bereich eine Fülle an Belastungen zu ertragen. Der Spielraum dieser Belastungsfähigkeit ist die Toleranz. Die

Toleranz eines Säuglings ist, wie wir in den Ausführungen zu Anfang dieses Kapitels zeigten, wegen der hohen Plastizität relativ gering. ERIKSON hat nun als das Grundthema der oralen Phase, die sich etwa mit dem ersten Lebensjahre deckt, die Entstehung des *Ur-Vertrauens* oder *Ur-Mißtrauens* benannt. Ist die wechselseitige Regulation innerhalb einer gewissen Toleranz gesichert, entsteht das Urvertrauen in die Welt. Bei schwer kontaktgestörten Menschen, bei einer bestimmten Gruppe von Geisteskranken, einer Form von Schizophrenie, finden wir, soweit uns genügend biographisches Material zur Verfügung steht, daß die wechselseitige Regulation in diesem ersten Lebensjahr schwer gestört war. Es entstand also hier ein Ur-Mißtrauen als Quelle der späteren geistigen Erkrankung.

b) Die Modalität der *zweiten Lebensphase*, der muskulär-analen, ist das „Hergeben" und „Festhalten". Den meisten erscheint die Aussage der Kinderpsychotherapeuten und Tiefenpsychologen, das Kind sehe in seinem geformten Kot zunächst etwas Kostbares und biete diesen der Mutter oder einer anderen geliebten Person als Geschenk dar, unglaubwürdig. Man könnte hier als Beweis die mannigfachen Vorkommnisse in Märchen und Mythen anführen, wo Schmutz und Kot in Schätze, oder umgekehrt Kostbarkeiten in Unrat verwandelt werden. Doch möchten wir lieber die reale Beobachtung beiziehen. Erst kürzlich berichtete uns ein Vater, teils stolz, teils besorgt, seine zweieinhalbjährige Tochter habe, seit einiger Zeit stolz das große Klo benutzend, ihn gebeten, sie zu reinigen. Während der Prozedur habe sie, auf den Inhalt der Schüssel deutend, gesagt, sie habe die beiden Häufchen für ihn, den Papa, gemacht. Wenn wir diese Erlebnisweise des Kindes unterstellen, verstehen wir, daß Verhalten und Erleben des Kindes und Erziehungsverhalten der Erwachsenen im Sinne der wechselseitigen Regulation auch in dieser zweiten Phase charakterprägend sind. Das Kind ist in dieser Zeit schon weniger plastisch, weniger gefährdet, aber auch die Zugriffe der Erwachsenen sind bereits etwas härter.
Es klingt wiederum übertrieben, wenn ERIKSON für jene Phase die Formel *Autonomie gegen Scham und Zweifel* gebraucht. Autonom sein bedeutet selbständig und selbstherrlich sein. Vergegenwärtigen wir uns, daß gerade dieser Lebensabschnitt in der akademischen Psychologie zumeist das „Trotzalter" benannt wird, so verstehen wir den Begriff Autonomie besser. Dabei nehmen moderne Entwicklungspsychologen im Gegensatz zu den früheren an, daß das „Trotzalter" kein fest umrissener und unbedingt notwendiger Tatbestand ist, sondern weitgehend von der Reaktion der Umwelt abhängt. Es geht darum, dem Kinde, das stehen

92

und gehen kann, das seine Körperfunktionen und seinen Muskelapparat immer besser beherrscht und auch Zugang zur Sprache als Verständigungsmittel bekommt, jenes Gefühl der Souveränität und Eigenständigkeit zu verleihen, ohne welches das Wachsen einer gesunden Persönlichkeit nicht möglich ist.

c) *Exkurs über die Rolle des Beschämens in der Erziehung:* Wie aber kommen die Begriffe Scham und Zweifel in die Formel? Wohl in keiner Phase der Entwicklung und Erziehung wird das Wort vom Schämen als Tadel und Erziehungsmittel häufiger gebraucht als zu dieser Zeit; vor allem im Zusammenhang mit der Reinlichkeitsgewöhnung. Sicher ist es auch kein Zufall, daß dieses Wort bei der Tierdressur einen besonderen Platz einnimmt. Hat doch die Erziehung des Menschen in dieser Phase mit der Dressur vieles gemeinsam.

Nun hat aber das Wort Scham eine eigentümliche Bedeutungserweiterung in den Bereich des Sexuellen hinein erfahren. Schmutz und Scham stehen in einem engen Zusammenhang. Alles Tabuierte, vorweg das Sexuelle, gilt als unsauber, während das gebotene erlaubte Verhalten als rein und sauber herausgehoben wird. Ein Blick auf die Kulturgeschichte lehrt uns, daß dasjenige, was jeweils rein bzw. unrein ist, sehr verschieden sein kann. Die Körperregionen, die zu bedecken sind und bei deren Nacktheit man sich zu schämen hat, sind in verschiedenen Kulturen und zu verschiedenen Zeiten ganz verschiedene gewesen. Denken wir des weiteren an die Speisevorschriften: Muslims und Juden dürfen kein Schweinefleisch, Hindus kein Kuhfleisch essen, während der liberale Deutsche das Verbot seiner Ahnen, Pferdefleisch zu essen, höchstens noch in der geschmacklichen Ablehnung dieses Fleisches bewahrt hat. Dieser kleine kulturhistorische Exkurs ließe sich noch beliebig ausweiten. Er zeigt uns, daß Scham- und Reinlichkeitsproblematik nicht nur in der Kinderstube zu Hause sind. Auch in der Schulpädagogik spielte das Schämen bzw. das Beschämen als Erziehungsmittel eine gewichtige Rolle und spielt diese Rolle, offiziell zwar verpönt, mancherorts auch heute noch. Wir werden hierüber bei der Erörterung der Tiefenpsychologie pädagogischer Strafen noch zu diskutieren haben. Hier sei nur auf die Eigenart einer Form des „Herausstellens" hingewiesen: Das Kind muß sich mit dem Gesicht zur Wand vor die hinter seinem Rücken sitzende Klasse stellen. Durch diese Art der Bestrafung ist dokumentiert, daß das Vorne, das Gesicht, die schöne Seite, nicht wert ist, den Mitschülern zugewandt zu werden. Damit wird die Polarität von Gut und Böse, von Schön und Häßlich, von Wertvoll und Minderwertig aus der Kinderstube in die Schulstube getragen.

ERIKSONS Wort von der „Autonomie gegen Scham und Zweifel" als Thematik der muskulär-analen Phase wird somit bekräftigt. Das Gefühl der Autonomie, der Selbständigkeit und in einem weiteren Sinne Selbstherrlichkeit wird durch das Erleben der Beherrschung der Muskulatur, repräsentiert durch die Schließmuskulatur der Ausscheidungsöffnungen, gegründet. Umgekehrt werden Scham, zunächst im engeren Sinne bezüglich der eigenen Unsauberkeit, dann in dem skizzierten erweiterten Sinne, und auch Zweifel an der richtigen körperlichen und psychischen Beschaffenheit der eigenen Person zu dynamischen Kräften, die bis in das Erwachsenenalter hinein formend wirksam sind. So werden in jener frühen Entwicklungsphase, in der Begegnung von biologischer Reifung und kultureller Einwirkung durch Mutter und Familie die Grundlagen gelegt für die spätere Erziehung zur eigenständigen Persönlichkeit einerseits und zur Ordnung andererseits.

d) Als Modalität der *dritten,* der lokomotorisch-phallischen *Phase,* hat ERIKSON das „Machen" benannt. Das eigentlich hiermit Gemeinte erscheint uns im Englischen, der Originalsprache der ERIKSONSchen Arbeiten, deutlicher zu werden denn im Deutschen. Wir können das Gemeinte wohl besser mit Fremdwörtern ausdrücken. Machen ist im Sinne von *Produzieren* gemeint, und man müßte auch zusätzlich sagen, es schwingt in dem Tun das Erlebnis des Potentseins mit. Die Begriffe Produzieren und Potentsein haben einen sexuellen Unterton, wie übrigens das englische Wort für machen, to make, auch. Im weiteren Sinne aber ist das Tun-Können, das Überall-sich-hinbewegen-Können, das Bauen, das Gestalten gemeint; es sind dies mannigfache Formen des Produktivseins. Man braucht nur einmal daran zu denken, daß ein Kind dieses Alters, wenn es von der Mutter vom Spiel abgerufen wird, mit aller Ernsthaftigkeit sagt, es müsse dies oder jenes noch fertig machen. Solche Elemente im kindlichen Spiel und Tun haben den Charakter des Aus- und Angreifens, des Aufbauens, manchmal auch des Zerstörens. Man denke hierbei nur an das Aufbauen und Zerstören eines vom Kinde erstellten Bauwerks.

e) *Exkurs über die Entstehung der weiblichen Psyche:* Alle diese benannten Verhaltensweisen sind weit mehr jungenhaft-männlich als mädchenhaft-weiblich (vgl. Latenzzeit Abb. 7, VI a und b). Doch finden bereits erste Anzeichen des Einlebens in die weibliche Rolle bei Mädchen statt. So übt sich das kleine Mädchen schon in der Betreuung kleinerer Geschwister, beginnt mit Puppen zu spielen und spielerisch haushälterische und pflegerische Funktionen zu übernehmen oder nachzuahmen. Im ganzen aber gibt jener Phase eine gewisse draufgängerische Aktivität den besonderen Akzent.

In der durch Rekonstruktion aus Patientenanalysen entstandenen ersten Fassung der kindlichen Sexualphasen fand FREUD eine Dominanz des männlichen Genitale; er entdeckte, daß Mädchen, ihre anatomische Andersartigkeit feststellend, oft den fehlenden Körperteil vermissen. FREUD nannte dies den „Penisneid" der Mädchen. Dieses frühkindliche Erlebnis sei ein wesentlicher Schlüssel zum spezifischen weiblichen Charakter. ADLER hat dem heftig widersprochen; er sieht die Wurzel der Andersartigkeit der Frau nicht in der anatomischen Verschiedenheit, sondern in ihrer sozialen Stellung in der jahrtausendealten patriarchalischen Kultur der abendländischen Gesellschaft. In der modernen tiefenpsychologischen Entwicklungspsychologie sind beide Aspekte, der biologische und der sozio-kulturelle, vereinigt. Ohne Zweifel bemerkt das Kind zunächst am eigenen Körper und an dem der Geschwister, der Spielkameraden oder der Eltern die anatomischen Geschlechtsunterschiede. Es wäre höchst erstaunlich, wenn diese Wahrnehmung keinen besonderen Erlebnisniederschlag im Kinde finden würde. Die Psychoanalyse nennt diese Wahrnehmung die Realitätsprüfung. Das Kind hat sich vorher allerlei Phantasievorstellungen über die körperliche Ausbildung des anderen Geschlechtes gemacht. Die Erlebnisverarbeitung der biologischen Gegebenheiten des eigenen Geschlechtes hängt wiederum sehr stark von der Rolle ab, die Mann und Frau in einer bestimmten Kultur spielen. Gerade die völkerkundlichen Untersuchungen von psychoanalytisch orientierten und informierten Ethnologen haben uns dies gelehrt (vgl. ERIKSON, M. MEAD, R. BENEDICT). Dabei ist allerdings die jeweilige Geschlechtsrolle keineswegs nur einfach unter dem Gesichtspunkt der Minderwertigkeit oder der Überlegenheit zu sehen, wie es ADLER getan hat.

Die psychologisch-völkerkundlichen Untersuchungen haben uns gelehrt, daß das, was eine Kultur von Mann und Frau erwartet, welche Rechte und Pflichten sie den beiden Geschlechtern zubilligt, ungeheuer differenziert und kompliziert ist.

9. Die ödipale Phase als biologische und kulturelle Erscheinung

Damit kommen wir zu einem Abschnitt der psychoanalytischen Entwicklungspsychologie, dessen schlagwortartige Benennung wohl ebenso bekannt ist, wie sie mißverstanden wird. Wir meinen die Bezeichnung „ödipale Phase". Das eigentliche geläufige Wort lautet jedoch „Ödipus-Komplex".

a) Dieser Ausdruck hat beinahe die Popularität des ADLERschen „Minderwertigkeitskomplexes" erreicht. Was versteht man nun allgemein unter Ödipus-Komplex? Inwieweit ist die populäre Auffassung korrekt, und was bedeutet sie für die Entwicklungspsychologie? Es wird zumeist — und zwar durchaus korrekt — die verstärkte Bindung des Sohnes an seine Mutter darunter verstanden. Oftmals wird die Bezeichnung auch für die überstarke Gebundenheit der Tochter an den Vater verwandt; korrekterweise müßte man diese Tochter-Vater-Bindung „Elektra-Komplex" nennen. Beide Bezeichnungen hat FREUD der griechischen Mythologie entnommen.

Ödipus hat in tragischer und unbewußter Vollendung eines Orakelspruches seinen Vater erschlagen und seine Mutter geheiratet. Dieses mythologische Bild schien FREUD in hohem Maße einem Tatbestand zu entsprechen, den er in der Analyse als unbewußtes Motiv bei vielen Patienten vorgefunden hat.

Wiederum hatte FREUD auf rekonstruktivem Wege, über die Analyse seiner Patienten, einen entwicklungspsychologischen Sachverhalt der Kindheit entdeckt. Erst durch FREUDS Anregung kam man darauf, vier- bis fünfjährige Kinder direkt zu beobachten. Die erste veröffentlichte Beobachtung dieser Art war wohl diejenige eines Freud-Schülers, eines Arztes, der seinen eigenen kleinen Buben in einer schweren seelischen Krise beobachtete und mit FREUDS Hilfe behandelte. Es ist dies die berühmte, von FREUD publizierte Krankengeschichte des kleinen Hans (1909, G. W. VII).

b) *Die Mutterbindung des Knaben und die Vaterbindung des Mädchens:* Der Begriff Ödipus-Komplex kann nun in zweifacher Weise verwendet werden. Für den kleinen Jungen ist die Mutter oder eine andere weibliche Person, die von den ersten Lebenswochen an das Kind gepflegt hat, auch das erste Objekt der dranghaften, undeutlichen, unbewußten sexuellen Wünsche. Für das Mädchen ist dies umgekehrt der Vater oder eine andere männliche Person, die anstelle des Vaters im Hause lebt. Hierfür gibt es zahlreiche, im Alltag überprüfbare Belege. Sehr häufig sagt ein kleiner Junge, er werde später einmal seine Mutter heiraten. Ähnliches kann man von kleinen Mädchen über ihre Väter hören. Im Sinne der wechselseitigen Regulation von Kind und Eltern ist es bemerkenswert, daß derartige Bemerkungen der Kinder, natürlich belustigt, aber zumeist auch mit einer gewissen Befriedigung von der Mutter oder dem Vater konstatiert und weitererzählt werden. Mit diesen geäußerten und erst auf die Zukunft gerichteten Wünschen der Jungen und Mädchen gehen andere, weit konkretere Bedürfnisäußerungen der Kinder einher. So ist

96

ein vermehrtes und betont körperliches Zärtlichkeitsbedürfnis, der Wunsch zur Mutter oder zum Vater ins Bett zu schlüpfen und dabei sozusagen den anderen Elternteil hinauszudrängen, für diese Phase charakteristisch. Die extreme, aber konsequente Form des Hinausdrängens ist der unbewußte Wunsch, den Rivalen, den Vater oder die Mutter, weg oder endgültig fort, d. h. tot zu wissen. Wir sagen ausdrücklich der unbewußte Wunsch. Auch in der griechischen Sage wußte Ödipus nicht, daß er seinen Vater erschlug und damit das Orakel erfüllte. Diese Übertragung eines antiken Dramas in die Alltäglichkeit einer Kinderstube und einer Familie muß dem Leser unrealistisch erscheinen. Es wird ihm wie die Verallgemeinerung eines vielleicht in Krankengeschichten auffindbaren Tatbestandes vorkommen.

Bevor wir die Allgemeingültigkeit der ödipalen Situation für jeden menschlichen Lebenslauf nachzuweisen versuchen, müssen wir noch kurz die zweite Form der Verwendung des Begriffes Ödipus-Komplex erläutern. Hier handelt es sich einfach um das Fortbestehen jenes zu seiner entwicklungspsychologischen Zeit normalen Sohn-Mutter- und Tochter-Vater-Verhältnisses bis hinein in das Jugend- und Erwachsenenalter. Es ist einsichtig, daß das Weiterbestehen einer solchen Bindung die normale Entfaltung der Persönlichkeit, ihrer sozialen und vor allem auch ihrer partnerschaftlichen, geschlechtlichen Beziehungen beeinträchtigen muß.

Nun aber zurück zur entwicklungspsychologischen ödipalen Phase. Da die Biographien erwachsener Patienten und die direkte Beobachtung gestörter Kinder den Einwand erlauben, es handele sich nicht um eine allgemeine, sondern um eine krankhafte Erscheinung, müssen wir noch andere Belege suchen. Es gibt zahlreiche direkte Beobachtungen an gesunden Kindern und vor allem die Felduntersuchungen der Völkerkundler.

Wie so oft haben uns auch hierzu der Krieg und seine Folgeerscheinungen Belege geliefert. Knaben, deren Vater kurz nach ihrer Geburt — oder schon vorher — wieder ins Feld mußte, in Gefangenschaft geriet und erst nach 5 bis 10 Jahren zurückkehrte, lehnten häufig den heimkehrenden Vater ab. Die Ablehnung ging nun nicht mit der Zeit und mit zunehmender Gewöhnung zurück, sondern verstärkte sich. Dieses Verhalten zeigten nicht nur Einzelkinder, sondern auch Jungen innerhalb einer Geschwistergemeinschaft. Die Erklärung, es habe sich ein einzelner Junge in der vaterlosen Zeit eng an die Mutter angeschlossen und die spätere Ablehnung des Vaters erkläre sich daraus, ist also nicht schlüssig, zumindest nicht allein zutreffend. Der Grund ist vielmehr sehr wahrscheinlich, daß ein solcher Junge sich zur Zeit der ödipalen Krise, wegen dessen Abwesenheit, nicht mit seinem Vater auseinandersetzen konnte und nun verspätet eine nicht mehr phasengerechte ödipale Situation eintrat, die verständlicherweise sehr viel vehementer abläuft.

FREUD hatte sich — man darf nicht vergessen, daß er ein Sohn der naturwissenschaftlichen Ära war — den Ödipus-Komplex als etwas Biologisches, zur natürlichen Ausrüstung des Menschen Gehöriges vorgestellt. Wir sehen dies heute dank der Forschungsergebnisse der Soziologen und Ethnologen (MALINOWSKI, 1927) etwas anders.

Der Ödipus-Komplex muß ein Kind nicht mit den leiblichen Eltern verbinden, sondern mit den Personen, die das Kind in der Vater- bzw. Mutterrolle erlebt. Wenn wir die Ödipus-Situation so formulieren, können wir auch ohne Schwierigkeit die Befunde der Ethnologen bei matriarchalischen Kulturen einordnen. In den mutterrechtlich orientierten Kulturen kann z. B. ein Onkel, ein Bruder der Mutter, der in der Hausgemeinschaft lebt, im Ödipus-Komplex die Rolle des Vaters einnehmen.

Wir haben bisher nur dem abnormen Ödipus-Komplex, dem Weiterbestehen der Sohn-Mutter- oder Tochter-Vater-Bindung unsere Aufmerksamkeit geschenkt, nicht aber dem Verlauf des Ödipus-Komplexes in der normalen Entwicklung. Nun kann in Wirklichkeit der Knabe weder seine Mutter heiraten, noch seinen Vater töten; das gleiche gilt umgekehrt für das Mädchen. Warum sollen dann diese kindlichen Wünsche eine so gewaltige Bedeutung besitzen? Wir wissen, daß gerade die unbewußten Wünsche eine drängende und bedrängende Dynamik zeigen. Jeder, der mit Menschen umzugehen hat, als Seelsorger, Arzt oder Pädagoge, kennt diese eigentümliche Existenz des Nicht-Realen und Nicht-Vernünftigen. Der kleine Junge will ja nicht nur den Vater als Nebenbuhler weghaben, das Mädchen nicht nur die Mutter als Rivalin verdrängen, sondern beide lieben ihre Eltern und haben unbewußt Angst vor dem Verstoßen- und Verlassenwerden. Dieses Drama im vier- bis fünfjährigen Kinde mag dem Leser unwahrscheinlich erscheinen, und doch kommt es in jedem Menschenleben vor. Allerdings in mannigfachen quantitativen und qualitativen Unterschieden des Erlebens. Es ist auch nicht so, als ob mit der geglückten Auflösung der ödipalen Situation jegliche Bindung zwischen Kind und gegengeschlechtlichem Elternteil aufhören würde. Es ist nur jene speziell getönte Beziehung, die in der Pubertät noch einmal aufflammt, die dann in eine neurotische Kind-Eltern-Beziehung des Erwachsenenlebens übergeht und schließlich den Weg zur Partnerwahl frei macht. So ist die ödipale Situation ein spezielles Modell sowohl der positiven wie auch der negativen zwischenmenschlichen Beziehung und stellt damit eine Fortsetzung der frühen Mutter-Kind-Beziehung dar.

c) *Die Übernahme der Geschlechts-Rolle und die Entstehung des Gewissens durch Identifikation:* Im glücklichen Normalfall wird diese liebevoll-begehrende und aggressive Gefühlsbeziehung durch die unbewußten, tiefenseelischen Anpassungsmechanismen der Identifikation (vgl. Kap. II) gelöst. Der Knabe identifiziert sich mit dem Vater und kommt so in die jeweils von der gegebenen Kultur geprägte männliche Rolle. In der gleichen Weise übernimmt das Mädchen mit Hilfe des erlebten Bildes der Mutter die weibliche Rolle. Das bekannte Kinderlied vom „Hänschen klein", das sich Stock und Hut, die Attribute des Männlichen, aneignet und in die weite Welt hinauszieht, ist eine hervorragende Verbildlichung der Vateridentifikation des Knaben. Aber nicht nur äußere Attribute und männliche oder weibliche Verhaltensweisen übernimmt das Kind, sondern auch die von den Eltern verkündeten und gelebten Gebote und Verbote der Gesellschaft. Die Psychoanalyse spricht von der Entstehung des „Über-Ich" in der normalen, geglückten Auflösung des kindlichen Ödipus-Komplexes. Das Über-Ich ist weitgehend das, was man in der Pädagogik und übrigen Psychologie, nicht vielleicht in der Theologie, als Gewissen bezeichnet. Es ist sozusagen der psychische Ort, an dem die vielen „Du sollst" und „Du darfst nicht" beheimatet sind. Während das kleine Kind seine Verhaltensregeln, und damit auch die ersten Anfänge des Ethischen, durch die Erzieher übermittelt bekommt, beginnt nach der Identifikation mit den Eltern eine moralische Eigenregulierung. Dem Kind erwächst langsam ein Leitbild, an dem es sich orientiert. Die Psychoanalyse spricht vom „Ich-Ideal"; Abweichungen von diesem Ich-Ideal werden vom kindlichen Gewissen mit Schuldgefühlen beantwortet, und das Kind versucht in irgendeiner Weise sich und sein Verhalten dem Ich-Ideal anzunähern.

Diese tiefenpsychologischen Beobachtungen sind auch von anderer Seite bestätigt worden. So hat der berühmte Schweizer Entwicklungspsychologe PIAGET (1932) in seiner Untersuchung über „Die Entwicklung des moralischen Urteils beim Kinde" herausgefunden, daß das Kind ein Bewußtsein für die Verpflichtung, die aus einer gegebenen Regel erwächst, erst etwa nach dem fünften Lebensjahr besitzt. Allerdings geben die früheren Entwicklungsphasen bereits eine Art Voreinstellung zum Moralischen. Man denke nur an die Problematik von Gut und Böse, Richtig und Falsch in der muskulär-analen Phase.

Die psychoanalytische Auffassung vom Gewissen wird allerdings dadurch kompliziert, daß man aufgrund klinischer Beobachtungen anzunehmen hat, das Gewissen sei nur zu einem kleinen Teil bewußt, weitgehend aber unbewußt. Dies erklärt denn auch folgende, jedermann bekannte Erscheinung: Man entscheidet und verhält sich bewußt nach bestem Wissen und Gewissen und wird trotzdem einer Entscheidung nicht froh, man hat eine Art untergründiges schlechtes Gewissen.

Das von den Eltern auf dem Wege der Identifikation übernommene Ich-Ideal braucht übrigens nicht mit den später bewußt erworbenen Vorstellungen vom richtigen Handeln übereinzustimmen. Am glücklichsten, am ausgewogensten und am zufriedensten befindet sich ein Erwachsener, und auch ein Kind, wenn unbewußtes Ich-Ideal, bewußte ethische Richtlinien des Gewissens und reale Handlungen weitgehend übereinstimmen.

Wir hoffen, zumindest an dieser Stelle den Eindruck vermittelt zu haben, daß das Gewissen, das kindliche Gewissen vor allem, eine komplizierte Entstehungsgeschichte hat und am wenigsten durch theoretische Ermahnungen beeinflußbar ist. „Der Umgang mit dem kindlichen Gewissen" (ZULLIGER, 1965) ist eine der heikelsten, aber auch bedeutsamsten Aufgaben des Pädagogen.

10. Die Latenzphase als Zeit des Lernens

Der nunmehr zeitlich folgende Entwicklungsabschnitt hat die Bezeichnung „Latenz-Phase". Sie erstreckt sich etwa vom fünften bis zum zwölften Lebensjahr. Die Psychoanalyse hat für diesen Zeitraum sehr viel weniger entwicklungspsychologisches Material anzubieten als zu den vorhergehenden Phasen. Dies ist begreiflich, da die Reifung des Organismus, das daraus resultierende Verhalten und die frühen sozialen Beziehungen des Kindes nun einen gewissen Abschluß erlangt haben. Ein in Latenz befindliches Geschehen ist ein ruhendes, ein schweigendes und ein verborgenes Geschehen. Die mit den verschiedenen Körperzonen verbundenen triebhaften Bedürfnisse sind im Verlaufe einer annähernd normalen frühkindlichen Entwicklung in das gesamte körperlich-seelische Geschehen eingeordnet, integriert worden. Erst in der Pubertät wird das Triebgeschehen, vor allem im genitalen Bereich, neue zu verarbeitende Impulse erhalten (vgl. Abb. 6 und 7).

a) *Damit ist das Kind von der Auseinandersetzung mit dem in ihm ablaufenden Reifungsgeschehen* und den Einflüssen der darauf reagierenden Umwelt *für eine Zeitlang weitgehend frei* und steht der Auseinandersetzung mit den sogenannten Kulturtechniken — dem Lesen, Schreiben, Rechnen und den anderen Wissensstoffen — zur Verfügung. Es ist diese Zeit in allen Kulturen mit einigen klimatisch bedingten Variationen das eigentliche Schulalter. Hier wollen wir zwei möglichen Mißverständnis-

100

sen vorbeugen. Selbstverständlich lernt das Kind auch in den bisher geschilderten Phasen. Es übt nicht nur seine Funktionen, sondern es lernt auch mehr und mehr, die Gegenstände seiner Umwelt zu erkennen, sie in sein Weltbild einzuordnen und mit ihnen umzugehen. Der Begriff Kulturtechnik wurde deshalb gewählt, weil er in der Kulturanthropologie und Völkerkunde üblich ist und somit nicht nur die Situation in unserer Gesellschaft beinhaltet. Man denke hierbei auch an den griechischen Ursprung des Wortes Technik, der in dem Worte $\tau \acute{\epsilon} \chi \nu \eta$, d. h. Kunst, liegt. Die relative Freiheit des Kindes von der bisherigen Reifungs- und Entwicklungsproblematik gibt ihm nun die Möglichkeit, sich der Umwelt vermehrt lernend zuzuwenden, und gibt der Gesellschaft die Möglichkeit, dies institutionell zu nutzen und zu fördern. So werden die aus der klinischen Arbeit, aus dem Umgang mit dem seelisch gestörten Erwachsenen und Kinde zunächst erworbenen Kenntnisse der Psychoanalyse, durch die Forschungen der übrigen Entwicklungspsychologie und durch die praktische pädagogische Erfahrung bestätigt. Der Pädagoge, der sich vorwiegend mit dem Kinde im Schulalter beschäftigt, wird nun enttäuscht sein darüber, daß ihm die Tiefenpsychologie so wenig für diesen Zeitraum zu bieten hat. Diese Enttäuschung ist jedoch nur in bezug auf das theoretische, idealtypische, tiefenpsychologische Modell der Entwicklung berechtigt. In Wirklichkeit hat jedes Kind, auch das gesunde und normale, in der ruhigen Latenzzeit noch Probleme seiner früheren Kindheit aufzuarbeiten.

b) Im günstigen Normfall kommt das Kind im Zustande einer gewissen Freiheit von Triebkonflikten in die *Schule,* wobei wir hier Schule im weitesten Sinne des Wortes verstehen müssen, also nicht nur unsere organisierte Schule, sondern auch die praktische Schule der Jäger-, Hirtenund Bauernvölker ohne Schriftkultur. Frei ist das Kind nun insofern, als es seine Körperfunktionen souverän beherrscht und die enge Bindung an Familienmitglieder nicht mehr unbedingt benötigt. Die modernen Schulreife-Untersuchungen sind eigentlich Untersuchungen des skizzierten Freiheitszustandes des Kindes. Dabei wird ärztlicherseits kontrolliert, ob der sogenannte „erste Gestaltwandel" bereits vollzogen ist, ob alle Körperfunktionen in ordentlichem Zusammenwirken funktionieren und ob sich bereits ein Wandel vom Milchgebiß zum zweiten Gebiß, als ein Kriterium des Abschlusses der kindlichen Reifung, anzeigt. Die psychologischen Schulreifetests prüfen, inwieweit das Kind in einer Gemeinschaft von Gleichaltrigen wirken kann und nicht mehr des unmittelbaren Kontaktes mit den engsten Familienmitgliedern bedarf, inwieweit Triebe und Gefühle so stabil sind, daß sie einen bewußten Lern- und Arbeitsprozeß nicht mehr stören und das Kind jenen „naiven Realismus" besitzt, um sich der Welt der Dinge mit Lust zuzuwenden. Wir haben oben schon einmal angedeutet, daß die Begegnung mit den „Werkzeugen" einer Kultur nicht nur in unserer organisierten Schulform gegeben ist, sondern in jeder Kultur auf ihre Weise sich in diesem Lebensabschnitt ereignet.

c) *Leistungsbedürfnis und pädagogische Fehler:* Die Leistung bei der Bewältigung der Aufgaben, sei es nun das Schreiben, Lesen und Rechnen oder das Pfeil- und Bogenschnitzen, wird zum eigentlichen Thema dieser Phase. Recht bald aber entdeckt das Kind seine Unterlegenheit gegenüber dem lehrenden Erwachsenen, und dies ist zunächst ein schwerer Schock. Man bedenke nur, daß kurz vorher der kleine Knabe „fast der Vater" und das kleine Mädchen „fast die Mutter" waren. Die Kunst des Erziehers ist es, das Kind in die notwendige und unvermeidliche Realität des „noch nicht" der Lehrzeit einzuführen. Die folgenschweren pädagogischen Fehler in dieser Entwicklungsphase sind die „prahlerisch-unsichere" und die „unrealistisch-verwöhnende" Haltung. Im ersteren Falle wird dem Kinde bei jeder möglichen Gelegenheit aufgewiesen, daß der Erwachsene alles viel besser kann. Im zweiten Falle wird durch alle möglichen Arrangements im Kinde die Illusion genährt, es beherrsche die Techniken schon vollendet. Es ist unmittelbar einleuchtend, daß derartige pädagogische Fehlhaltungen Störungen in der eigenen Entwicklung des Erziehers entspringen. Im Kinde kann aus dem Schock eine tiefe Verzweiflung, Resignation und ein Minderwertigkeitsgefühl entstehen, von dem die schulische Leistungsfähigkeit massiv beeinträchtigt wird. Die psychische Reaktion auf ein pädagogisch falsches, provoziertes, unrealistisches Leistungsgefühl erfolgt bei der ersten Begegnung mit den Maßstäben der Wirklichkeit. Gerade Vertreter einer sogenannten kindgerechten Pädagogik sollten ihr Vorgehen auf diese Gefahr hin überprüfen.

d) *Die Regression unter Belastung:* Sind nun, wie oben schon erwähnt, die den einzelnen frühkindlichen Phasen entsprechenden Konflikte zwischen körperlicher Reifung, dadurch bedingten Triebbedürfnissen und sozialer Forderung nicht gänzlich gelöst und zu einem Insgesamt der kindlichen Persönlichkeit vereint, dann werden bei den eben geschilderten Versagungen in der Latenzphase Rückfälle und dafür typische Symptome auftreten. Das erneute Auftreten von Einnässen und Einkoten im Schulalter ist ein Beispiel hierfür. Es findet ein Rückschritt — eine Regression — auf die unbewußte Konstellation, die Triebbedürfnisse und die Verhaltensweisen früherer Phasen statt. Der Pädagoge muß also auch im Umgang mit dem Kinde dieser krisenfreien und lerngünstigen Zeit die Probleme der frühkindlichen Phasen im Gedächtnis haben, um auftretende eigentümliche Verhaltensweisen des Schulkindes verstehen zu können.

Bei der Betrachtung unseres Modells (vgl. Abb. 7) erkennen wir, daß nunmehr an die Stelle der menschlichen Objekte — meist Vater und Mutter — für Liebe und Aggression der sachliche Gegenstand getreten ist. So ermöglicht diese ruhige Zeit zwischen früher Kindheit und Pubertät die erste Einführung des Menschen in die Kultur und Technologie seiner Gesellschaft. Wenn der junge Mensch sich mit den neuerlichen körperlichen Reifungsvorgängen, den sie begleitenden Triebbedürfnissen, seinen sozialen Beziehungen und seiner Stellung in der Gesellschaft auseinanderzusetzen hat, kommt er in diese Auseinandersetzung bereits mit einer ersten materiellen Ausrüstung an Wissen und Können. Dabei hatten es natürlich die Kinder in einfacheren Kulturen leichter als die in unserer Welt, da sie in jenem kurzen Intervall bereits das meiste der notwendigen Fertigkeiten erlernen konnten.

11. Die Pubertät unter tiefenpsychologischem Aspekt

Der Zeit friedlichen Wachstums, in der die Energien weitgehend der Bewältigung des angebotenen Lernstoffes zugewandt werden konnten, folgt eine neue stürmische Epoche der menschlichen Entwicklung. Die Pubertät hat den Psychologen, Pädagogen und Psychopathologen als die Krisenzeit des menschlichen Lebens schlechthin gegolten, vergleichbar höchstens noch mit den Rückbildungs- oder Wechseljahren. Hat nun die Tiefenpsychologie andere Aspekte beizutragen? Sicher nicht, soweit es die Erscheinungsformen der Pubertät betrifft. Sagt doch ANNA FREUD (1965), die sich sehr intensiv mit der Psychoanalyse der Pubertät beschäftigt hat, alle Erscheinungen, die wir sonst als pathologisch zu bezeichnen pflegen, seien in der Pubertät normal. Es besteht also weitgehend Übereinstimmung bezüglich der Krisenhaftigkeit dieser Zeit, jedoch nicht bezüglich der Ursachen dieser seelischen Zustände. Diese glauben die meisten in der biologischen Reifung des Jugendlichen sehen zu müssen. Es wird oft angenommen, daß um diese Zeit, je nach geographischer Lage und Klima verschoben, erstmalig sexuelle Impulse im Kinde aufträten. Wie wir wissen, haben die Ergebnisse der psychoanalytischen Klinik und die Annahme der tiefenpsychologischen Theorie die Sexualität, als eine der Urkräfte und Urbedürfnisse des Menschen, in die frühe Kindheit verlegt. Allerdings handelt es sich um einen anderen, sehr viel weiter gefaßten

Begriff der Sexualität. Das, was durch die hormonbedingte Reifung und durch den Beginn des zyklischen Geschehens beim Mädchen und der Pollutionen beim Knaben gekennzeichnet ist, nennt die Psychoanalyse die „genitale Sexualität". Wir sind ihr, dem auf den Genitalbereich konzentrierten Triebbedürfnis, schon früher, in der phallischen und in der ödipalen Phase, begegnet. Den sexuellen Impulsen des Kindes stand damals eine noch unausgereifte körperliche Organsiation gegenüber.

a) *Das Jugendalter als sozio-kulturelles Moratorium:* Nunmehr aber ist der Mensch biologisch in der Lage, seine sexuellen Bedürfnisse zu verwirklichen, und sogar Kinder zu zeugen und zu empfangen. In fast allen Kulturen wird dem Jugendlichen jedoch noch eine Wartezeit auferlegt. Er ist zwar biologisch reif, erfüllt aber noch nicht die sozialen Voraussetzungen, um selbst als Vater oder Mutter in die Gesellschaft einzutreten. Dieses sozio-kulturell bedingte „Moratorium", wie es ERIKSON nennt, ist eines der wesentlichen Probleme des Jugendalters.

Dieses Thema wurde von den verschiedensten Seiten bereits beleuchtet — es sei nur an SPRANGERS (1955 [24]) klassisches Buch „Die Psychologie des Jugendalters" erinnert.

b) Den Schlüssel zu dem oft befremdlichen und unverständlichen Verhalten der Jugendlichen fand die Psychoanalyse in dem *Wiederaufleben* der zu Anfang der Pubertätszeit abgeklungenen *Ödipusproblematik.* Auch von vielen anderen Fachleuten war die Zwiespältigkeit des Jugendlichen im Verhältnis zu seinen Eltern beobachtet worden. Sie wurde mit der Ablösung des jungen Menschen vom Elternhaus in Zusammenhang gebracht. Die Psychoanalyse sieht die Quelle der Ablösungstendenz in der erneuerten triebhaften Bindung des Jungen an die Mutter und des Mädchens an den Vater und der daraus resultierenden massiven unbewußten Angst. Um dieser Angst und diesen Gefahren zu entgehen, gibt es für den Jugendlichen verschiedene Wege. So kann das Objekt (die Eltern) gewechselt, jedoch die Intensität der Leidenschaft beibehalten werden. Wir verstehen dann jene leidenschaftlichen Bindungen des Jugendlichen an Freunde oder Freundinnen, an Cliquen, an soziale, politische oder religiöse Ideologien besser.

c) *Ablösungskrise und Ablösungsformen:* Solche, weder nachfühlbaren noch erklärbaren Verhaltensweisen eines bis dahin gänzlich andersartigen Jugendlichen lassen sich sehr viel besser verstehen, wenn wir triebhafte Impulse und Angst wegen der verbotenen Wünsche als unbewußte Motivationen annehmen. Eine andere Möglichkeit, sich von unbewußten

Ängsten und Schuldgefühlen zu befreien, findet der Jugendliche in einer Umkehr seines Affekts; die liebevolle Zuwendung des Jugendlichen zu seiner Mutter verwandelt sich plötzlich in haßvolle Ablehnung. Verstärkt wird eine solche Situation noch dort, wo die Mutter eines einzigen Jungen diese Gefühle ihres Sohnes nicht nur geduldet, sondern sogar gefördert hat und nun verzweifelt der Verhaltensänderung ihres Sohnes zu begegnen sucht. Aus derselben Situation können homosexuelle Episoden eines Jugendlichen, oder dort, wo die unbewußte Konfliktsituation zu stark wird, psychoseähnliche Pubertätskrisen zustande kommen. Eine weitere sozialpädagogisch höchst bedeutsame Form der unbewußten Abwehr des Triebkonfliktes ist der Weg in die Verwahrlosung und Kriminalität. AUGUST AICHHORN (1925), der Leiter einer Wiener Erziehungsanstalt, hat in seinem Buch „Verwahrloste Jugend" die Psychodynamik derartiger Verwahrlosungsprozesse beschrieben.

Alle diese skizzierten Verhaltensweisen können Durchgangsstadien und Selbstheilungsversuche im Ablösungsprozeß oder wirkliche psychische oder soziale Krankheiten sein. Erst die Beobachtung des Verlaufes kann dies gänzlich klären. Was aber ist am Ende des Ablösungsprozesses, und was ist das Ziel dieses turbulenten Geschehens? Es ist dies die Lösung von den alten Objekten und die Öffnung für neue Objekte, d. h. für eine echte Partnerwahl. Damit ist der Weg von der ersten Objektfindung des Säuglings, wie sie uns RENÉ SPITZ beschrieben hat, bis zur Partnerwahl des Erwachsenen gegangen. Wir haben das Spiel der wechselseitigen Regulation in der frühen Kindheit, die Entstehung und Lösung der ödipalen Beziehung und endlich das Wiederaufflammen in der Pubertät und dessen krisenhafte Lösung kennengelernt (vgl. Abb. 7). Damit wird auch der wesentliche Beitrag der Tiefenpsychologie zur Entwicklungspsychologie deutlich, nämlich die subtile Untersuchung der wechselseitigen Beeinflussung von körperlicher Reifung, triebhaften Bedürfnissen und menschlichen Bindungen als Repräsentanten der jeweiligen Kultur. Unter diesem Aspekt kann man das Ziel der Entwicklung formulieren als Objektwahl, also Partnerwahl in Freiheit von den triebhaften Bedürfnissen der frühen Kindheit und den tabuierten Bindungswünschen an die Eltern aus der Pubertät.

d) *Identität und Rollenübernahme:* Das Jugendalter als Moratorium, als Wartezeit zwischen biologischer Reife und sozio-kulturellem Mündigsein hat in fast allen Kulturen noch eine weitere wesentliche Thematik. SPRANGER hat in seiner geisteswissenschaftlich orientierten Jugendpsychologie von der Entdeckung des Selbst gesprochen. Diese Betrachtungsweise geht allein vom Individuum aus, während die moderne Forschung, basierend auf den Erfahrungen der Kulturanthropologie (vergleichen-den psychologischen Völkerkunde), der Soziologie und der Tiefenpsychologie, das Verhältnis, und zwar weitgehend das unbewußte inner-seelische Verhältnis, von Individuum und Gesellschaft zum Gegenstand hat. Es ist dies das Problem der „Identität". Der Begriff stammt bekanntlich aus der Logik und bedeutet, daß etwas mit sich selbst gleich ist. Was aber bedeutet es in der Psychologik? Zunächst einmal das Bewußtsein, daß man im Fluß der Zeit stets der gleiche ist, daß bei allen Veränderungen ein gleicher Kern erhalten bleibt. Es ist dies das Problem der Kontinuität des Ich, vor allem ein Problem an der Grenze zwischen Philosophie und Psychologie. Der Tiefenpsychologie geht es um das Erleben, um das unbewußte Erleben der Identität, des Gleichseins mit sich selbst, und der Kontinuität im Laufe der Entwicklung.

Wir erinnern uns, daß der Säugling — so lassen es wenigstens die Beobachtungen vermuten — noch kein Erleben der Grenzen seines Körpers gegen den ihn nährenden, wärmenden und betreuenden Organismus hat. Das Erleben der eigenen körperlichen Grenzen, der Identität und Kontinuität des eigenen Organismus und der Trennung vom Mütterlichen ist eine Leistung — wie uns die klinische Erfahrung vermuten läßt, eine schmerzhafte Leistung — der ersten Lebensmonate. Die zunehmende Verfügbarkeit des eigenen Körpers, das mehr und mehr gelingende Zusammenspiel von Wahrnehmung und Motorik, die Beherrschung der Muskulatur und die Fähigkeit der Fortbewegung schaffen immer neue Stufen des Identitätsgefühls. Da in all das Lob und Tadel der erziehenden Erwachsenen hineingetragen wird, ist dies keimende Identitätsgefühl immer auch ein Spiegel der Wertungen einer Gesellschaft. Wir erinnern hier nur an die „Gut und Böse"-Problematik der analen Phase. Eine bedeutsame Schwelle in der Entwicklungsgeschichte des Identitätsgefühls ist die ödipale Phase. Durch die gelungene Identifizierung mit Vater oder Mutter wird die Geschlechtsrolle der jeweiligen Gesellschaft übernommen. Der Junge erlebt sich nunmehr als zukünftiger Mann, das Mädchen als zukünftige Frau. In der Latenzzeit werden dem Identitätserleben die Aspekte der Leistung und des Könnens oder ihres Gegenteils hinzugefügt. Das Kind erlebt sich als tüchtig oder untüchtig. Verständlicherweise ist dieser Aspekt in einer stark leistungsorientierten Gesellschaft, wie der unseren, von besonderer Bedeutung.

In der Pubertät wird nun an den Jugendlichen die Aufforderung herangetragen, sich mit einer der Rollen, die unsere Gesellschaft für Mann und Frau bietet, zu identifizieren. Dies klingt einfacher, als es ist. Einfach war es in Jäger- oder Nomadenkulturen. Hier waren für den Mann die Rolle des Jägers oder Hirten oder Kriegers und für die Frau neben dem Ge-

106

bären und Pflegen der Kinder bestimmte Funktionen im Zelt und näheren Umkreis vorgesehen. In der Rollenübernahme war keine große Auswahl. Man vergleiche damit die Situation in unserer heutigen pluralistischen Gesellschaft! Dem Jugendlichen steht eine Fülle von Berufsbildern wahlweise zur Verfügung, und er bedarf zur Orientierung eines Spezialisten, des Berufsberaters. Im Gegensatz zu früher kennen die wenigsten Jugendlichen den Beruf und die Art der Tätigkeit aus eigenem Miterleben beim Vater oder Nachbarn. Dazu kommt, daß die erwachsenen Repräsentanten eines Berufes oder einer Berufsgruppe kaum mehr ein gesichertes berufliches Identitätsgefühl haben. Selbst so alte Berufe wie die Bauern, Lehrer und Ärzte finden ihre gefühlsmäßige Sicherheit nur mehr in sentimentalen Lesebuchartikeln und rhetorischen Deklamationen der Berufsverbände. Auch ein Standesbewußtsein ist in unserer modernen Gesellschaft kaum mehr vorhanden. Der klassenbewußte Arbeiter und der standesbewußte Bürger sind Relikte aus der Vergangenheit. So ist die Fluktuation, der Wechsel das Kennzeichen der modernen Gesellschaft. Fluktuation ist gegeben von Beruf zu Beruf, von beruflicher zu andersartiger Spezialisierung, von Einkommens- und Prestigeschichten zu höheren oder niedrigeren Schichten und endlich von Wohnort zu Wohnort.

Diese wenigen, sicher etwas pointierten Ausführungen machen es verständlich, wie schwierig für den heutigen Jugendlichen die Rollenwahl und Rollenübernahme ist. Dabei handelt es sich nicht um eine bewußte, mehr oder weniger durch rationale Hilfen abzusichernde Berufswahl, sondern um die Findung einer Rolle in der Gesellschaft, die eine die gefühlsmäßige Sicherheit begründende Identität ermöglicht.

Das Gefühl, ein „richtiger" Arbeiter, Handwerker, Kaufmann, Lehrer oder Arzt zu sein, bedeutet in diesem Bereich, seine Identität gefunden zu haben. Damit aber ist erst die Sicherheit in der Beziehung zum Partner und zu allen übrigen Mitmenschen gegeben.

Es ist wahrscheinlich kein Zufall, daß gerade bei jenen Völkern, bei denen der Übergang von einer frühen Kultur mit einfacher Rollenverteilung zur modernen Industriegesellschaft in wenigen Jahrzehnten vonstatten ging, bei denen der Nomade seine Viehherden in der Nähe der Fernstraßen weidet, eine hohe Rollenkonfusion bei der Jugend herrscht. Es scheint so, als sei unter diesen Umständen die einzige Identität in der Rolle des Revolutionärs zu finden.

Dies sind keine zeit- oder kulturkritischen Bemerkungen, sondern notwendige Skizzen zum Verständnis der Identitätskrise des Jugendlichen unserer Tage.

Wir sahen, die Pubertät ist eine Wartezeit, aber eine unruhige, turbulente und krisenhafte Wartezeit. Am geglückten Ende steht daher nach

Umwandlung der alten, triebhaften und affektiven Bindungen die Möglichkeit der neuen Objektwahl und das Finden der Identität in einer von der Gesellschaft angebotenen Rolle. Die Objektwahl kann durch das Festhalten an kindlichen Wünschen gestört werden. Dies wird uns vor allem die Untersuchung seelischer Störungen im Jugendalter noch lehren. Die Identitätsfindung wird nicht nur durch die skizzierte zeitgenössische Situation, sondern auch durch die jeweilige Biographie gefährdet. Der junge Mensch, der am Ende der frühen Kindheit den Weg in die Geschlechtsrolle nur gestört oder gar nicht gefunden hat, bringt diese Belastungen mit, wenn er in der Berufswahl eine Identität, eine soziale und psychische Sicherheit in der Gesellschaft zu finden sucht. Dem seine weibliche Rolle negierenden Mädchen mag die Übernahme eines typisch männlichen Berufes zunächst ein Stück Identität geben, eine in der Berufswahl und in der Berufsausübung gefundene gefühlsmäßige Sicherheit. Das Erleben, mit sich und der Umwelt eins zu sein, ist aber nicht krisenfest, solange nicht die bisher abgelehnte weibliche Rolle in diese Erlebnissituation miteingeordnet, integriert ist. Die vorhin genannte Fluktuation ist also nicht nur eine Fluktuation zwischen Berufen, Ständen, Klassen und Wohnorten, sondern auch zwischen den Geschlechtsrollen. Gerade dann aber, wenn die äußere, die soziale Situation keinen Halt mehr für eine Rolle bietet, ist die innerpsychische Verarbeitung in der Kindheit von besonderer Bedeutung.

Die letzten Ausführungen haben gezeigt, daß auch in der Jugendzeit die Erfahrungen und Erlebnisse der frühen Kindheit wirksam sind. Die menschliche Entwicklung läßt sich nicht stückweise, sondern jeweils nur im ganzen einer individuellen Entwicklung betrachten. Dies aufzuzeigen ist das eine Anliegen der tiefenpsychologischen Entwicklungspsychologie. Das andere ist, der Verschränkung von biologischer Reifung und soziokultureller Entwicklung in jeder Phase nachzuspüren.

IV. Zur tiefenpsychologischen Persönlichkeitslehre

Die Begriffe Persönlichkeit und Charakter haben in der Alltagssprache etwas positiv Wertendes. Eine Persönlichkeit in diesem Sinne ist ein Mensch von geprägter Eigenart, den weder Tagesmoden leicht beeinflussen noch Widerwärtigkeiten von dem einmal eingeschlagenen Wege abhalten. Der wissenschaftliche Persönlichkeitsbegriff enthält dagegen nur den ersten der drei genannten Gesichtspunkte, die geprägte Eigenart. Die Persönlichkeitsforschung beschäftigt sich demnach mit den unterschiedlichen Ausprägungen der Menschen — also mit den interindividuellen Unterschieden — und mit den verschiedenen Verhaltensweisen ein und desselben Menschen in verschiedenen Situationen und Lebensabschnitten — den intraindividuellen Unterschieden.

Um diesen Aufgaben gerecht werden zu können, hat jede Persönlichkeitstheorie ein Modell vom Aufbau und der Funktion der menschlichen Persönlichkeit entwickelt. Je nach dem Vorgehen der Forscher lassen sich deduktive — d. h. von einer Idee abgeleitete — und induktive — d. h. aus Erfahrungen und Experimenten gewonnene — Modelle unterscheiden. Als Extrembeispiel für die erste Gruppe mögen PLATON und ARISTOTELES gelten, als Gegenbeispiel, für die zweite Gruppe, seien die Persönlichkeitsmodelle der amerikanischen verhaltenspsychologischen (behavioristischen) Forscher genannt, die sich auf das meßbare menschliche Verhalten beschränken, das Experiment bevorzugen und mit naturwissenschaftlich-statistischen Methoden arbeiten.

Die tiefenpsychologische Persönlichkeitsforschung hat ihren Platz zwischen diesen beiden Extremen. Sie gewann ihre Erkenntnisse aus dem praktischen, helfenden Umgang mit Menschen, die in psychischen Schwierigkeiten und Nöten waren. Die klinische Erfahrung ist also an psychisch nicht Gesunden gewonnen. Dies hat den Vorteil der Lebensnähe, läßt aber auch den Einwand zu, man könne, was man am Kranken erfahren habe, nicht auf den Gesunden übertragen. Darauf sind wir schon in der Einleitung eingegangen; hier wollen wir feststellen, daß die Situation des praktizierenden Tiefenpsychologen mit derjenigen des Pädagogen sehr verwandt ist. Beide beziehen ihre Kenntnis über den Menschen aus der Arbeit am Menschen.

Wir lassen hier nur das psychoanalytische Modell der menschlichen Persönlichkeit folgen. Die Begründung dafür ist ganz ähnlich wie bei unserer Darstellung der Entwicklungspsychologie: Das psychoanalytische Persönlichkeitsmodell ist das am konsequentesten durchgeführte und das

109

modernste, in dem Sinne, daß seine Ergebnisse weitgehend mit denen psychologischer und soziologischer Forscher übereinstimmen. ALFRED ADLER hatte zwar zu seiner Zeit als äußerst dynamische Persönlichkeit auf die praktische Pädagogik einen bedeutsamen Einfluß, jedoch vermag sein theoretisches Konzept kaum die Mannigfaltigkeit der menschlichen Individualität zu erklären. JUNG kann in seinem hochdifferenzierten, durch Mythen, völkerkundliche und religionswissenschaftliche Belege illustrierten Menschenbild dem Erzieher im Alltag nur wenig Verständnishilfen bieten.

1. Das psychoanalytische Persönlichkeitsmodell

Der Psychoanalytiker kennt drei seelische Funktionsbereiche, das Es, das Ich und das Über-Ich. Wir sprechen von einem Modell, weil es sich hierbei — nicht nur in der Psychoanalyse, sondern in allen psychologischen Richtungen — nicht um wirklich Beobachtetes, sondern um eine Vorstellungshilfe zur Einordnung von Beobachtetem handelt. Ein Vorgehen, das auch die exakten Naturwissenschaften kennen, etwa die Physik mit ihrem Atom-Modell.

Die Funktionen und das Ineinanderwirken der drei seelischen Bereiche — psychoanalytisch gesprochen, der drei Instanzen — läßt sich am besten im Bilde verdeutlichen (vgl. Abb. 8). Dabei haben die Größenverhältnisse

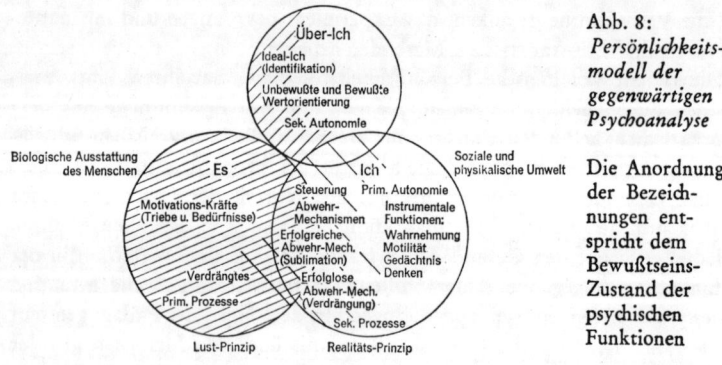

Abb. 8:
Persönlichkeitsmodell der gegenwärtigen Psychoanalyse

Die Anordnung der Bezeichnungen entspricht dem Bewußtseins-Zustand der psychischen Funktionen

Erklärung:
Enge Schraffierung = dynamisch Unbewußtes
weite Schraffierung = deskriptiv Unbewußtes (s. Kap. I.)
Unschraffiertes = Bewußtes

110

der zeichnerischen Darstellung keine symbolische Bedeutung. Die Begriffe Es, Ich und Über-Ich — oben wurde schon ausgeführt, daß sie von FREUD stammen — könnten natürlich auch durch andere ersetzt werden; ihre Verwendung hat historische Gründe, und sie sind heute allgemein üblich und verständlich.

a) *Das Ich* ist als eine Art von *Steuerungszentrum* vorzustellen, das die drängenden Impulse aus dem Es mit den Gegebenheiten der mitmenschlichen und physikalischen, d. h. außermenschlichen Umwelt, und mit den Geboten und Verboten des Über-Ich in Einklang zu bringen hat. Diese Aufgabe klingt sehr einfach, ist aber stets nur annäherungsweise zu erreichen. Das Ergebnis eines absolut funktionierenden Ich wäre die harmonische Persönlichkeit, die nur als Ideal denkbar, nicht in der Realität erreichbar ist.
Im Ich erlebt sich der Mensch aber auch als etwas Einmaliges und zeit seines Lebens bei allem Wechsel des Verhaltens und der Gewohnheiten Beständiges, erleben ihn seine Mitmenschen als ein Individuum. So ist das Ich weitgehend der Träger der Identität des Menschen, deren krisenhaftes Werden wir bei der Betrachtung der Pubertät kennengelernt haben.

b) *Die seelischen Instrumente:* Im Ich ist zunächst ein Bereich, den wir mit H. HARTMANN (1960) die „primäre autonome konfliktfreie Ich-Sphäre" nennen. Was verbirgt sich hinter dieser komplizierten Bezeichnung? Es sind dies die Fähigkeiten der Sinneswahrnehmung, der Körper- und Sprachmotorik, des Denkens und des Gedächtnisses. Diese Fähigkeiten sind von Anfang an gegeben, vervollkommnen sich nach inneren Reifungsgesetzen und ermöglichen die Auseinandersetzung des Menschen mit seiner Umwelt (vgl. Kap. III). Sie entstehen nicht, wie die Gefühle und Affekte, aus der konfliktreichen Auseinandersetzung zwischen Bedürfnissen des Individuums und seinen Beziehungspersonen. Ihre Reifung wird nur dann durch diese Konflikte betroffen und gestört, wenn sie ein gewisses Maß überschreiten — z. B. wenn die mütterliche Zuwendung unter ein Mindestmaß absinkt (vgl. Kap. III und V).
HARTMANNS komplizierter Begriff, der wie alle wissenschaftlichen Begriffe eine Kurzformel darstellt, ist übersetzbar. Primär und autonom (selbstgesetzlich) ist dieser Bereich, weil er weder von den Triebspannungen noch von Außenweltreizen abhängt, sondern nach innerer Gesetzlichkeit wirkt und reift. Konfliktfrei nennt ihn HARTMANN, weil in ihm der Konflikt zwischen den nach sofortiger Befriedigung drängenden Bedürfnissen (z. B. der Oralität) und den unvermeidlichen Versagungen

durch die Umwelt nicht wirksam ist. Die in diese Sphäre gehörigen leib-seelischen Fähigkeiten stellen also die Ausrüstung der Persönlichkeit, ihre Instrumente im Lebenskampf dar.

c) *Die Formation der Abwehr- und Anpassungsmechanismen:* Die Instrumente aber bedürfen der Motivationen, um tätig zu werden. Die aus dem Es stammenden Triebe und Bedürfnisse geben der Wahrnehmung, der Bewegung und dem Denken Ziele (vgl. Kap. II). Wie wir schon mehrfach gehört haben, geraten diese Triebansprüche und Bedürfnisse des öfteren in Gegensatz zu den Gegebenheiten der Umwelt, beim Kinde zu den Beziehungspersonen, beim Erwachsenen zu den Ordnungen der Gesellschaft und den Ansprüchen der Mitmenschen. Außerdem besteht im Menschen ein Idealbild, wie er gerne sein möchte, und damit eng verbunden eine Fülle von Geboten und Verboten, kurzum das Gewissen oder Über-Ich, das den ungebärdigen Triebansprüchen bereits innerhalb der Persönlichkeit eine Grenze setzt. Wir haben die Entstehung dieses Über-Ich während der frühen Kinderjahre und Reifezeit bereits in unserer entwicklungspsychologischen Betrachtung kennengelernt.
Es gibt nun in dieser Situation für das Ich prinzipiell zwei Möglichkeiten. Einmal kann es die drängenden Ansprüche des Es (die Triebwünsche und Bedürfnisse) an dem Idealbild und den Forderungen des Gewissens sowie an den Gegebenheiten der Umwelt messen. Im Falle der Unvereinbarkeit bestünde die Möglichkeit, die Wünsche abzulehnen und sich für die Forderungen des Gewissens oder die Gegebenheiten der Realität zu entscheiden. Das Ich könnte aber auch den gebieterischen Wünschen des Es nachgeben und dafür mit einem schlechten Gewissen oder mit den Gegenmaßnahmen der Umwelt (z. B. gerichtlichen Maßnahmen oder beruflichen Nachteilen) bezahlen. Am vereinfachten Beispiel dargestellt, wäre dies die Situation des Mannes, der eine Arbeit fertigstellen soll, aber gerne ins Kino gehen möchte. Bleibt er an der Arbeit, belohnen ihn gutes Gewissen und Zufriedenheit des Auftraggebers; dafür aber verzichtet er auf das Vergnügen, psychoanalytisch formuliert, auf den Lustgewinn. Geht er hingegen ins Kino, so hat er den Lustgewinn, muß aber mit einem schlechten Gewissen und vielleicht mit beruflichen Nachteilen rechnen.
Zur zweiten Lösung des Problems — Triebwunsch hier und Gewissen und Realität dort — bedürfen wir des Unbewußten, jener Entdeckung der Tiefenpsychologie, die wir in der Darstellung der allgemeinen Tiefenpsychologie ausführlich behandelt haben. Das Kind hat gelernt, daß die Erwachsenen auf manche seiner Triebansprüche negativ reagieren; aus Angst vor diesen Reaktionen verwehrt das Kind den Wünschen, bewußt

112

zu werden, und hält sie im Unbewußten. Das Ich verfügt in einer bestimmten Formation (vgl. Abb. 8) über ein Arsenal von Abwehr- oder Anpassungsmechanismen (vgl. Kap. II). Wie wir schon gesehen haben, ist die Sublimation, d. h. die Verwandlung der ursprünglichen Triebwünsche in kulturell und sozial brauchbare und erwünschte, die eigentlich positive Lösung. Sie gelingt auch in der normalen Entwicklung der Persönlichkeit nur zu einem Teil. Die Eigenart der Erwachsenenpersönlichkeit, ihr Charakter, bestimmt sich nun einmal aus der Art der Abwehr- oder Anpassungsmechanismen und zum anderen aus der frühkindlichen Entwicklungsphase, deren Thematik noch am wenigsten in die Persönlichkeit eingebaut — integriert — werden konnte.

Bevor wir diese reichlich theoretischen Ausführungen durch ein praktisches Beispiel illustrieren, müssen wir noch auf den dynamischen und genetischen Aspekt im psychoanalytischen Persönlichkeitsmodell hinweisen. Die Dynamik dokumentiert sich an dem dauernden Wechselspiel zwischen den Kräften des Es, Ich, Über-Ich und der Außenwelt, die genetische (entwicklungspsychologische) Komponente zeigt sich darin, daß auch die Instanzen des Persönlichkeitsmodells in Art und Stärke nur durch die Entwicklung verständlich werden.

In der jeweiligen Entwicklung haben nun die Abwehrmechanismen, die von der Persönlichkeit bevorzugt wurden, die Triebansprüche ins Unbewußte zurückgedrängt; in ähnlichen Situationen werden jedoch die Triebansprüche erneut wirksam und müssen nun wiederum mit dem bewährten Verfahren zurückgedrängt werden. Es ergibt sich also eine stete Wiederholung — das, was FREUD den „Wiederholungzwang" genannt hat. Gemeint ist damit die Tatsache, daß der Mensch dazu neigt, auf ähnliche innere Ereignisse — die Triebwünsche und Gewissensforderungen — und ähnliche äußere Situationen mit schon in der Kindheit erlernten, dann erprobten und sozusagen für ihn bewährten seelischen Mechanismen zu reagieren. Daraus ergibt sich, was die Psychologie die Struktur der Persönlichkeit nennt, also das relativ Feste und Bleibende.

Die gesunde Persönlichkeit hat im Rahmen der Struktur einen Spielraum, sie reagiert situationsgerecht und ist also flexibel, an verschiedene Außenweltsituationen anpassungsfähig. Für den Neurotiker hingegen trifft der aus dem Klinischen stammende Ausdruck „Wiederholungszwang" im eigentlichen Sinne zu; die psychisch kranke Persönlichkeit ist genötigt, auf ähnliche Reize immer wieder mit denselben Verhaltensmustern, wie die moderne amerikanische Psychologie sagt, oder denselben unbewußten Abwehrmechanismen zu reagieren. Es gehört also zur gesunden Persönlichkeit, daß sie einerseits eine gewisse Stetigkeit, Kontinuität, ein sich selbst Treu-Bleiben aufweist und andererseits Be-

113

weglichkeit und Elastizität, um sich in einem gewissen Rahmen an die Gegebenheiten anzupassen.

Wie aus der Skizze (Abb. 8) ersichtlich, sind die Abwehr- oder Anpassungsvorgänge des Ich gegenüber den andrängenden Triebbedürfnissen weitgehend unbewußt (alles Unbewußte ist in der Skizze schraffiert). Auch die Triebimpulse, die im Es (vgl. Abb. 8, linker Kreis) beheimatet sind, sind unbewußt. Wir haben dieses unbewußte Es früher schon (vgl. Kap. II) als dynamisch Unbewußtes gekennzeichnet. Dynamisch deshalb, weil dort sowohl die angeborenen Motivationskräfte, die nach Stärke und Eigenart individuell verschieden sind, als auch die vom Ich zurückgedrängten triebhaften Bedürfnisse zu Hause sind. Es sind aber auch die Mechanismen des Ich unbewußt (vgl. Abb. 8). Dabei ist die Art des Unbewußten dieser Mechanismen verschieden. Derartige Handlungsabläufe sind oftmals dynamisch, dann wieder automatisch und letztlich oft auch latent unbewußt, d. h. verhältnismäßig leicht durch das Individuum selbst oder einen anderen ins Bewußtsein zu fördern. Diese eigentümliche Zwischenstellung zwischen den Motivationskräften des Es und dem technischen Instrumentarium des Ich, den Forderungen des Gewissens und den Gegebenheiten der Außenwelt, versuchten wir auch in der Skizze auszudrücken. In diesem seelischen Bereich, der Formation der Abwehr- oder Anpassungsmechanismen, prägt sich am stärksten die individuelle Eigenart der Menschen aus. Die Gründe hierfür sind leicht einzusehen. Die biologischen Triebe des Es und die instrumentalen Funktionen und Fähigkeiten des Ich (Intelligenz, Gedächtnis und Wahrnehmung) sind weitgehend anlagegegeben und eigentlich nur graduell, d. h. der Stärke der Ausbildung nach, verschieden. So kann man ja auch relativ leicht die Intelligenzleistung messen, die Persönlichkeit hingegen kaum. Das Gewissen, das Über-Ich, das Ideal-Ich und die bewußten Werte sind wiederum weitgehend durch die Kultur bestimmt, in der ein Mensch lebt. Das die Persönlichkeit Kennzeichnende liegt also im Zwischenland zwischen dem Überindividuellen der Kultur und dem Überindividuellen der Natur, des Biologischen.

2. Die sekundäre Autonomie und die Wertwelt des Individuums

In unserer Skizze findet der Betrachter nicht nur die schon erklärte Bezeichnung „primäre Autonomie", sondern im Über-Ich auch noch den Begriff „sekundäre Autonomie". Damit sind jene Motive gemeint, die zwar ursprünglich konflikthaft entstanden waren, aber beim Erwachsenen eine Eigengesetzlichkeit (Autonomie) erhalten haben und in gewis-

114

sen Bereichen der Persönlichkeit als teils bewußte, teils unbewußte Leitlinien des Verhaltens dienen. Wir sprechen in der Philosophie und Pädagogik hier von der Wertwelt einer Persönlichkeit. Entwicklungspsychologisch ist dies so zu verstehen: Ein großes Maß, zum Beispiel an angeborener triebhafter Aggressivität, wird im Laufe der Entwicklung, der konflikthaften Auseinandersetzung zwischen Es und Ich, Außenwelt und Über-Ich, umgeformt. Das Ergebnis dieser Umformung kann zum Beispiel eine die Aggressivität nutzende Berufswahl sein. Ein solcher Mensch kann etwa als Chirurg die „Körperverletzung" zum Wohle des Betroffenen einsetzen oder als technischer Pionier im Dienste des Fortschritts die Natur „vergewaltigen", oder als Politiker oder Manager dauerndes hartes Sich-Durchsetzen gegenüber einzelnen oder Gruppen in den Dienst einer Sache stellen. Die mit den Berufen verknüpften Einstellungen und Motivationen sind zwar aus entwicklungspsychologischen Konflikten entstanden, haben aber nun im Seelenleben eines solchen Menschen durchaus eine Eigenständigkeit, sie werden von den gegenwärtigen Konflikten dieser Persönlichkeit nicht mehr behelligt. Wir sehen daher auch sehr häufig bei Neurotikern Bereiche ihrer Persönlichkeit, die von der Störung, von dem unausgetragenen Konflikt in keiner Weise berührt werden. Der Leser, der sich an das früher (Kap. II) über die Abwehrmechanismen Ausgeführte erinnert, wird sogleich erkennen, daß vorweg die Sublimation zur Autonomie der Motive im erwachsenen Menschen befähigt. Erziehung als Persönlichkeitsbildung wäre also im Idealfall Hilfe zu möglichst vielen und breiten geglückten Sublimationen und damit zu einem ansehnlichen Bereich sekundärer Autonomie der Motive in der Persönlichkeit.

3. Das Lust- und das Realitätsprinzip

In unserer Skizze finden sich nun noch die Bezeichnungen „Primärprozesse" und „Lustprinzip" im Bereich des Es und „Sekundär-Prozesse" und „Realitäts-Prinzip" im Bereich des Ich. Alle Bedürfnisse des Es — erinnert sei an das Nahrungsbedürfnis des Säuglings — erstreben sofortige Befriedigung, sie unterstehen dem Lust-Prinzip und kümmern sich nicht um die Möglichkeiten der Wirklichkeit, der Realität. Wir nennen diese ursprünglichen Vorgänge *primäre Prozesse*. Im Laufe der Entwicklung lernt der Mensch, daß eine sofortige Befriedigung der Bedürfnisse meist nicht möglich ist, daß die Realität dem Schranken entgegensetzt. Er handelt nunmehr — und zwar sein Ich — nach dem Realitäts-Prinzip, und die jetzt wirksamen seelischen Vorgänge sind neuerlernte, also

115

sekundäre Prozesse. Zwar schreit der Erwachsene nicht mehr bei jedem Hungergefühl, wie der Säugling, und es gibt in unserer Kultur keinen Frauenraub mehr zur Befriedigung der sexuellen Bedürfnisse. In Ausnahmesituationen — im Kriege und unter ähnlichen Verhältnissen — schwindet jedoch die Steuerung, es regiert das Lustprinzip, und Plünderung und Vergewaltigung sind keine außergewöhnlichen Erscheinungen. Jedoch auch im harmlosen bürgerlichen Alltag wird die Herrschaft der Vernunft oft genug vom Lustprinzip durchbrochen. Die Korpulenten, die sehr wohl wissen, daß sie weniger und bestimmte Dinge gar nicht essen sollen, naschen oftmals wie Kinder; der Käufer, der sehr wohl weiß, daß sein Budget eigentlich überschritten ist, kann der Verlockung nicht widerstehen, und der Autofahrer, der sich über das Riskante des Überholens klar sein müßte, wird von der Lust des Überlegenheitsgefühls gepackt. In unserer Konsumgesellschaft leben — mit Hilfe der Werbung — ganze Industrien davon, daß sie dem Lustprinzip im Menschen die Überhand über das Realitätsprinzip verschaffen.

Es ist also auch für den erwachsenen Menschen nicht möglich, sich gänzlich dem Zugriff des Lustprinzips zu entziehen, ja es gehört sogar zum Wesen der gesunden Persönlichkeit, sich der Lust des Augenblicks hingeben zu können. Problematisch ist die unbewußte und ungewußte Herrschaft des Lustprinzips; sie macht den Menschen anfällig für Manipulationen aller Art, im Konsum, in der Politik und in der Weltanschauung. Aufgabe der Erziehung muß es demnach sein, dem Kinde zu helfen, mehr und mehr aus der Herrschaft des Lustprinzips in das Reich des Realitätsprinzips zu kommen. Dies wurde in der Pädagogik seit langem sehr wohl gesehen, und das „Sich-beherrschen-Lernen" nahm oft einen großen Raum ein. Dabei vergaß man allerdings, daß das Kind nur dann etwas Lustvolles aufgeben kann, wenn es dafür etwas bekommt, und dieses Etwas ist die gesicherte Zuwendung eines geliebten Menschen. Das abstrakte asketische Ideal und die angsterzeugende Drohung innerhalb der Erziehung sind hierbei Quellen der psychischen Störung und keine erlaubten Mittel, wie noch zu zeigen sein wird.

Wir haben eingangs dieses Kapitels die Forderung aufgestellt, ein Modell der Persönlichkeit müsse uns instand setzen, einmal die verschiedenartigen Persönlichkeiten und zum anderen die verschiedenen Verhaltensweisen einer Persönlichkeit in verschiedenen Situationen besser zu verstehen, ja zu erklären. Vermag nun das eben skizzierte psychoanalytische Modell diesen Forderungen gerecht zu werden?

Der zweite Teil der Frage ist eigentlich bereits beantwortet. Die Konstanz, die Stetigkeit, das Gleichbleibende der Persönlichkeit wird — wie

116

wir oben schilderten — durch die Wiederholung der Abwehr- und Anpassungsmechanismen einerseits und durch das Bestehen der sekundär eigengesetzlichen Motive andererseits garantiert. Zur gesunden Persönlichkeit gehört aber, daß sie aus der Vielzahl der tiefenseelischen Funktionen und aus den verschiedenen instrumentalen Möglichkeiten des Ich, also den intellektuellen Funktionen und den motorischen Handlungsweisen, je nach Situation auswählen, d. h. situationsgerecht reagieren kann. Es gibt genügend Witze, die das Festgelegte und Eingefahrene, die Stereotypie, zum Gegenstand haben.

Stereotypie im Umgang mit dem Zögling ist eine der „Berufskrankheiten" des Pädagogen. Theoretisch wird häufig die utopische Forderung erhoben, der Erzieher müsse der Individualität jedes Kindes neu begegnen. Man kann derartige, an das Unmögliche grenzende Forderungen fast immer als Hinweis dafür nehmen, daß die Gefahr einer ganz gegenteiligen Verhaltensweise naheliegt. Und in der Tat verhält es sich in der Pädagogik so. Die Gleichförmigkeit des äußeren Ablaufes im Erziehungsheim oder im schulischen Unterricht einerseits und die hohe Anforderung eines individuellen Umganges mit einer Vielzahl von Kindern andererseits bergen die Gefahr der Stereotypisierung des Erziehungsverhaltens. Man sollte dem nicht mit überhöhten, unerfüllbaren Idealforderungen begegnen, sondern versuchen, einen Mittelweg zu finden. Wir werden derartige Möglichkeiten in den nächsten Kapiteln aufweisen.

Für das Verständnis der vielfältig verschiedenen menschlichen Persönlichkeiten, der ihnen zugrundeliegenden Strukturverschiedenheiten und eigenartigen innerseelischen Funktionsabläufe ist das psychoanalytische Modell sehr hilfreich. Für den Pädagogen ist es zusätzlich vorteilhaft, weil es den Charakter aus der Entwicklungsgeschichte ableitet und somit Möglichkeiten pädagogischen Eingreifens aufzeigt. Eine Persönlichkeitspsychologie, welche die Charaktere nur beschreibt oder gar fälschlicherweise nur auf Anlagefaktoren zurückführt, bringt die pädagogische Aktivität leicht zum Stagnieren.

4. Zu einer psychoanalytischen Typenlehre — das Beispiel des Analcharakters

Jede Persönlichkeitspsychologie, ob es nun die rein beschreibende charakterologische Schule der dreißiger und vierziger Jahre war, ob es die gegenwärtige verhaltenspsychologische amerikanische Psychologie oder auch die genetisch-dynamische Tiefenpsychologie ist, muß sich auf wenige Idealtypen konzentrieren. An diesen typischen Fällen kann sie dann entweder ihre Modelle beispielhaft entwickeln oder, umgekehrt, empirisch nachweisen — verifizieren.

Gehen wir wieder einmal den historischen Weg und betrachten wir einen Charaktertypus, den FREUD im Jahre 1908 (G. W. VII) in seiner Studie „Charakter und Analerotik" dargestellt hat. Er hatte unter seinen Patienten Menschen gefunden, die sich durch folgende drei Eigenschaften besonders auszeichneten: sie zeigten eine Ordnungsliebe, die bis zur Pedanterie gehen konnte, eine Sparsamkeit, die des öfteren in Geiz ausartete, und einen Eigensinn, der zum Trotz werden konnte. Mit diesen drei Charaktereigenschaften verbanden sich zumeist auch besondere Ereignisse in der Zeit der Reinlichkeitsgewöhnung, also der analen Phase, und Schwierigkeiten der Verdauung und Darmentleerung beim Erwachsenen. Diese Beobachtung hatte FREUD dazu gebracht, die festgestellten Charaktereigenschaften mit der sogenannten Anal-Erotik in Beziehung zu bringen, d. h. der Gefühlswelt jener Zeit, in der das Kind die Muskulatur, und vorweg die Darmmuskulatur, zu beherrschen und diese Herrschaft zu genießen lernt. Wir haben schon dargestellt (Kap. III), daß das Kind in der fraglichen Zeit zum erstenmal mit den Forderungen der Umwelt in Konflikt gerät. Nun hinterläßt jeder Konflikt eine Narbe. Die Frage ist nur, wie stark diese Narbe ist, ob sie ein Stück der charakteristischen Eigenart wird oder, sozusagen weiterschwärend, die Quelle der Neurose des Erwachsenen.

Es könnte eingewandt werden, ob denn die Reinlichkeitsgewöhnung etwas so Wesentliches sei, da wir schon wieder darauf zurückkommen. Mit HOFSTÄTTER (in: „Moderne Entwicklungspsychologie", 1956) meinen wir, daß nicht die Prozedur selbst, sondern die Erwartungen, Einstellungen und Wünsche, welche die Erwachsenen, hier vorweg die Mutter als Repräsentantin der Gesellschaft, damit verbinden, ausschlaggebend sind. Sicher ist keine Diskussion darüber nötig, daß in der technisierten und verwalteten Welt die Ordnung einen sehr hohen Wert darstellt. Mithin wird in unserer Kultur auch das emotionale Engagement der Erwachsenen bei der Erziehung zur Reinlichkeit und Ordnung zumeist sehr groß sein, viel größer als in Kulturen, in denen Hygiene und perfektes Funktionieren keine große Rolle spielen.

Das Kind kann nun auf die Intentionen der Erwachsenen ganz verschieden reagieren; es kann diese übernehmen, es kann sich gänzlich wider die Forderungen verhalten und es kann Kompromisse schließen. Die Ordnungsliebe des Erwachsenen mutet wie ein direkter Erziehungserfolg an; die Sparsamkeit stammt anscheinend aus jener Erlebniswelt des Kindes, da das Ausscheidungsprodukt als etwas Wertvolles erlebt wird, mit dem man rationell umzugehen hat; der bis zum Trotz gehende Eigensinn, die

Starrköpfigkeit des Erwachsenen, erinnert an den Trotz des Kindes jener Zeit, der sich am häufigsten im Streit um die Entleerung am rechten Ort und zur rechten Zeit manifestiert.

Man könnte nun denken, die überaus ordentlichen, sparsamen und eigensinnigen Menschen seien das Produkt einer sehr stark betriebenen Reinlichkeitserziehung ihrer Eltern. Untersuchungen haben aber ergeben, daß diese einfache Erklärung nicht zwingend ist: Es hat sich gezeigt, daß Kinder mit einer übermäßig starken Triebhaftigkeit — sei sie sexuell, sei sie aggressiv-motorisch — auch mäßige erzieherische Bemühungen als sehr stark erleben und so in einen Konflikt geraten können. Nicht selten kommt es zu eigenartigen Konfliktlösungen, welche die Psychoanalyse Reaktions-Bildungen nennt. Der bisherige triebhafte Impuls, sei es der aggressive Eigensinn, die Unsauberkeit, im speziellen der Stuhlentleerung oder allgemein in der Körperpflege, schlägt plötzlich ins Gegenteil um; das Kind wird brav und willfährig. Derartige Episoden werden dann häufig als Erziehungserfolge oder glückliche Fügungen in der Entwicklung des Kindes gefeiert. Als Erwachsene zeichnen sich derartige Menschen häufig durch ihre Korrektheit aus; sie sind korrekt in der Erfüllung ihrer Bürger- und Berufspflichten, peinlich in der Pflege ihrer Kleidung und ihres Körpers, um moralisches und juristisches Wohlverhalten bemüht und maßvoll im Ausdruck ihrer Affekte gegenüber anderen. Ein derartiger Mensch ist ein ideal funktionierendes Glied einer modernen Gesellschaft.

Wo sind nun die Triebhaftigkeit, die lebhafte Motorik und die aggressive Expansionslust des Kindes geblieben? Der Anpassungsmechanismus der Reaktions-Bildung hat eine den Wünschen der Erzieher weitgehend entsprechende Persönlichkeit geschaffen, hat jedoch die Triebkräfte nicht verändert, nicht auf andere Ziele und Objekte hin orientiert — sublimiert —, sondern hat sie nur ins Unbewußte zurückgedrängt. Die Aggressivität kommt zumeist dann an die Oberfläche, wenn sie legitim, also im Dienste einer guten Sache, geäußert werden darf. Als Diener der Obrigkeit, als Verfechter einer Weltanschauung oder als Kämpfer gegen „minderwertige Elemente" können solche Menschen einer Brutalität und Aggressivität fähig werden, die man ihnen nach ihrem Alltagsverhalten niemals zutrauen würde. Die Autobiographie von RUDOLF HÖSS, dem ehemaligen Kommandanten des KZ Auschwitz, ist hierfür ein beredtes Beispiel.

Natürlich sind derartige Menschen Extremvarianten des — wie die Psychoanalyse sagt — analen Charakters. Im Alltag gibt es viele Menschen, welche die bewußten und unbewußten Eigenschaften dieses Analcharakters in einer unendlichen Verdünnungsreihe zeigen. Manche leiden unter ihrer Eigenart, viele nicht; manche belasten ihre Umgebung, viele sind in ihrer Umgebung geschätzt und beliebt.

Wir haben bisher jenen Persönlichkeitstyp geschildert, für den FREUD den Ausdruck Analcharakter geprägt hat. Der Leser stört sich hoffentlich nun nicht mehr an den Eigentümlichkeiten des psychoanalytischen Jargons, der seine Begriffe von den biologischen und triebhaften Wurzelsituationen in der Entwicklungsgeschichte einer Persönlichkeit übernimmt. Er versteht nunmehr das mit den Ausdrücken Gemeinte und vermag nun vielleicht sogar, nach Überwindung anfänglicher Abneigung, die Plastizität und Bildhaftigkeit der Begriffe zu werten.

Nach dem Bisherigen mag es scheinen, als wirkten an der Ausbildung von Persönlichkeitseigenarten nur die Abwehr- oder Anpassungsmechanismen mit. Man kann sagen, sie leisten hierin die erste Arbeit. Am Beispiel des bisher besprochenen Analcharakters läßt sich jedoch aufweisen, daß vorzüglich auch das Über-Ich und das Wunschbild vom idealen Ich eine wesentliche prägende oder, besser, die entstandenen Eigenschaften festigende Rolle spielen. Wie wir bereits betonten, sind Ordnungsliebe, Fleiß, Pünktlichkeit, Sauberkeit, Erwerbssinn, Sparsamkeit, Zähigkeit, Beharrlichkeit und Festigkeit in unserer Gesellschaft sehr positiv bewertete Verhaltensweisen. Nimmt es da wunder, wenn vom Über-Ich her, das sich ja mit den Geboten und Verboten der Gesellschaft identifiziert, eine Bestärkung in diesen Verhaltensweisen erfolgt? Weit mehr noch: auch die unbewußte, unterdrückte Aggressivität wird vom Über-Ich dort gefördert und belobt, wo sie sich gegen das Böse schlechthin, sei es in dem zu erziehenden Kinde, sei es in Gemeinde und Staat oder in dem Feinde außerhalb des Landes, wendet. Und endlich wirken die instrumentalen Seiten des Ich, die psychischen Fähigkeiten, an der Erscheinungsform der Ordnungsliebe und all der anderen Eigenschaften mit. Der weniger oder nur mittelmäßig intellektuell Begabte pflegt die Ordnung im häuslichen Bereich, in den Schränken, oder erwählt die Registratur als Beruf. Der Hochbegabte kann seinen Bezug zur Ordnung im Systematisieren der Natur, der Gesellschaft oder der Geschichte ausleben. Oft sieht es bei solchen Leuten in ihren Wohnungen, am Schreibtisch oder an der Kleidung keineswegs ordentlich aus.

Wir geben nun gerne zu, daß wir den Analcharakter nicht ohne Grund als Modellfall gewählt haben: Die geschilderten Eigenschaften erfreuen sich in Deutschland einer besonderen Wertschätzung, und sie werden zusätzlich, wie schon mehrfach betont, durch die moderne Bürokratie und Technologie gefördert. Dadurch entstehen Probleme, auf die wir im engeren pädagogischen Bereich noch zu sprechen kommen werden.

5. Die Anpassungsmechanismen — Imitation, Reaktionsbildung und Identifikation — als persönlichkeitsformende Kräfte

Wir haben gesehen, daß alle im tiefenpsychologischen Persönlichkeitsmodell aufgezeichneten Teile zur Persönlichkeitsbildung notwendig sind. Die erste Arbeit, sozusagen die Pioniertätigkeit jedoch leisten die Abwehrmechanismen. Wir wollen nun diejenigen Abwehr- oder Anpassungsmechanismen noch benennen, die für die Formung der gesunden Persönlichkeit maßgebend sind.

Das kleine Kind *imitiert* die Eltern und übernimmt dadurch wahrscheinlich Eigenheiten der Motorik und des Gehabes, die zu den bekannten Feststellungen führen, das Kind bewege sich ganz wie der Papa oder die Mama. Wir wissen aus der Entwicklungspsychologie, daß innerhalb der frühen Kindheit die Bedürfnisse des Oral-Sensorischen, des Anal-Muskulären und des Phallisch-Lokomotorischen in die kindliche Persönlichkeit eingebaut, also integriert werden müssen (vgl. Kap. III). Dieser Prozeß geht nun bei keinem Menschen ohne Narben vor sich, und die Narben sind, wie wir oben sagten, jene merkbaren Prägungen des Charakters. So können Charakterzüge durch Fixierungen an die einzelnen frühkindlichen Phasen entstehen. So kann ein Erwachsener in manchen Verhaltens- und Erlebnisweisen dem Kinde in der oralen Phase entsprechen. Vielleicht ist dieser Mensch gierig oder unmäßig im Essen und Trinken, vielleicht erwartet er in allem eine sofortige Bedürfnisbefriedigung, eine Art von Schlaraffenland, wie der Säugling in der oralen Phase, und ist bitter enttäuscht, wenn ihm das im Leben verwehrt wird. Man spricht in solchen Fällen von einer oralen Fixierung, also vom Festhalten an frühkindlichen Zügen, im Charakter.

Die Fixierung als Festhalten von Verhaltens- und Erlebnisweisen dieser frühen Entwicklungsphasen ist *eine* der prägenden Möglichkeiten. Eine weitere, die *Reaktionsbildung*, haben wir bereits am Modell des Analcharakters kennengelernt. Die Gebote und Verbote, die in der jeweiligen Entwicklungsphase an das Kind herangetragen werden, entsprechen dessen anlagebedingter Triebausstattung ganz und gar nicht; da jedoch der offene Konflikt auf die Dauer für das Kind nicht ertragbar ist, kommt es zur Technik des „Unterlaufens", die exemplarisch am Analcharakter dargestellt werden konnte.

Die *Identifizierung* ist wohl der quantitativ bedeutendste Mechanismus im Dienste der Persönlichkeitsbildung. Wie in der entwicklungspsychologischen Betrachtung bereits dargestellt, gewinnt der Mensch auf dem Wege der Identifizierung seine sozialen Rollen, die Geschlechtsrolle und die Berufsrolle. Da Vater und Mutter, und auch die anderen Personen aus der Umgebung eines Kindes, in sehr verschiedener Weise die Geschlechtsrollen einer Gesellschaft darbieten, ist es auch nicht so, als ob ein Mensch in feststehende, typische Geschlechtsrollen hineinschlüpfen könnte. Das, was die Beziehungspersonen dem Kinde als Identifikationsmöglichkeit anbieten, ist bereits wieder durch deren Entwicklungsgeschichte und deren Leben geformt, so daß man von einer Art „psychosozialer Vererbung" sprechen könnte.

Die Anpassungsmechanismen — Imitation, Identifikation und Reaktionsbildung — schaffen also insofern persönliche Eigenart, als sie das Kind fremde Verhaltensweisen übernehmen, eigene verändern und die alten Triebbedürfnisse zum Teil unbewußt erhalten lassen. In jenem unbewußten Rest liegt auch in der gesunden Persönlichkeit der Keim zum Konflikt, welcher je nach den Einwirkungen der Außenwelt in jeder Lebensphase wieder neu gelöst werden muß. Einzig und allein auf dem Wege der Sublimation werden Triebwünsche gänzlich, also ohne unbewußten Rest, umgeformt. So entsteht die für jeden Menschen charakteristische und jeweils neue Schicht der eigengesetzlichen Motivationen. Wie oben schon erwähnt, dient damit die auf andere Ziele und Objekte gelenkte Triebenergie sozial und kulturell positiven Zwecken. Bei geglückter Sublimation von Triebtendenzen ist in diesem Bereich keine Konfliktneigung mehr vorhanden. Die Persönlichkeit durchschaut ihre Motive und kann sich bewußt damit auseinandersetzen. Somit wird verständlich, daß das Ziel einer jeden Persönlichkeitsbildung, und damit der Erziehung, ein möglichst großer Anteil von Sublimiertem innerhalb der Persönlichkeit ist. Nun ist aber Sublimation nur dort möglich, wo die frühkindlichen Bedürfnisse in den Entwicklungsverlauf eingeordnet werden konnten. Darin liegt die Bedeutung der frühen Kindheit für jegliches pädagogische Tun.

Seelische Störungen und ihre Behandlung

V. Verhaltens-, Erziehungs- und Lernschwierigkeiten innerhalb der normalen Entwicklung

Von Pädagogen wird den Tiefenpsychologen häufig vorgeworfen, sie würden jede Eigenart oder Unart eines Kindes als Ausdruck einer seelischen Störung interpretieren. Dies mag wohl mancherorts geschehen. Jedoch ist das nicht die notwendige Konsequenz einer tiefenpsychologischen Sicht oder gar einer guten tiefenpsychologischen Ausbildung. Im Gegenteil, man kann ganz in Analogie zu anderen Fachgebieten feststellen, daß der Anfänger zu Übertreibungen neigt. In unserem Falle heißt das also, der Anfänger in Kinderpsychotherapie sieht hinter jeder Erziehungs- oder Entwicklungsschwierigkeit eine Neurose. Eine solche Betrachtungsweise entspricht weder der praktischen, klinischen, psychoanalytischen Erfahrung noch der Theorie. Eine Neurose setzt immer eine gewisse Verfestigung im Abwehrprozeß, also in der Auseinandersetzung zwischen Triebwünschen und Abwehrmechanismen, voraus. Es ist aus diesem Grund höchst fraglich, ob wir bei Kindern unter vier bis fünf Jahren, also vor der Beendigung der Ödipusphase, überhaupt von einer Neurose sprechen können. Wir trennen also in unserer Darstellung zwischen Schwierigkeiten innerhalb der normalen Entwicklung, wie sie dem Pädagogen am häufigsten begegnen, und echten Neurosen. Letztere führen ohne psychotherapeutische Behandlung, selbst bei Verschwinden des Symptoms, zu neurotischen Persönlichkeitsveränderungen im Jugend- und Erwachsenenalter. Bei den Verhaltens-, Erziehungs- und Lernschwierigkeiten soll das Wissen um tiefenseelische Zusammenhänge den Eltern und Berufserziehern Verständnis für die jeweiligen Probleme vermitteln. Korrekte tiefenpsychologische Betrachtungsweise verleitet also nicht dazu, hinter jeder Schwierigkeit eine seelische Störung zu suchen, jedoch soll sie anregen, vor jeder erzieherischen Maßnahme nach dem Warum des kindlichen Verhaltens zu fragen.

Es ist nicht möglich, alle Erscheinungsformen kindlicher Verhaltens- und Erziehungsschwierigkeiten darzustellen. Die wesentlichen Gruppen mit jeweils repräsentativen Beispielen sollen aber behandelt werden, so daß der Leser für seinen individuellen Fall Anregungen und Vergleichsmöglichkeiten findet. Hierzu müssen wir uns noch einmal ERIKSONS Wort von der „wechselseitigen Regulation" von Kind und Mutter (bzw. Erzieher) ins Gedächtnis rufen. Fast bei allen Schwierigkeiten handelt es sich um eine Störung dieser wechselseitigen Regulation.

1. Verhaltensschwierigkeiten in Krisenzeiten der normalen Entwicklung

a) *Trennungsangst und Hospitalismus:* Nehmen wir zunächst diejenigen Erscheinungen, die in Krisenzeiten der Entwicklung, geringer oder stärker ausgeprägt, nahezu bei jedem Kinde vorkommen. Hier ist zunächst im ersten Lebensjahr, so etwa um das Ende des dritten Vierteljahres, die *Trennungsangst* des Kindes zu nennen, auf die uns R. Spitz hingewiesen hat (vgl. Kap. III). Kommt es um diese Zeit zu einer wirklichen Trennung von Mutter und Kind, z. B. durch Krankheit der Mutter oder des Kindes, durch den Tod der Mutter, durch die Scheidung der Ehepartner oder andere familiäre und außerfamiliäre Ereignisse, so leidet das Kind schwer darunter. Dauert die Trennung nicht länger als drei Monate oder kommt vor Ablauf dieser Frist eine Ersatzmutter in das Leben des Kindes, so sind die seelischen und oft auch die körperlichen Schädigungen wiedergutzumachen, sie sind reversibel.

Die Schädigungen zeigen sich vor allem in einer Verzögerung der Reifungsvorgänge, also des Laufens und Sprechens, in einer sehr schweren Beeinträchtigung der körperlichen Gesundheit (Auszehrung, Anfälligkeit für Infektionskrankheiten, Häufung der Säuglingssterblichkeit) und in einer frühzeitigen Veränderung der Kontaktfähigkeit. Die Kinderärzte, die diese Erscheinungen zunächst an Kindern im Krankenhaus oder Kinderheim beobachtet hatten, nannten sie *Hospitalismus.*

Für die moderne Säuglingspflege und Sozialpädagogik haben sich hieraus einige Forderungen ergeben: das Kind soll zwischen dem neunten und fünfzehnten Lebensmonat nicht ohne dringende Not längere Zeit von der Mutter entfernt sein. Um unehelich geborene Kinder vor einer frühen Trennung von der Mutter zu bewahren, werden Heime für Mutter und Kind eingerichtet. Dann ist zwar das Kind auch in einem Säuglingsheim untergebracht, die Mutter hat aber zuerst Gelegenheit das Kind zu stillen, dann das Kind selbst zu füttern oder zumindest sich mehrmals am Tage mit ihm zu beschäftigen. Zu diesem Zwecke sind die Mütter entweder im Heim selbst beschäftigt, oder sie bekommen eine Arbeit vermittelt, wohnen aber noch im Heim und haben daher relativ viel Zeit, sich mit dem Kinde abzugeben. Aus verwandten Erwägungen wird in modernen Krankenhäusern, Entbindungsheimen und Säuglingsheimen angestrebt, einer Säuglingsschwester nicht mehr als fünf Kinder anzuvertrauen. Dadurch soll vermieden werden, daß die notwendige leibliche Pflege der Säuglinge den Schwestern keine Zeit für zärtlichen Umgang und seelischen Kontakt mit den Kindern läßt.

Die Entwicklungsschwierigkeiten der frühesten Kindheit zeigen ihre

126

Genese am meisten in der Störung der zwischenmenschlichen Beziehungen. Fälschlicherweise wird aber eine Reifungsverzögerung, des Laufens oder Sprechens, fast immer auf körperliche Ursachen zurückgeführt. Selbstverständlich *kann* es sich oftmals um angeborenen Schwachsinn, eine organische Gehirnerkrankung oder bei aussetzender Sprachentwicklung um die Folge einer Taubheit handeln. An all dies soll der Fachmann denken. Bei den Eltern aber entsteht der Gedanke an eine körperliche Ursache oft aus einem unbewußten Schuldgefühl dem Kinde gegenüber. Wir haben häufig auch das Gegenteil bemerkt, nämlich daß Eltern wirklich gehirngeschädigter Kinder dies nicht wahrhaben wollten und sich selbst alle Schuld an den Reifungsmängeln des Kindes zugemessen haben.

b) *Bettnässen als soziale Regulationsstörung:* Ein recht häufiges Symptom ist das Bettnässen. Hier wird nun dem Kinde zumeist schon eine Aktivität, etwa mangelnde Achtsamkeit oder sogar Boshaftigkeit, zugemessen. Man unterscheidet das primäre Einnässen, Enuresis continua, vom sekundären Bettnässen. Im ersten Falle hat das Kind noch nie gelernt, seine Blasenfunktion zu steuern; im zweiten war es schon vollkommen trocken und beginnt nun plötzlich wieder einzunässen. Diese Kinder machen in ihrer Entwicklung einen Rückschritt, sie regredieren. Warum aber tun sie das?

In den meisten Fällen ist das Kind, das innerlich noch nicht stabil ist, einer zu schweren Belastung ausgesetzt, z. B. durch die Geburt eines Geschwisterchens. Bisher als einziges Kind im Mittelpunkt, wird das Erstgeborene nun entthront, die Mutter muß sich notwendigerweise viel mehr dem Neugeborenen zuwenden, und auch die Beachtung des Vaters, der Verwandten und Freunde fällt dem Neuling zu. Je kleiner man ist, desto mehr Bewunderung und Liebe erfährt man; so erlebt es zumindest das ältere Kind. Nimmt es da wunder, daß es Rückschritte in der Entwicklung macht? Ein recht dramatisches und unangenehmes Signal für die Umgebung ist dann das neuerliche Einnässen. Mit einer geschickten Vorbereitung auf das kommende Geschwisterchen und einer zwar zeitlich verkürzten, dem Alter des Kindes aber angepaßten Form der Zuwendung läßt sich derartigen Rivalitätssymptomen vorbeugen oder begegnen.

Jedoch nicht nur die Ankunft eines Geschwisterchens kann vom Kinde als Versagung (Frustration) erlebt werden; Wechsel des Wohnortes und damit Veränderung des Gewohnten, Unstimmigkeiten zwischen den Eltern oder wirtschaftliche Belastungen, die als Sorgen der Eltern vom Kinde mitverspürt werden, können zur Regression führen.

Das primäre Einnässen nun ist so recht ein Symptom der *Regulationsstörung* zwischen Erzieher und Kind, falls es nicht auf Krankheiten im Nieren-, Blasensystem, organisch bedingte Zurückgebliebenheit oder krasse pflegerische Verwahrlosung zurückzuführen ist. Ein Beispiel mag dies illustrieren:

Die siebenjährige Annemarie wird von ihrer Mutter der Erziehungsberatungsstelle vorgestellt. Erst am Ende eines langen Gespräches kann die Mutter unter allen Zeichen der Verlegenheit „gestehen", daß ihr Töchterchen noch immer nachts einnässe und noch nie sauber gewesen sei. Auf die Frage, warum sie denn nicht schon sehr viel früher den Rat eines Fachmannes eingeholt habe, erwiderte die Mutter, sie habe sich viel zu sehr geschämt, um dies zu tun. Nun aber solle Annemarie in den Ferien verschickt werden, und bei dieser Gelegenheit komme dann die Schande zutage. Bereits diese Worte der Mutter lassen uns aufhorchen und geben uns auch einen möglichen Hinweis auf die Wurzeln des Leidens. Die Frau berichtet, sie habe schon vor Vollendung von Annemaries erstem Lebensjahr begonnen, unter Benutzung von Fließpapier im Kinderbettchen, Annemarie sauberzubekommen. Jedoch ohne Erfolg. Jeden Tag habe das Kind ein nasses Bettchen gehabt. Es wird nun ein wahres Arsenal an Maßnahmen geschildert, die in der Zeit vom zweiten bis zum siebenten Lebensjahr Anwendung gefunden hatten. So wechselten alle Variationen von Belohnung mit allen Schattierungen von Bestrafung ab; vor allem wurde die Beschämung innerhalb der Familie — nach außen durfte es ja nicht bekannt werden — als Strafe häufig angewandt. Dann folgte mehrmaliges nächtliches Aufwecken, Trockenkost auch an heißen Tagen ab mittags, verschiedene in den Zeitungen angepriesene Medikamente wurden gegeben. — Es wird nunmehr empfohlen, Annemarie einige Zeit zur stationären Beobachtung bei uns zu lassen. Diese Forderung zu akzeptieren kostet die Mutter sehr viel Überwindung, aber sie willigt schließlich ein. Beim ersten Besuch der Mutter, nach einer Woche, kann Annemarie strahlend mitteilen, sie sei die ganze Zeit über trocken gewesen. Die Mutter kann es fast nicht glauben und will es eigentlich auch nicht glauben. Ja, es scheint so, als nehme sie ihrer Annemarie den Erfolg der fremden Fachleute übel.

Wie erklärt sich das Symptom und wie die Blitzheilung? Die Reinlichkeitsgewöhnung ist, wie wir früher gesehen haben, die erste erzieherische Intention, der das Kind Widerstand entgegenbringen kann, da doch von ihm die Aufgabe von etwas als angenehm, lustvoll Erlebtem verlangt wird. Annemaries Mutter hatte die Reinlichkeitsgewöhnung viel zu früh und mit ungeeigneten Mitteln begonnen. Jedoch ist nicht die Prozedur allein maßgebend, sondern das, was als Gesinnung dahintersteht (vgl. Kap. IV). Für Annemaries Mutter aber nahm die Sauberkeit wohl den ersten Platz in ihrem Wertsystem ein. Die lange Geheimhaltung des Symptoms und die Art der Berichterstattung dokumentierten diese Einstellung. Die frühe und ungeschickte Sauberkeitserziehung löste die erste Gegenreaktion des Kindes aus; danach konnte Annemarie in der Trotzzeit das Symptom als Waffe gegen die Mutter manipulieren. In den darauffolgenden Jahren steigerten sich Symptomverfestigung und mütterliche Maßnahmen immer mehr. Erstaunt es da, daß der Aufenthalt in einem fremden Milieu, wo niemand dem alten leidigen Problem Beachtung schenkte, Wunder wirkte? Wir verstehen jetzt auch besser, warum so viele und so verschiedenartige Mittel beim primären Einnässen wirksam sind. Sie alle scheinen auf irgendeine Weise den gordischen Knoten der gestörten wechselseitigen Regulation zwischen Kind und Erzieher zu lösen.

c) *Einkoten und Trotz:* Viel seltener als das Einnässen kommen das Einkoten (Enkopresis) und das Kotschmieren vor. Wiederum sind intellektuelle Zurückgebliebenheit und gehirnorganische Schädigung auszuschließen; diesmal bestehen sogar mehr Verdachtsmomente als beim Einnässen. Zum tiefenpsychologischen Verständnis müssen wir uns noch einmal vergegenwärtigen, daß das Kind zunächst vor seinem Kot keinen Ekel empfindet und diese Schranke erst durch die Erziehung in ihm aufgerichtet wird. Die aggressive Tönung, die bereits im Kampf zwischen Annemarie und ihrer Mutter sichtbar war, wird in der Geschichte des *kleinen Peter* noch deutlicher:

Bei einem Künstlerehepaar, das noch ziemlich am Anfang einer vielversprechenden Karriere stand, stellte sich ein Kind, ein Junge, ein. Der weniger in seiner Freiheit beengte Vater hatte sich — dies ist wohl glaubhaft — gefreut. Die Mutter hingegen empfand nur die Belastung und die Opfer, welche ihr nun auferlegt waren. Auf der anderen Seite machte sich die religiöse Erziehung der Frau bemerkbar; sie fühlte sich verpflichtet, das Kind zu lieben und ihm alles Notwendige zu geben. Da das Paar in guten finanziellen Verhältnissen lebte, verfügte es über eine große und sehr schön gelegene Wohnung. Man richtete nun im entlegensten Zimmer dieser Wohnung, allerdings einem Südzimmer mit Blick auf den Park, ein sehr hübsch ausgestattetes und mit allem nur wünschenswerten Spielzeug bestücktes Kinderzimmer ein. Die Mutter hatte ihr Arbeitszimmer und die Küche am anderen Ende der Wohnung. So war sie recht wenig von dem Jungen gestört; vor sich selbst und vor anderen hatte sie jedoch die Begründung, das Kind habe dort in seinem Zimmer die notwendige Ruhe. Der Mutter war nicht klar, daß das Dogma von der absoluten Ruhe als beste Aufwuchsbedingung für ein Kind eine Art von unbewußtem Kompromiß zwischen ihrem schlechten Gewissen und den persönlichen Neigungen war. Da Peter sich als gesundes und vor allem als sehr braves Kind entwickelte, fand die Ruhe als gute Aufwuchsbedingung in den Augen der Mutter eine Bestätigung. Erst um die Mitte des dritten Lebensjahres, als Peter nun schon laufen konnte, stellte sich ein recht unangenehmes Vorkommnis ein. Peter hatte, wieder einmal längere Zeit in seinem Prachtzimmer alleine gelassen, Wände und Möbel mit Kotmalereien versehen und demonstrierte der Mutter stolz seine Werke. Diese säuberte Wände und Möbel, so gut es ging, und machte den Buben auf das Verbotene und Ekelhafte seines Tuns aufmerksam. In der nächsten Zeit jedoch wiederholte Peter trotz aller Mahnung und Bestrafung seine Schmierereien immer wieder. Auch seinen Stuhl verrichtete er nicht zur geforderten und gewohnten Zeit, sondern hielt ihn zurück, so als wenn er sich Material aufbewahren wollte. Es blieb schließlich der Mutter nichts anderes übrig, als den Jungen dauernd zu beaufsichtigen und ihm somit ihre Zeit zu opfern. Nun wurde Peter eine kleiner Tyrann; die Mutter durfte ihn und die Wohnung kaum verlassen. Weder untertags noch nachts gab Peter die Mutter frei. Die Frau, die gewohnt war, viel zu reisen, auszugehen, Theater und Konzerte zu besuchen, litt sehr unter diesem Zustand. Das Kindermädchen, das nunmehr engagiert wurde, akzeptierte Peter nicht als Ersatz für die Mutter. Der Zustand besserte sich jedoch schlagartig, als Peter sein Zimmer neben dem Arbeitszimmer der Mutter eingerichtet bekam. Er ließ sie nun stundenlang in ihrem Zimmer arbeiten, kam gelegentlich hinüber und sah ihr bei der Arbeit zu. Allmählich konnte die Mutter auch wieder die Wohnung verlassen, Besorgungen machen, ohne daß der Junge murrte, und nach einigen Monaten sogar eine mehrwöchige Reise antreten.

Wir sehen, daß hier Einkoten und Kotschmieren analog dem Bettnässen als „phasenspezifisches" Zeichen der gestörten Wechselbeziehungen zwischen Mutter und Kind aufzufassen ist. Vielleicht hätte Peter, ähnlich anderen Kindern, sich ein- oder zweimal als Kotmaler betätigt, hätte dieses Vergnügen aber dann seiner Mutter zuliebe aufgegeben. Hier aber war es anders; das Kind lernte diese Betätigung als eine hervorragende Waffe zu nutzen, um die Mutter, die ihn in einen goldenen Käfig gesteckt hatte, an sich zu binden. Dies Beispiel lehrt also, daß eine normale, temporäre Reifungs- und Entwicklungserscheinung unter besonderen Bedingungen zur Erziehungsschwierigkeit werden kann.

Die beiden besprochenen Erscheinungen sind Repräsentanten einer Auseinandersetzung zwischen Kind und erzieherischer Umwelt und ihren Forderungen. Da in der Zeit vom Ende des zweiten bis zum Ende des dritten Lebensjahres Widerstände des Kindes im Alltag an der Tagesordnung sind, nannten die deutschen Entwicklungspsychologen diesen Zeitraum das Trotzalter. Das Kind, ein bisher ordentlicher Esser beispielsweise, mäkelt an den Speisen herum und möchte etwas anderes haben; oder wenn die Mutter mit dem Kleinen spazierengehen will, setzt dieses energisch Widerstand entgegen; gibt die Mutter dann nach, so kann es sein, daß das Kind den bisher boykottierten Spaziergang plötzlich heftig wünscht.

Lange Zeit nahmen die Entwicklungspsychologen an, es handle sich hierbei um eine endogene, also reifungsbedingte, allgemeine Entwicklungserscheinung. Beobachtungen der Kulturanthropologen, so von MARGRET MEAD (1965) bei der Bevölkerung von Bali, wo keinerlei erzieherische Forderungen an die Kinder herangetragen werden, und die Untersuchungen der Psychologin L. KEMMLER (1957) an deutschen Kindern zeigten, daß der Trotz des Kindes eine Funktion der Erziehungseinflüsse ist. Damit ist die psychoanalytische Auffassung bestätigt worden, daß der kindliche Trotz eine Auseinandersetzung zwischen den Triebwünschen des Kindes, seinem sich langsam installierenden Ich als Steuerungsorgan und den Erziehungsforderungen darstellt. Verständlicherweise kann dort kein Trotz auftreten, wo keine erzieherischen Forderungen gestellt werden.

Es wäre aber eine völlig falsch verstandene Auslegung der Ergebnisse der Tiefenpsychologie und Völkerkunde, wenn man etwa entsprechend den Gegebenheiten auf Bali auch bei unseren Kindern von jeglichen Erziehungsforderungen absehen würde. Unsere Kinder können als Erwachsene nicht unter den „paradiesischen", konkurrenzlosen gesellschaftlichen Bedingungen der Balinesen leben, sondern müssen sich unter den harten Bedingungen der westlichen Industriegesellschaft später zurechtfinden. Erzieherische Einschränkungen sind also im Hinblick auf die Welt, in der unsere Kinder als Erwachsene leben müssen, notwendig und sinnvoll. Es geht demnach hier wieder um die Frage des Wie.

Die beginnende Ich-Organisation, d. h. die Steuerung der inneren Triebe und die Fähigkeit, sich mit der Außenwelt auseinanderzusetzen, muß möglichst erhalten und gefördert werden. Dem Kind darf andererseits keine Gelegenheit gegeben werden, mit seinem Gegensinn, denn ein solcher ist ja der Trotz, die Erzieher zu beherrschen. Dies würde die an sich normale und entwicklungspsychologisch notwendige Erscheinung fixieren. Ein deutliches Beispiel für eine derartige Fixierung einer Handlung des Gegensinnes ist das Einnässen der siebenjährigen Annemarie aus unserem Beispielfall. Da die Mutter auf das Symptom des Kindes mit bewußten und unbewußten Reaktionen ansprach, verfestigte sie die temporäre Erscheinung. Ruhe, Ausgeglichenheit, nicht nur äußerlich, sondern auch innerlich, wären die günstigsten erzieherischen Haltungen. Nun sind aber derartige Regeln oftmals wirkungslos, weil ihnen unbewußte Erwartungsvorstellungen und Wünsche der Eltern entgegenstehen. Wir werden unten noch mehr über diese wichtigste Quelle kindlicher Schwierigkeiten und auch Neurosen erfahren.

d) *Fragesucht und sexuelle Neugierde:* Dem Trotzen folgt im vierten Lebensjahr das Fragen als ein für die Umgebung oft quälendes Verhalten des Kindes. ZULLIGER (1960, S. 54—55) zeigt in seinen „Gesprächen über Erziehung", daß sich hinter den langen Ketten von „Warum-Fragen" vielfach etwas anderes als Wißbegierde verbirgt. Die Psychologie der Intelligenzentwicklung wertet das Auftreten der Warum-Fragen als Zeichen für das beginnende kausale Denken des Kindes. Im Rahmen einer genetischen Betrachtung der Intelligenz ist dies sicher richtig. Das

131

Fragen hat aber auch eine emotionale Seite, und diese interessiert uns hier. ZULLIGER weist nun darauf hin, daß am Ende einer langen Reihe von kausalen Fragen, die der Vater dem Verständnis des Buben entsprechend naturwissenschaftlich richtig beantwortet hatte, der Wissensdurst des Jungen immer noch nicht gesättigt war. Da kam der Vater auf den Gedanken, die erste Frage ganz anders, nämlich in bezug auf das Kind selbst zu beantworten. Der Kleine hatte sich erkundigt, warum eine neue Linde vor dem Haus gepflanzt würde, und er war befriedigt, als er nun die Antwort erhielt, damit im Sommer der Baum Schatten spende und er in diesem Schatten spielen könne. ZULLIGER leitet daraus ab, daß die Bedeutung einer Sache für das Kind selbst ihm wichtiger sei als die kausalen Zusammenhänge.

Eine weitere emotionale Quelle der Kinderfragen ist die für das Kind darin enthaltene Möglichkeit, die Erwachsenen zu prüfen und in Verlegenheit zu bringen. Es ist eine kleine „machtpolitische" und sadistische Komponente in der Fragerei der Kinder.

Die Schaulust, als eine der triebhaften Komponenten dieses Entwicklungsalters, bedingt die Fragen nach der Körperbeschaffenheit, den Geschlechtsunterschieden und der Herkunft der Kinder. Gerade über die Herkunft der Kinder herrschten bis dahin in der Phantasie des Kindes eigenständige und eigentümliche Vorstellungen. Eine recht häufige ist die Gleichsetzung von Stuhlentleerung und Geburt. Ihre besondere Bedeutung und ihre Fixierung oft bis weit in die späte Kindheit und Jugend hinein bekommen Fragen aus diesem Bereich deshalb, weil die meisten Eltern und Erzieher den Gegenstand der Frage als tabuiert und damit die Beantwortung als peinlich empfinden. Am häufigsten resultiert daraus eine Vertröstung des Kindes, etwa mit der Begründung, daß es das Erfragte jetzt noch nicht verstehen könne und später Auskunft darüber bekomme. Eine derartige Vertröstung kann aber die triebhafte Neugierde des Kindes nicht befriedigen, zumal da es auch die innere Unsicherheit der Erwachsenen verspürt. Die Neugierde ist verstärkt, und es werden andere Quellen zur Klärung des Informationsbedürfnisses aufgetan. Die bekannten kindlichen „Doktor-Spiele" sind eine dieser Möglichkeiten. Oftmals kommt es in diesem Zusammenhang bei Entdeckungsreisen am eigenen Körper auch zur kindlichen Onanie.

Die Einstellung, mit der Eltern, Kindergärtnerinnen und Heimerzieher der kindlichen sexualen Neugierde und den frühkindlichen sexuellen Verhaltensweisen begegnen, ist von ausschlaggebender Bedeutung für die weitere Entwicklung im Latenzalter und in der Jugend. Mit der Lösung dieser Erziehungsprobleme beginnt das, was mit einem Begriff der intellektualisierten Pädagogik sexuelle Aufklärung genannt wird. Es gibt

132

keine Rezepte, wie man kindlicher Sexualneugierde begegnen soll. Wesentlich ist die Haltung des Erziehers, aus der er seine Maßnahmen treffen kann. Man muß wissen, daß die geschilderten Erscheinungen nicht Zeichen einer „Frühreife" oder gar einer abartigen Entwicklung sind, sondern völlig normale Äußerungen. Der kindlichen Neugierde sollte man mit altersentsprechenden bildhaften Erklärungen begegnen. Man verwende dabei die üblichen Bezeichnungen für Körperteile, denn zumeist sind verklärende Wörter, wie sie vor allem in früheren Generationen üblich waren, Bemäntelungen der eigenen Unsicherheit. Auch die Darstellung von Geburtsvorgängen an Beispielen aus der Tierwelt dient weit öfter dazu, für die Erwachsenen die Peinlichkeit einer Situation zu mindern, als den Kindern eine echte Verständnishilfe zu geben. Es ist auch nicht immer leicht, die Fragen der Kleinen zu verstehen, da diese, die ablehnende Haltung der Erwachsenen fühlend, oftmals nur sehr indirekt auf ihr Ziel zusteuern. Ein von ZULLIGER in dem schon zitierten Buche geschilderter, höchst amüsanter Fall mag dies verdeutlichen. Wir geben das Gespräch in hochdeutscher Fassung etwas gerafft wieder (1960, S. 54—56).

In einem Eisenbahnabteil saß dem Autor eine Frau mit einem etwa *vierjährigen Buben* gegenüber. Der Kleine fragte seine Mutter schon eine geraume Zeit, und sie versuchte, ihm geduldig alle Fragen zu beantworten. Endlich, dessen etwas müde, gab sie ihm einen Apfel, um ihn abzulenken. Der Kleine nahm den Apfel in die Hand, betrachtete ihn kritisch und frug, ob er nicht wurmstichig sei. Die Mutter antwortete, er müsse doch selbst sehen, daß der Apfel ganz in Ordnung sei. Darauf der Kleine, weiterfragend, wenn er aber wurmstichig wäre, wo denn dann der Wurm herauskäme. Nun versucht die Mutter ein weiteres Ablenkmanöver. Sie läßt den Buben durchs Fenster schauen und zeigt ihm, wie die Sonne in den Blättern glänzt. Kurz darauf fängt der kleine Inquisitor wieder an und fragt, Sonne und Mond seien doch wohl nicht das gleiche. Die Mutter bejaht dies. Dann fragt Karl, so heißt der Bub, munter weiter. Ob denn die Sternlein Stücke vom Mond seien und diese vielleicht der Mond ausgespuckt habe? Möglicherweise seien aber auch die Sterne des Mondes Kinder? Die Mutter lächelt und bejaht das. Karl ist noch immer nicht zufrieden; er fragt nun weiter: „Hat denn die Sonne keine Kinder? Man sieht sie immer nur allein." Nun ist die Mutter langsam am Ende ihrer Geduld angelangt und sehr froh, als ein Herr im Nachbarabteil Karl holt, um ihm Bilder zu zeigen. — Zur Überprüfung seiner Hypothese fragte ZULLIGER nun die Frau, ob denn im Familien- oder Bekanntenkreis in jüngster Zeit ein Kind zur Welt gekommen sei. Die Frau blickt erstaunt auf und berichtet, sie und Karl kämen soeben von einem Besuch bei ihrer Schwester, die gerade niedergekommen sei. Der Bub habe auch immer wissen wollen, woher denn das Baby gekommen sei, man habe ihn aber vertröstet und gesagt, er verstehe das jetzt doch noch nicht.

ZULLIGER weist in der Besprechung dieses Vorfalles darauf hin, daß das Kind der Mutter eine Reihe von Bildern für den Geburtsvorgang und

133

die Verschiedenheit der Geschlechter angeboten habe. Das Gleichnis vom wurmstichigen Apfel und die Frage nach dem Ausschlüpfen des Wurmes ist eine Art unbewußter List, mit der Karl seiner Mutter die verwehrte Auskunft nach der Herkunft der Kinder entlocken möchte. Das Ausspucken der Sternlein, die kleine Stücke des Mondes und seine Kinder sind, spiegle, so meint ZULLIGER, eine der frühen Geburtsvorstellungen, nämlich eine orale, eine Geburt durch den Mund. Und endlich teilt Karl seiner Mutter auch mit, daß er weiß, daß Männer — die Sonne — keine Kinder bekommen. Man sieht also an diesem Beispiel, daß die elterliche Vertröstung auf später gerade das Gegenteil bewirkt und das Kind zur Auseinandersetzung mit der geheimnisvollen Thematik anregt.

e) *Formen der kindlichen Angst:* In keinem Kinderleben fehlen Zeiten der Angst. Die Angst als ein zentrales menschliches Erlebnis wurde in unserem Jahrhundert von einer Reihe von Philosophen in den Mittelpunkt ihres Menschenbildes gerückt, und auch die Ergebnisse der tiefenpsychologischen Neuroseforschung weisen auf eine zentrale Stellung der Angst in der Entstehung und Dynamik der seelischen Störungen hin. Gibt es nun eine Möglichkeit, die normale, in jeder Entwicklung vorkommende Angst von krankhaften Angstformen, die zum Kernbestand und zum Erscheinungsbild (Symptomatik) der Neurosen gehören, zu trennen? Es bieten sich hierzu zwei Gesichtspunkte an. Zunächst sind Grad und Ausmaß der Angstäußerungen, bereits aus rein praktischen Gründen, Differenzierungsmittel. Dafür ein Beispiel: Viele Kinder und Erwachsene haben Angst vor dem Zahnarzt; sie fürchten das Bohren, das Manipulieren an Zähnen und Knochen mit Meißel und spitzen Werkzeugen und die Injektionen. Für die einen ist der direkte Schmerz, für andere die plastische Vorstellung von der Tätigkeit des Zahnarztes und für wieder andere sind die eigentümlichen Geräusche, die erzeugt werden, das Beängstigende. All dies ist für jeden verständlich und nachfühlbar. Wird aber trotz unerträglicher Schmerzen der rettende Weg zum Zahnarzt nicht gegangen, überwiegt die Angst vor dem Zahnarzt auch jetzt noch, so erscheint uns das zumindest absonderlich. Eltern solcher Kinder bemühen sich dann mit allen Mitteln, mit Versprechungen, Gewalt und List das Kind zum Zahnarzt zu bringen. Oft, wenn gar nichts fruchtet, wird das Kind einer psychologischen Untersuchung und Behandlung zugeführt. Hier ist es also das Ausmaß einer an sich verständlichen Angst, das diese als abnorm erscheinen läßt. Das andere Moment ist die Unverständlichkeit der vom Kinde geäußerten Angst. Wir bringen später Beispiele hierfür.

FREUD hat eine Einteilung der Ängste gegeben, die ungeachtet der Frage

134

ihrer wissenschaftlichen Richtigkeit von großem praktischem Nutzen ist. Diese Einteilung ist an den drei Instanzen — Es, Ich und Über-Ich — orientiert. FREUD spricht dann, wenn ein äußerer Gegenstand für die Angst da ist, von einer Angst des Ich, von einer Real-Angst oder Furcht. Es ist sehr wahrscheinlich, daß die Real-Angst auch eine biologische Zweckmäßigkeit erfüllt; sie stellt für das Individuum eine Art Warnsignal vor Gefahren dar. Dies galt vor allem unter natürlichen, noch nicht zivilisierten Bedingungen.

Wir kennen nun alle ängstliche und mutige Menschen, Kinder sowohl als auch Erwachsene. Für den Ängstlichen haben Situationen und Gegenstände einen bedrohlichen Charakter, die den anderen in keiner Weise gefährlich erscheinen. Wir denken hier an die Kategorie der sogenannten Mutübungen; die Kinder untereinander, vorweg die Jungen, finden immer wieder neue Möglichkeiten, um sich gegenseitig auf die Probe zu stellen. Jedoch auch im Turnunterricht beispielsweise gibt es Übungen, die weit mehr die Überwindung der Angst als die Erlernung und Handhabung von Geschicklichkeit zum Ziele haben. Manche Erzieher und ganze Erziehungssysteme — man erinnere sich an das NS-Regime — kultivieren geradezu die Überwindung der Angst. Daß derartige Bemühungen in den meisten Fällen weit eher zur Verstärkung und Verfestigung, denn zur Verringerung der Angst führen, braucht nicht weiter ausgeführt zu werden.

Wie aber wurden diejenigen, die sich scheuen, vom Sprungbrett ins Wasser zu springen oder auf einen Baum zu klettern, denn ängstlich? In der Regel sind die Ursachen in einer Überforderung oder auch Überbehütung des Kindes in den ersten Lebensjahren zu suchen. Läßt ein Vater seinen einjährigen Jungen trotz dessen Abwehr vom Stuhl springen, dessen Höhe beinahe die Größe des Kindes erreicht, so dient dies nicht der Ermutigung, sondern fördert die Furcht des Kindes. Ein Kind muß die Grenzen selbst ausprobieren, und der Erwachsene soll ihm lediglich als „starker Helfer" zur Seite stehen.

Verängstigung kann aber auch aus Überbehütung resultieren; diese Erziehungshaltung nehmen oft die Mütter von einzigen Kindern ein, Frauen, die ein Kind durch Krankheit oder Unfall verloren haben oder die bei Fehlen des Mannes das Familienklima bestimmen. Der amerikanische Kinderpsychiater LEVY (1957) hat in einer aufschlußreichen Untersuchung den Begriff der mütterlichen Überbehütung (maternal overprotection) geprägt und nachgewiesen, daß derartige Kinder sich im Schulleben schwertun, im Sozialkontakt gerne Einzelgänger sind und große Schwierigkeiten im Turnen und sportlichen Spiel haben.

Der Ich-Angst und ihren eben geschilderten Äußerungen hat FREUD die

135

Es- und Über-Ich-Angst gegenübergestellt. Die Ursachen dieser Ängste sind entweder überstarke Triebwünsche oder Reaktionen des Gewissens auf Triebwünsche, wobei diese nicht übermächtig sein müssen, da die kindliche Gewissensreaktion auch durch bisherige Erlebnisse und Erziehungseinflüsse übertrieben stark sein kann. In beiden Fällen sind die Quellen der Angst dem Kinde nicht bewußt, da ja die Inhalte des Es und des Über-Ich zum großen Teil unbewußt sind. Kinder mit derartigen Ängsten können nicht sagen, wovor sie Angst haben. Die Psychoanalyse hat hierfür den Ausdruck „frei flottierende Angst" geprägt. Gemeint ist damit, daß die Angst an keinen Gegenstand geheftet ist und somit auch die Vermeidung einer Situation oder eines Gegenstandes den Menschen nicht, auch nicht zeitweise, von der Angst befreien kann. Für das Kind, das von einer derartigen Angst befallen ist, stellt es dann bereits eine große Erleichterung dar, wenn die Angst auf einen Gegenstand oder eine Situation fixiert wird.

Ein solches Kind fürchtet sich plötzlich vor einem Bild im Zimmer, vor einem harmlosen, bisher vielleicht sogar geliebten Tier, oder es traut sich nicht mehr, in Keller, Speicher oder abgelegene Räume zu gehen, es bleibt in der Dunkelheit nicht mehr allein, ja es vermag, obwohl schon ein Schulkind, keine Minute mehr ohne die Mutter zu sein. Da in einem solchen Falle durch die Vermeidung des Gegenstandes oder der Situation auch die Angst vermieden werden kann, spricht man von Vermeidungsängsten oder Phobien.

Wir möchten nun für eine Großzahl dieser Vermeidungsängste, die in der kindlichen Entwicklung — so zwischen dem vierten und sechsten Lebensjahre — häufig, ja fast regelmäßig vorkommen, nicht den neurosenpsychologischen Ausdruck Phobie gebrauchen. Wie auch ZULLIGER berichtet, verschwinden diese Ängste unter einigermaßen günstigen Bedingungen sehr oft auch ohne psychotherapeutische Behandlung. Es scheint, als ob im Entwicklungsprozeß selbst Heilungstendenzen für derartige „Mikro-Neurosen" gegeben wären.

An einem Fall aus der reichen Erfahrung ZULLIGERS, wiederum auszugsweise nacherzählend, möchten wir dies demonstrieren (1966, S. 71—78):

Die vierjährige Elisabeth zeigt plötzlich Angst vor Hunden; da sie auf einem Dorfe wohnt, sind Begegnungen mit Hunden relativ häufig. Soweit sie allein geht, macht sie einen großen Bogen um die Häuser, in denen Hunde sind. Geht sie mit Vater oder Mutter, wechselt sie auf die dem Hunde abgewandte Seite und preßt sich eng an die Eltern. Dies Verhalten ist um so auffälliger, als Elisabeth keinerlei schlechte Erfahrungen mit Hunden gemacht hat. Hingegen wurde sie mehrfach von Katzen gekratzt und liebt diese dennoch sehr, scheut sie nicht und spielt mit ihnen. Auch sonst zeigt Elisabeth keine Furcht vor irgendeinem Getier; sie faßt

136

Blindschleichen und Eidechsen an, ekelt sich nicht vor Spinnen oder Mäusen und gibt selbst großen Pferden aus der flachen Hand ein Stück Zucker. Auch zeigt sie keine der sonst bei Kindern häufigen Ängste, allein zu bleiben, in Keller oder Speicher zu gehen oder im Dunkeln zu sein. Kurzum, Elisabeths Hundeangst ist völlig isoliert und scheint in keiner Weise zu dem fröhlichen, für sein Alter aufgeweckten und aktiven Kinde zu passen. Elisabeth, das mittlere von drei Kindern, hat einen älteren Bruder und eine jüngere Schwester. — Der Hundeangst ging eine kurze Zeit allgemeiner Ängstlichkeit voraus, die aber kaum zu beobachten war. Interessant ist nun die Kur, die das Mädchen selbst durchführte, um von der Hundeangst freizukommen. Zunächst ernannte sie einen in der Nähe des Elternhauses befindlichen Grenzstein zum Hund; an der Hand des Vaters begab sie sich in die Nähe dieses Grenzsteines und verhöhnte den „Hund". Sie rief ihm zu, er solle doch herkommen und sie beißen, wenn er sich traue. Dies Spiel währte einige Wochen. Dann bat sie den Vater, mit ihr „Hund" zu spielen und der Hund zu sein. Der Vater mußte mit ihr balgen, sie aufnehmen und hochwerfen, so tun als ob er sie beißen wolle, und Elisabeth konnte nicht genug von diesem Spiel bekommen. Auch dieses Stadium währte einige Wochen. Und dann geschah etwas ganz Eigentümliches. Das Mädchen sagte nun, sie sei selber ein Hund, und zwar nannte sie sich „Tiro". Tiro könne aber nicht bei Tisch essen, meinte sie, und sie bat die Eltern folgerichtig, ihr den Teller unter den Tisch zu stellen, damit sie dort als Hund ihr Mahl einnehmen könne. Die Eltern machten das Experiment mit. Wenn Elisabeth nicht genug bekam, knurrte sie und biß auch manchmal den Vater oder die Mutter in das Bein. Diese sagten dann, unser Tiro ist noch hungrig; wenn wir ihm noch etwas zu essen geben, wird er aufhören, uns zu beißen. Und in der Tat war es auch so. Nach einiger Zeit begann Elisabeth, Reste ihrer Mahlzeit aufzuheben und die Eltern zu bitten, diese dem großen, aber lammfrommen und sehr kinderlieben Bernhardiner im benachbarten Bauernhof zu geben. Sie sparte selbst bei ihren Lieblingsgerichten etwas für den Hund auf. Dann ging sie an der Hand des Vaters oder der Mutter zum Bernhardiner, blieb aber in achtungsvoller Distanz auf der vom Hunde abgewandten Seite der Eltern. Später traute sie sich näher heran, und eines Tages gab sie sogar selbst dem Hund die Leckerbissen. Sie hatte dafür nach außen einen plausiblen Grund; die Eltern, so sagte sie, hätten gerade keine Zeit gehabt, und deshalb komme sie allein. Von da an wurde sie ein enger Freund von Bäri, dem Bernhardiner. Eines Tages fand sie die Mutter sogar zusammen mit dem großen Hund in dessen Hütte liegen. Noch aber fürchtete sie sich vor fremden Hunden. Während dieser Zeit nahm der Bernhardiner die Zuneigung des Kindes so sehr in Anspruch, daß dieses sich weder um Eltern und Geschwister, noch um Spielzeug oder Spielgefährten kümmerte. Die Eltern überlegten, ob sie einschreiten sollten, beschlossen aber dann, das Experiment weiterzuführen. Und wiederum nach Wochen normalisierte sich Elisabeths Beziehung zu Bäri, und sie begann auch vor anderen Hunden immer weniger Furcht zu hegen. Dies ging sogar so weit, daß sie die fremden Hunde lockte, auf sie zuging und sie streichelte. Als sie dann zum fünften Geburtstag einen Wunsch äußern durfte, wünschte sie sich einen Hund. Sie bekam einen jungen Hund, wuchs mit ihm heran, und beide wurden unzertrennliche Freunde. Als Begründung für den Wunsch, selbst einen Hund zu besitzen, gab das Kind an, dieser könne sie ja beschützen. — ZULLIGER berichtet weiter, er habe das Mädchen bis weit in sein Erwachsenenalter verfolgt und nie mehr Angstzustände bei ihm beobachten können. Jetzt sei Elisabeth selbst Mutter einer Kinderschar.

Überblicken wir noch einmal die Stationen dieser Kur: der unbelebte Gegenstand, der Stein, als Hund; der vertraute, aber auch manipulierbare Vater als Hund; die Identifikation mit dem Hund, d. h. Elisabeth benimmt sich selbst als Hund und erlebt dies weitgehend auch so; die Freundschaft mit dem Nachbarhund; die Ausdehnung der nunmehr reduzierten Furcht und aufkommenden Zuneigung auf alle Hunde; der Wunsch, selbst einen Hund zu besitzen und die unzertrennliche Freundschaft mit diesem Gefährten. Man kann in diesem Selbstheilungsvorgang die Wirksamkeit tiefenpsychologischer Abwehrmechanismen beobachten.

Die zunächst vorhandene, unbestimmte Angst des Kindes ist mit hoher Wahrscheinlichkeit eine Es- oder Über-Ich-Angst, die durch den Mechanismus der Isolierung und Verschiebung auf ein bestimmtes Objekt und dann der Vermeidung dieses Objektes beherrschbar wurde. Diese primären Ängste rührten wohl daher, daß Elisabeth neuartige, zärtliche, in gewissem Sinne sexuelle Regungen für den Vater und gleichzeitig eifersüchtige, aggressive gegen die Mutter empfand. Sie erschrak sozusagen vor ihren eigenen Triebansprüchen und Möglichkeiten des Wünschens und Fühlens. Die Selbstheilung aber lief konsequent in dieser Bahn weiter. Zunächst wurde das furchteinflößende Tier in den Stein versetzt, man konnte es bereits ein Stück entmachten, da einem der starke Vater half. Dann wurde der geliebte und schutzvermittelnde Vater selbst zum gefährlichen Tier gemacht; in der Zeit, in welcher er diese Funktion innehatte, konnte ihn Elisabeth viel für sich haben und seine Nähe und seine Stärke genießen. Im nächsten Stadium wurde eine neue psychische Funktion, die Identifikation mit dem Angreifer, wie ANNA FREUD (1936) das benannt hat, ins Spiel gebracht. Da das Kind hier selbst gefürchtete Eigenschaften des Angreifers übernommen hat, verlieren diese ihre furchterregende Mächtigkeit. Durch die Speiseopfer, die positive orale Zuwendung, fand Elisabeth den Weg zum mächtigen Bernhardiner. Nunmehr war einer der Gefürchteten, und zwar der mächtigste, ihr Freund; was konnte ihr da schon geschehen. Dies wurde durch den Besitz eines eigenen Hundes noch verstärkt und ausgedehnt.

Eine moderne, schon einmal zitierte amerikanische psychologische Schule — diejenige der sogenannten „Lerntheorien", die vom russischen Reflexpsychologen PAWLOW ausgeht — würde diese Selbstheilung anders erklären. Die Angst Elisabeths vor Hunden wäre in den Augen dieser Schule ein negativer Reflex, den es zu „löschen" gilt. Durch eine vom Kinde selbst durchgeführte systematische Gewöhnung an den Hund — zunächst Stein, dann Vater, dann Kind selbst und endlich Bernhardiner — würde die negative Reflexbindung gelöscht und sogar eine positive geschaffen.

138

Die theoretische Erklärung erscheint uns hier für den pädagogischen Praktiker unbedeutend. Wichtig aber ist, daß er an diesem Fallbeispiel einer kindlichen Angst den Weg zu helfen erfährt. Es ist immer falsch, das Kind über die Unsinnigkeit seiner Angst aufzuklären und zu hoffen, daß dies die Angst tilge. Es ist hingegen immer hilfreich, das Selbstgefühl, das Ich des Kindes, zu stärken. So wird es eher in die Lage versetzt, der inneren und äußeren Angstgründe Herr zu werden. Des weiteren ist es von Nutzen, wie die Eltern der kleinen Elisabeth es getan haben, die Tendenzen des Kindes zu beobachten und ihnen, wenn irgendwie möglich, stattzugeben.

f) *Onanie und sexuelle Spielereien:* Eine weitere Gruppe kindlicher Verhaltensschwierigkeiten der normalen Entwicklung sind alle sexuellen Betätigungen. Wir sprachen bereits über die kindliche Sexualneugierde, über die Zeige- und Schaulust, manifestiert im „Doktor-Spiel" der Kinder.

Die Onanie kommt in drei Altersstufen bevorzugt vor. Es gibt, was sehr wenige wissen, eine Säuglingsonanie; der Säugling spielt an seinem Genitale. Was er dabei empfindet, entzieht sich unserer Kenntnis. Von den Erziehern wird dem Säugling zumeist durch einen Klaps auf die Hand oder ähnliche Manipulationen das Negative seines Tuns bedeutet. Es gab und gibt sogar Kinderärzte, die empfehlen, dem Säugling die Hände einzuwickeln oder Handschuhe anzulegen.

Im Kindergartenalter, so zwischen 4 und 6 Jahren, also in der Zeit der sexuellen Neugierde, ist das Onanieren relativ häufig. Es ist von Lustempfindungen und zumeist von Phantasien begleitet. Die begleitenden Tagträumereien haben manchmal diffuse sexuelle Inhalte, oft aber auch aggressive oder solche des Geltungsdranges.

Die Onanie der Vorpubertät und Pubertät ist dadurch gekennzeichnet, daß der Jugendliche biologisch bereits sexuell reif ist und daß der gesunde Jugendliche in der Phantasie bereits mögliche, aber noch unerreichbare Partner wählt.

Es ist hier nicht der Ort, über sexuelle Aufklärung zu sprechen, wichtig ist nur, festzuhalten, daß kein Erzieher die Sexualerziehung unter Hinweis auf die diesbezügliche Pflicht eines anderen Erziehers abschieben kann. Wenn also z. B. eine Kindergärtnerin ein Kind bei onanistischen Betätigungen beobachtet, genügt es nicht, diesem Kinde zu wehren, den Eltern über das Vorgefallene Mitteilung zu machen und sie aufzufordern, mit dem Kinde zu sprechen. Dasselbe gilt für den Lehrer und für alle anderen Berufserzieher. Im Umgang mit der kindlichen Sexualität und ihren Äußerungen ist immer die Negation allein von Schaden, dagegen ein verstehendes, zunächst nur aufhorchendes Gespräch immer von Nutzen. Ebenso ist die Unsicherheit des Erziehers für das Kind und den Jugendlichen, die ja mit dem sexuellen Tun bewußte oder unbewußte Angst verbinden, schädlich.

g) *Kontaktschwierigkeiten und Ablösungsproblematik in der Pubertät.* Als letzte Gruppe der normalen, phasenspezifischen Verhaltensschwierigkeiten seien die Kontaktprobleme der Pubertierenden angeführt. Da die Pubertät durch die Verstärkung der Triebimpulse eine neuerliche Zuwendung des Jungen zur Mutter und des Mädchens zum Vater mit sich bringt — wie wir bereits in der Entwicklungspsychologie ausführten —, tritt als Abwehr eine „Verkehrung ins Gegenteil" ein, die Jugendlichen wenden sich ab von den Eltern, verschließen sich ihnen gegenüber und werden rüde im Umgangston. Geschieht dies nicht, so ist sogar die Gefahr einer verlängerten, verstärkten Sohn-Mutter- oder Tochter-Vater-Bindung gegeben, die homosexuelle Entwicklungstendenzen fördert und Schwierigkeiten für die Partnerwahl birgt.

Dieses temporäre jugendliche Verhalten ist in allen Graden und Schattierungen zu beobachten. Wir erinnern uns an einen fünfzehnjährigen einzigen Sohn, den seine Mutter einfach nicht loslassen konnte. Er, selbst sehr stark an die Mutter gebunden, ging nun in der unbewußten Abwehr so weit, daß er an den Rand der Verwahrlosung und Kriminalität kam.

Manche Verhaltensweisen der Jugendlichen in dieser Zeit sind psychotischen, also geisteskranken Zuständen sehr ähnlich; nicht umsonst tritt eine Form der Schizophrenie, jener bis heute in ihrer Entstehung noch ungeklärten Geisteskrankheit, vorwiegend innerhalb der Pubertät auf. In allen unklaren Grenzfällen sollte natürlich der Fachmann konsultiert werden.

2. Milieuänderung als Ursache von Verhaltensschwierigkeiten

Unsere Aufmerksamkeit hat bisher den Verhaltensschwierigkeiten gegolten, die im Laufe einer normalen Entwicklung bei jedem Kind und Jugendlichen auftreten können. Wir wollen uns nun jenen Erscheinungen zuwenden, die durch Besonderheiten des Milieus bedingt sind.

a) *Zum Begriff des asozialen Milieus:* Hier ist zunächst eine Klärung notwendig. Wir meinen nicht jene Milieuschädigungen, die durch ein sogenanntes asoziales Milieu gegeben sind. Interpretieren wir das Wort „asozial", ohne zu moralisieren und abzuwerten, so heißt es, die Familie eines Kindes lebt nach Regeln, die denen der Gesellschaft nicht entsprechen. Als Beispiel hierfür mag die kleine Geschichte des *zehnjährigen Otto* dienen.

Otto wurde unserer großstädtischen Erziehungsberatungsstelle wegen seiner zahlreichen Stehlereien zugeführt. Er hatte z. B. seiner Lehrerin, die er sehr verehrte, zum Geburtstag einen Blumenstock gebracht, den er in einer benachbarten Gärtnerei entwendet hatte. Ähnlich brachte er stolz für unseren Gruppenraum eine Menge kleiner Spielsachen mit; er sagte, es seien so viele Kinder da und es könne sicher gar nicht genug Spielzeug vorhanden sein. Etwas argwöhnisch fragten wir ihn nach der Herkunft der Sachen, und es stellte sich heraus, daß er diese in einem Kaufhaus gestohlen hatte. Beide Aktionen sprachen ohne Zweifel für das Gemüt des kleinen Otto, denn jedesmal wollte er jemandem eine Freude bereiten. Jedoch war der Weg, auf dem er die Geschenke erworben hatte, nicht der in unserer Gesellschaft akzeptierte. Nachforschungen ergaben nun, daß die Familie des kleinen Otto in einer Baracke lebte und ihren Lebensunterhalt weitgehend durch kleinere und größere Diebesstreifzüge bestritt. Ottos Verhalten entsprach also durchaus den Regeln seines Milieus, seine seelische Entwicklung war normal und seine menschlichen Beziehungen eigentlich recht positiv. Es lag nun nur daran, ihm andere Bilder der gesellschaftlichen Wirklichkeit zu vermitteln.

Diese Form der Milieu-Schädigung wurde lange Zeit als die einzige Wurzel von sozial unangepaßtem kindlichem Verhalten, von Diebereien und Lügnereien angesehen.

b) *Der Wechsel im Verhalten der Beziehungspersonen:* Wenn wir in tiefenpsychologischer Sicht von milieubedingten Verhaltensschwierigkeiten sprechen, meinen wir etwas anderes. Wir gehen wieder von ERIKSONS Modell der wechselseitigen Regulation aus und nehmen an, daß sich im Laufe der Entwicklung eine Art von „Equilibrium", d. h. Gleichgewicht zwischen kindlichen Bedürfnissen und elterlichen Erziehungsforderungen bzw. kindlichen Forderungen an die Eltern und deren Gefühlsreaktionen hierauf, ausgebildet hat. Eine Veränderung in diesem Gleichgewicht kann das Kind beträchtlich treffen und Symptome aller Art hervorrufen. Eine drastische und nicht seltene Veränderung dieses Gleichgewichts ist das Ausfallen eines Elternteils bei einer Scheidung. Selbst wenn, wie das leider nur selten geschieht, die Scheidung unter größtmöglicher Beobachtung der erzieherischen und psychologischen Erfordernisse für die Kinder erfolgt ist, läßt sich eine Störung des Gleichgewichts nicht vermeiden. Ist es doch so, daß jeder der beiden Elternteile bisher für das Kind die Verwirklichung ganz bestimmter Bedürfnisse gebracht hat; so kann es sein, daß die Mutter dem Kinde die Verwirklichung der gefühlshaften, der Vater mehr die der sachlichen, materiellen und intellektuellen Bedürfnisse geboten hat. Oftmals ist es auch gerade umgekehrt. Innerhalb der Ge-

141

schwisterreihe können plötzlich Verschiebungen der Machtverhältnisse durch das Weggehen eines Elternteiles auftreten. Die Untersuchungen des Baseler Kinderpsychiaters HAFFTER (1960) haben uns schon vor vielen Jahren auf derartige Erscheinungen hingewiesen. Es muß sich jedoch nicht immer um so grundsätzliche und ja wohl kaum veränderbare Störungsfaktoren im kindlichen Milieu handeln. Da man nur zu gerne das Nichtänderbare hervorhebt, um das Änderbare nicht tun zu müssen, greifen wir auf ein recht harmloses Beispiel zurück:

In den ersten Jahren nach dem Kriege konsultierte uns ein amerikanisches Elternpaar wegen ihres *achtjährigen Töchterchens. Mary* war ein hübsches und kluges kleines Mädchen. Sie hatte den Eltern auch bisher eigentlich nur Freude gemacht, sei es durch ihre schulischen Leistungen, sei es durch ihr liebenswürdiges und folgsames Verhalten in der Familie. Nun aber hatte man entdeckt, daß Mary seit einiger Zeit zuhause Süßigkeiten, andere Lebensmittel, Tabakwaren und kleinere Geldbeträge entwendete. Man hatte zunächst das deutsche Dienstmädchen verdächtigt (es war noch jene Zeit, da Lebensmittel und Zigaretten absolute Kostbarkeiten darstellten). Mary aber hatte weder die Süßigkeiten noch Lebensmittel und natürlich schon gar nicht die Tabakwaren selbst verbraucht, sondern hatte sie sowohl an deutsche Spielgefährten als auch an deutsche Erwachsene verteilt und für die Geldbeträge im amerikanischen Laden noch weitere Dinge gekauft, um diese zu verschenken. Sie war wegen ihrer Freigebigkeit deshalb recht beliebt. — Wie war es nun zu dieser Handlungsweise des Kindes gekommen? Mary war ein recht hübsches Kind, und die Großmutter hatte es deshalb auch immer „Prinzeßchen" genannt. Vor wenigen Monaten jedoch hatte Mary ein Schwesterchen bekommen. Jäh hatte sich der Kurs des familiären und verwandtschaftlichen Interesses gewandelt. Die Prädikate „reizend", „süß" und ähnliche wurden nunmehr für das Kleine verwandt. Mary, das bisher verwöhnte Prinzeßchen, stand jetzt am Rande des Geschehens. War es da ein Wunder, daß sich das kleine Mädchen Liebe, Bewunderung und sogar Dankbarkeit auf einem für eine kleine Amerikanerin in dem damaligen Nachkriegsdeutschland recht gut möglichen Wege erkauft hat?

3. Schul- und Lernschwierigkeiten im Latenzalter

Die Haupterscheinungszeit dieser Verhaltensschwierigkeiten ist das Latenzalter, dessen Leitthematik, wie wir bereits gehört haben (vgl. Kap. III), die Leistung und der Erwerb neuer Fähigkeiten und Wissensgüter ist. Dazu ist das Kind in diesem Lebensabschnitt besonders befähigt, da die Reifungs- und Triebgeschehnisse der früheren Kindheit abgeschlossen sind und die Pubertät noch nicht begonnen hat. Sind diese günstigen Voraussetzungen aber nicht gegeben, mit anderen Worten, wurden die Entwicklungsziele der früheren Kindheit nicht erreicht, so werden Störungen des Lernens und des Schulverhaltens aus affektiven Gründen auftreten. Vor jeder tiefenpsychologischen Überlegung und

142

Untersuchung sollte aber der sozusagen materielle Bestand abgeklärt werden. Damit meinen wir die Begabung eines Kindes. Zur Klärung der Begabung, sei es der Gesamtintelligenz oder eines Teilbereiches wie bei der Legasthenie (Schreib-Lese-Schwäche), ist eine exakte Testdiagnostik durch den Schulpsychologen notwendig. Wir unterstellen also für alle hier diskutierten Gruppen von Lernschwierigkeiten, daß die Begabung des Kindes grundsätzlich gegeben und nachgewiesen ist. Zum weiteren sollte bei einer plötzlichen Leistungsminderung oder bei einem eigentümlichen Verhalten auch immer der körperliche Befund abgeklärt werden. Nicht selten lernen Kinder im Vorfeld einer körperlichen Erkrankung, z. B. einer Kinderkrankheit oder einer Infektionskrankheit, plötzlich schlechter, ja mangelnde Konzentration, fehlendes Interesse und schnelle Ermüdbarkeit sind unter Umständen erste Hinweise auf derartige körperliche Erkrankungen. Nach Abklärung der Begabung und Ausschaltung möglicher körperlicher Erkrankungen sollten tiefenpsychologische Überlegungen angestellt werden.

Aus psychoanalytischer Sicht sind nachfolgende Entstehungsmechanismen der Schulschwierigkeiten zu überlegen: die Fixierung frühkindlicher Verhaltensweisen, die Regression (Rückschritt) auf eben diese Verhaltensweisen, die gestörte sozialpsychische Regulation, die Angst des Kindes und die mangelnde Ich-Stärke. Alle genannten Begriffe sind uns bereits aus früheren Erörterungen geläufig.

a) *Die partielle Fixierung frühkindlicher Verhaltensweisen:* Es kommt nicht selten vor, daß ein intellektuell altersgemäßes, ja sogar überdurchschnittlich begabtes Kind in der Schule verspielt und verträumt ist und sich der Ordnung einer Gemeinschaft nicht fügen kann. Wenn es nicht im Mittelpunkt des Interesses steht, oder wenn andere seinem Gefühl nach bevorzugt werden, wird es unruhig, wendet sich anderen Betätigungen zu oder wird weinerlich. Man hat die Erfahrung gemacht, daß Kinder, die in ihrem Vorschulalter wenig zum Spielen kamen oder nicht spielen durften, später auch schlecht arbeiten können. Spiel und Arbeit stehen in einem direkten Zusammenhang. Vielfach handelt es sich auch um Kinder, die zuhause einseitig intellektuell gefördert, ja man möchte sagen gedrillt worden sind und deren gesamtseelische Entwicklung dabei zu kurz gekommen ist. Dieses Zu-kurz-Kommen bedingt dann ein Verbleiben in der kindlichen Wesensart, also eine Fixierung der Triebwünsche und Verhaltensweisen der frühen Lebensphase. Ein Beispiel aus unserer Gutachtätigkeit für eine Schulbehörde soll dies erläutern:

Der sechsjährige Bernhard kam auf Antrag seiner Eltern sogleich in die zweite Grundschulklasse. Er konnte bereits lesen und schreiben und auch einige Wörter englisch sprechen und lesen. Sein Intelligenzquotient lag beträchtlich über dem Durchschnitt, so daß dem Antrag entsprochen worden war. Bernhard war das einzige Kind, und beide Eltern investierten ihren Ehrgeiz in die intellektuelle Förderung des Jungen. Die Mutter hatte Philologie studiert, den Beruf jedoch nie ausgeübt; der Vater war Volkswirtschaftler. Bernhard hatte als Kleinkind zuhause wenig spielen dürfen und war schon gar nicht mit anderen Kindern zum Spielen zusammengekommen. Er hatte auch keinen Kindergarten besucht. — Dieser Junge zeigte nun in der zweiten Klasse sehr gute Leistungen im Lesen und Schreiben und war seinen Mitschülern, obwohl ein Jahr jünger, im Lesen und Schreiben immer noch weit voraus. Jedoch war das Rechnen nicht seine Stärke. In diesem Fach brachte er keinen Vorsprung mit und mußte, um die Aufgaben zu lösen, ebenso arbeiten und sich anstrengen wie seine Kameraden. Das nun fiel ihm sehr schwer. Sobald er nicht mehr durch seine Lesekünste glänzen und dabei ein direktes Verhältnis zum Lehrer haben konnte, verhielt er sich absonderlich. Konnte er eine Rechenaufgabe nicht auf Anhieb lösen, so wollte er gar nicht mehr mittun, quängelte und weinte wie ein vierjähriges Kind. Mit allen Schulutensilien spielte er, steckte sie in den Mund oder träumte vor sich hin. Oftmals stand er mitten während des Unterrichts auf, verließ seinen Platz und nahm anderen Kindern irgend etwas weg, was ihn gerade faszinierte. Wehrten diese Kinder sich und mußte Bernhard gar für dieses Verhalten einen Streich einstecken, kam er hilfeheischend zum Lehrer und erwartete von ihm Schutz. Nach Ablauf der Probezeit kam man in der Lehrerkonferenz überein, daß der Junge in die erste Schulklasse zurückversetzt werden solle. Bernhard sei zwar im Lesen und Schreiben hervorragend, besitze auch die Begabung, im Rechnen und in den anderen Fächern gut mitzukommen, in seinem ganzen Verhalten aber dokumentiere sich noch mangelnde Schulreife. So stand es in der Begründung zu lesen. — Die Eltern waren nun über diesen Beschluß höchst erbost, opponierten dagegen und reichten eine Beschwerdeschrift beim Stadtschulamt ein. So kam es zur Begutachtung durch uns, deren Ergebnis weitgehend mit dem Beschluß der Lehrerkonferenz übereinstimmte. Zusätzlich empfahlen wir den Eltern, mit Bernhard eine Erziehungsberatungsstelle aufzusuchen.

Der Junge reagierte in jeder Versagungssituation mit kleinkindlichen Verhaltensweisen. Er hatte, psychoanalytisch formuliert, noch nicht gelernt, sein Verhalten dem Realitätsprinzip unterzuordnen; er verlangte sofortige Befriedigung seiner Wünsche, wie eben ein kleines, noch ganz dem Lustprinzip ergebenes Kind. Eine solche Erscheinung nennen wir „Fixierung frühkindlicher Triebausprägungen".
Dieses Beispiel mit den ehrgeizigen Eltern wählten wir nicht ohne Absicht. Zur Zeit steht das Lesen-Lernen der Zwei- und Dreijährigen in pädagogischen Kreisen und in der breiten Öffentlichkeit zur Diskussion. H. LÜCKERT (1966) stützt sich auf die aufsehenerregenden Untersuchungen und Ergebnisse des Amerikaners DOMAN und propagiert die Vorverlegung des Zeitpunktes, in dem ein Kind das Lesen erlernen soll. Dadurch würde ein großer Teil des ersten Schuljahres für die Erlernung anderen Stoffes frei, und dies sei bei der zunehmenden Fülle des zu übermittelnden Wissensgutes von großer Bedeutung. Da diese Argumentation

144

eine schulpädagogische und didaktische ist, können und wollen wir uns dazu nicht äußern. Gegen den Vorschlag LÜCKERTS wurde von einer Reihe von Psychologen, Erziehungsberatern und Kinderpsychotherapeuten der Einwand vorgebracht, das Kind werde in einem Zeitraum, in dem es eine gewaltige allgemeinseelische Entwicklung durchzumachen habe, mit zusätzlichen Forderungen überbürdet; außerdem setze die Durchführung dieses Planes „Ideal-Eltern" voraus, denn die einen Eltern würden sich ohnehin wenig um das Kind kümmern, somit auch nicht das Lesen mit ihm lernen, die anderen überforderten aus eigenem Ehrgeiz ihre Kinder. Es ist nun sicher gefährlich, wie unser obiges Beispiel zeigt, Eltern mit einem Vorschul-Lernprogramm ein Instrument für ihre eigenen ungeklärten und meist unbewußten Emotionen dem Kinde gegenüber in die Hand zu geben. Andererseits ist nicht zu leugnen, daß die Häufung von Wissensstoff in unserer Zeit und in der nächsten Zukunft eine Entlastung der Schule notwendig macht und unter anderem die Frage des frühzeitigen Lesenlernens aufwirft. Von unserem Anliegen, der gesunden Gefühls- und Triebentwicklung des Kindes her, betrachtet, muß ein derartiges Lernen in der Vorschulzeit den entwicklungspsychologischen Notwendigkeiten angepaßt sein, sollte nicht den Eltern anvertraut werden und die emotionale Entwicklung jeweils als das phasengerecht Vordringliche berücksichtigen.

b) *Die Regression auf frühere Phasen:* Schulschwierigkeiten als Regressionssymptom bedürfen einer verursachenden oder auslösenden Situation im familiären, schulischen oder sonstigen Milieu des Kindes. Warum fällt ein Kind, das sich bisher altersgemäß verhalten hat, plötzlich wieder in die Eigenheiten früherer Entwicklungsphasen zurück? Die schlechten Leistungen eines bisher durchschnittlichen oder gar guten Schülers werden dann zumeist durch Faulheit, geringe Aufmerksamkeit, leichte Ablenkbarkeit, durch andere Interessen oder Konzentrationsunfähigkeit erklärt. Nun sind dies aber keine Erklärungen, sondern nur Beschreibungen für einen beobachteten Sachverhalt, ohne Angabe der Motive. Ablenkungen durch außerschulische Aktivitäten — Sport, Basteln oder Jugendgruppen — sind relativ leicht zu konstatieren. Etwas schwieriger schon sind Veränderungen im häuslichen Milieu vom Lehrer zu bemerken. Hierzu gehören etwa die Geburt eines Geschwisters, der Tod eines Angehörigen, Scheidung der Eltern oder Mißhelligkeiten in deren Ehe. Am allerschwierigsten jedoch sind die psychischen Mikrofaktoren vom Lehrer zu erkennen. Solche sind feinspurige Veränderungen im Milieu des Kindes. Wiederum läßt sich das Gemeinte am leichtesten an einem Beispiel demonstrieren:

Die elfjährige Veronika hatte vier Klassen Grundschule mit gut durchschnittlichem bis überdurchschnittlichem Erfolg besucht. Die Aufnahmeprüfung in ein neusprachliches Gymnasium hatte sie ohne Schwierigkeiten bestanden und war jetzt in der ersten Klasse der höheren Schule. Veronikas Vater war der Juniorchef eines mittleren Unternehmens, und die wirtschaftliche Situation der Familie war recht günstig. Veronika hatte noch eine um zwei Jahre jüngere Schwester. Die Mutter war eine temperamentvolle, energische und gut aussehende Frau. Die Ehe war noch während des Studiums des Vaters geschlossen worden, und Veronika war der Anlaß der frühen Eheschließung gewesen. Veronikas Großvater (der Vater ihres Vaters) war ein ausgesprochener Selfmademan; er hatte das Unternehmen aufgebaut und leitete es mit starker Hand. Veronikas Vater war weich und war nie gegen seinen despotischen Vater aufgekommen, der ihn auch wie einen Angestellten behandelte und bezahlte. Alle besonderen Auslagen der Familie wurden zwar von dem alten Herrn finanziert, aber der Sohn mußte immer erst darum ersuchen und sich hernach sehr für die Hilfe bedanken. Diese Abhängigkeit bedrückte ihn, jedoch die Durchsetzungskraft, gegen den Vater zu opponieren oder sich vom Unternehmen zu lösen, besaß er nicht. Äußerlich schien sich Veronikas Vater mit seiner mißlichen Lage abgefunden zu haben; er widmete sich seinen Hobbys und war zuhause oft ein launischer und explosiver Tyrann. Viel mehr noch als der Mann litt seine Frau unter dieser Situation, denn einmal war für sie das Verhältnis zu den Schwiegereltern fast unerträglich, und zum anderen konnte sie, die Tatkräftige und Energische, ihrem Mann seine Schwäche innerlich nicht verzeihen. In der Tat waren ja auch in dieser Ehe die Rollen zwischen Mann und Frau, gemessen an den in unserer Gesellschaft üblichen, vertauscht. — Während Veronikas erstem Gymnasialjahr wurde diese schwierige Ehe von einer neuen Krise betroffen. Der alte Herr zog sich aus dem Unternehmen zurück und bestellte nicht seinen Sohn, sondern seinen Schwiegersohn zu seinem Nachfolger. Auch in diesem entscheidenden Augenblick konnte Veronikas Vater keinen Entschluß fassen, sondern er revoltierte nur im Kreise seiner Familie. Kein Wunder, daß die Frau die Haltung ihres Mannes nicht akzeptieren konnte und die Ehe in eine schwere Krise kam. Zur gleichen Zeit aber sollte Veronika allabendlich den Lernstoff der Schule mit dem Vater durcharbeiten. Veronika spürte aber sicherlich die Schwäche des Vaters, und so war es paradox für sie, daß er sie zu guten Leistungen anhalten wollte. Andererseits war das Kind sehr an den Vater gebunden, und die langsam beginnende Pubertät verstärkte noch diese Bindung. Die Mutter wiederum bot dem Mädchen eine ungünstige Identifikationsmöglichkeit für die weibliche Rolle, da sie sowohl aus ihrer Eigenart als auch aus der gegebenen Situation heraus sehr viel männliche Energie verkörperte. In dieser Zwangslage begann Veronika, sich in die Regression zu flüchten. Sie lag apathisch auf dem Bett herum und ließ sich zu allem, nicht nur zur Schularbeit, sondern auch zum Waschen und Ankleiden, nötigen.

Die Geschichte Veronikas — eigentlich noch besser die ihres Vaters — wurde deshalb hier so ausführlich wiedergegeben, um dem Leser einen Eindruck von den feinspurigen Milieufaktoren zu vermitteln. In der Umwelt des Mädchens hätte auch kein sorgfältiger Beobachter zur Zeit des schulischen Versagens schwerwiegende Ereignisse konstatieren können.

Nun bestanden aber die Eigenart des Vaters und die Vertauschung der Geschlechterrollen zwischen den Ehepartnern schon seit Veronikas Geburt. Warum reagierte das Mädchen gerade jetzt mit schulischem Versagen auf diese Gegebenheiten? Veronika ist am Beginn der Vorpubertät und damit in einer Erneuerung der verstärkten Bindung eines Mädchens an den Vater. Zudem ist der Übergang von der Grundschule in eine höhere Schule immer mit einer gewissen Labilisierung des schulischen Verhaltens verbunden. Und schließlich trat durch die Nachfolgeregelung des alten Herrn die latente Problematik in der Ehe der Eltern in ein aktuelles Stadium. Diese drei Momente zusammen konnte Veronika nicht verkraften; sie reagierte mit einem Rückschritt, mit der Passivität eines Kleinkindes gegenüber den Leistungsanforderungen der Wirklichkeit.

Die geschilderte Situation wird der Pädagoge nie durch eine direkte Befragung des Kindes ermitteln. Weit eher sind in einem allgemeinen Gespräch, möglichst außerhalb der Schule, oder als Spuren in Aufsätzen Hinweise auf die familiäre Problematik zu finden. Der Pädagoge sollte in solchen Fällen nicht selbst handeln, sondern die Eltern auf eine beratende Institution hinweisen.

c) Die *Störung der Schüler-Lehrer-Beziehung*, der wechselseitigen Regulation zwischen Kind und Erzieher, ist vor allem in den vier ersten Grundschuljahren eine häufige Ursache von Leistungsschwierigkeiten.

Die Irritierung der Schüler-Lehrer-Beziehung kann mannigfache Ursachen haben. Der Ruf, der einem Lehrer unter den Schülern vorausgeht, kann ein Kind in eine negative Erwartungshaltung versetzen, die wiederum seine Leistungen bei diesem Lehrer sehr beeinträchtigt. Eine bisher recht positive Beziehung kann ins Gegenteil umschlagen, weil der Lehrer im Erleben des Kindes ihm seine Gunst entzogen hat und andere Schüler vorzieht. Damit entfällt die Motivation des Kindes, in der Schule mitzuarbeiten, dem Erzieher zuliebe etwas zu leisten; der aus der Neigung erwachsene Eifer wird von einer oppositionellen Haltung abgelöst, die sich in schulischem Desinteresse äußert.

Viel schwerer lassen sich jene Fälle durchschauen, in denen die Einstellung des Kindes zum Lehrer aus dessen, des Kindes, eigener Lebensgeschichte motiviert ist. Es ist dann das uns schon oft begegnete Phänomen der Übertragung wirksam. Erlebnisse des Kindes mit früheren Beziehungspersonen bestimmen seine Einstellung zum und sein Verhalten gegenüber dem Lehrer. Das Kind reagiert auf den Lehrer negativ, weil es schlechte Erfahrungen mit einem Mann gemacht hat, auf die Lehrerin, weil es gegenüber weiblichen Personen gefühlsmäßig voreingenommen ist. Es ist für den Erzieher nicht einfach, die entgegengebrachte Ablehnung, mag

147

sie sich in Ungezogenheit oder Unaufmerksamkeit äußern, nicht als persönliche Kränkung zu empfinden. Geschieht dies aber, so hat sich der Erzieher in dem Teufelskreis der gestörten wechselseitigen Regulation eingefangen. Das Kind erlebt nun den Lehrer wirklich als einen Menschen, der es nicht mag, und hat so seine Voreingenommenheit bestätigt erhalten. Im Idealfall sollte der Lehrer eine beinahe psychotherapeutische Haltung bewahren können und aus seinem Gleichmut heraus die gefühlshaften Voreinstellungen des Kindes zu lösen trachten. Diese Idealforderung ist, wenn man in der Regel zwei Dutzend oder mehr Kindern gegenübersteht, nicht zu verwirklichen. (Vgl. hierzu Kap. IX.)

d) Des weiteren ist die *Schulangst als Erwartungsangst* eine der häufigen Ursachen schulischen Versagens. Denken wir an unsere obige Dreiteilung der Angst, so handelt es sich hier meist um eine Realangst. Das Kind hat einmal schlechte Erfahrungen gemacht, eine schulische Niederlage erlitten, einen recht strengen oder auch ungerechten Lehrer erlebt, wegen eines Fehlers oder einer Eigenart im Auftreten oder der Kleidung den Spott der Mitschüler erduldet oder zuhause wegen einer schlechten Leistung oder Note eine übertrieben harte Strafe erhalten. Man kann verstehen, daß sich ein Kind nach solchen Erlebnissen vor der Schule und allen damit verbundenen Konsequenzen fürchtet. Unverständlich aber wird es, wenn die Angst weiterbesteht, obwohl die Ursachen längst nicht mehr existieren. Manche Kinder können vor Aufregung am Morgen kein Frühstück zu sich nehmen, andere beherrschen einen Stoff zuhause vorzüglich, versagen aber in einer mündlichen oder schriftlichen Prüfungssituation vollkommen. ZULLIGER (1965) sagt einmal — vielleicht etwas überspitzt — „Angst macht dumm".
Wie ist ein solches anscheinend unbegründetes Fortbestehen der Angst zu erklären? Die bisherige reale Angst oder Furcht wurde zur Erwartungsangst. Das Lampenfieber eines Künstlers oder Redners ist eine derartige Erwartungsangst. Der Erythrophobe (von Errötungsfurcht Befallene) lebt in banger Erwartung, er werde in Gesellschaft sofort erröten, und siehe da, das so sehr Befürchtete tritt ein. Die Erwartungsangst stört vor allem automatisch gewordene Abläufe. Beim Schüler aber gehören die Grundlagen in den einzelnen Fächern, sind sie gut gelernt, bereits zum automatisch Gewordenen. Es ist bezeichnend, daß gerade die Angst-Kinder den alten Stoff schwerer verfügbar haben als den neuen.
Gelegentlich kann auch eine der beiden irrealen Angstarten — die Es- oder Über-Ich-Angst — sich im schulischen Bereich manifestieren. Da es sich dann um eine neurotische Entwicklung handelt, muß psychotherapeutische Hilfe in Anspruch genommen werden.

e) Die letztgenannte Quelle schulischer Schwierigkeiten war die *Ich-Schwäche* eines Kindes. Wir haben das Ich bereits als Steuerungsorgan der Persönlichkeit im psychoanalytischen Modell kennengelernt. Ein schwaches Ich kann sich gegenüber den Triebforderungen nur wenig durchsetzen, und so werden die ungezügelten Wünsche im Verhalten eines solchen Kindes dominieren. Nicht zu Unrecht wird ein Kind, das motorisch völlig ungehemmt ist, seine Kameraden ohne Grund angreift, es mit der Sauberkeit nicht genau nimmt und sexuelle Manipulationen ohne Scheu öffentlich vornimmt, als triebhaft bezeichnet. Die gängige, pädagogische Praxis, diese Verhaltensschwierigkeiten direkt anzugehen — sei es durch Ermahnungen oder Strafe —, bleibt meist wirkungslos. Dies ist nicht verwunderlich; müssen wir doch das Ich, also jene Instanz, welche imstande ist, im Kinde die Triebe zu steuern, stärken. Erst dann können wir erwarten, daß das Kind den erzieherischen Forderungen nachkommen kann.

Eine weitere Konsequenz der Schwäche des Ich — wir denken hier an die „Drei-Fronten-Tätigkeit" des Ich — ist die fehlende Möglichkeit, sich geregelt und sachlich mit der Umwelt auseinanderzusetzen. Man kann diesen psychologischen Sachverhalt auch als ein vermindertes Selbstgefühl bezeichnen. Solche Kinder versuchen in der Gemeinschaft durch Absonderlichkeiten Aufsehen zu erregen; sie sind Rädelsführer bei Streichen oder lenken durch Clownerie die Aufmerksamkeit auf sich. Auch hier ist die Stärkung des Selbstgefühls, des Ich, das richtige pädagogische Mittel. Man geht am besten indirekt vor. Die Beiziehung zu kleinen Hilfeleistungen oder die Ermöglichung außerschulischer Begegnungen sind deshalb zweckmäßig, weil das Kind dem direkten pädagogischen Zugriff zumeist eine mißtrauische Abwehr entgegenstellt.

Die letzte Möglichkeit, daß jenes schwache Ich durch das Über-Ich, das Gewissen, in die Enge getrieben wird, führt bereits zum nächsten Themenbereich. Bei einem gestörten Gleichgewicht zwischen Über-Ich und Ich können kleinste, harmlose Verfehlungen völlig unangemessen schuldhaft erlebt werden. Derartig gestörte Kinder werden von ihren unbewußten oder auch bewußten Schuldgefühlen in ihrem Leistungsvermögen schwer beeinträchtigt und arrangieren, sozusagen zur Selbstbestrafung, schulisches Versagen. Die pädagogische Hilfe, wenn nicht gar eine psychotherapeutische Hilfe notwendig ist, liegt hier in der Entlastung des unangebrachten Schuldgefühls. Der Weg zum Kinde kann auch hier wiederum nicht über das inquisitorische Fragen führen, sondern nur über ein lockeres Gespräch, das beinahe der freien Assoziation ähnelt.

149

VI. Formen kindlicher Neurosen und deren Bedeutung für das Erwachsenenalter

Zu Eingang dieses Kapitels möchten wir den Leser vor der Verwendung von tiefenpsychologischen, psychoanalytischen und psychopathologischen Begriffen warnen. Das Ziel dieses Buches ist es, Verständnis zu wecken, nicht Begriffe zu vermitteln. Wir sehen uns zu dieser strengen Formulierung genötigt, weil vielerorts Krankheitsbezeichnungen als Schimpfwörter oder zumindest als moralische Degradierungen benutzt werden. Dies gilt insbesondere für die Begriffe Psychopathie und Neurose.

Das Wort Psychopath existiert schon geraume Zeit im Wörterbuch der Diffamierungen, und die Bezeichnungen Neurotiker, Hysteriker und Zwangsneurotiker sind auf dem besten Wege, auch dorthin zu gelangen. Nicht selten werden diese Wörter in politischen Auseinandersetzungen gebraucht, kann man doch unter dem Anschein fachlicher Sachlichkeit den Gegner treffen und sein Bild trüben.

Der Erzieher sollte sich strikt zurückhalten, wohl wissend, daß das einmal gebrauchte oder gar schriftlich fixierte Wort ein Kind bis an das Ende seines Lebens schädigend begleiten kann. Darum wird die nachfolgende Darstellung von Neuroseformen bewußt weit mehr ihre innere Dynamik berücksichtigen als die Möglichkeiten einer Zuordnung von kindlichen Verhaltensweisen zu bestimmten Krankheitsformen.

Man hat früher in Psychoneurosen (Neurosen mit vorwiegend seelischen Störungen) und Körper- oder Organneurosen (Neurosen mit vorwiegend körperlichen Störungen) eingeteilt. Dies ist insofern etwas zu schematisch, als bei sorgfältiger Beobachtung kaum seelische Störungen ohne körperliche Begleiterscheinungen oder seelisch bedingte körperliche Störungen ohne begleitende Erlebnis- und Verhaltensstörungen gefunden werden. In neuerer Zeit wurde deshalb der Begriff „psychosomatische Erkrankungen" geprägt; er berücksichtigt, daß bei einer Reihe von körperlichen Krankheitserscheinungen psychische Ursachen und Erlebnisveränderungen untrennbar gegeben sind.

Die Einteilung in Psychoneurosen und psychosomatische Störungen hat allerdings — vor allem bei Kindern — eine praktische Bedeutung. So werden Kinder mit vorwiegend seelischen Störungen den Psychiatern, Psychologen und Psychotherapeuten vorgestellt, hingegen Kinder mit psychosomatischen Erkrankungen — wie z. B. Asthma bronchiale, Magen- und Darmkrämpfen und Magengeschwüren — den Kinderärzten. Die letzteren schenken nun verständlicherweise aufgrund ihrer Ausbildung und Blickrichtung den psychologischen und lebensgeschichtlichen Momenten weniger Beachtung. Der Erzieher kann in solchen Fällen, wenn er sich um mögliche Konfliktursachen Gedanken gemacht hat, dem Kinderarzt Anregungen vermitteln.

1. Allgemeine Neurosenlehre

a) *Ursachen der Neurosenentstehung:* Die Neurosenlehre bemüht sich um die Entstehungsgeschichte (Pathogenese) und Dynamik der Neurosen. Wir wollen hier, bewußt vereinfacht, drei bedeutsame und für den Erzieher überschaubare Ursachenfaktoren für die Entstehung von Neurosen schildern.

Neurosen entstehen aus einem Widerstreit zwischen Bedürfnissen, triebhaften Wünschen und den Einschränkungen der Umwelt, seien es die erzieherischen Forderungen oder die ins Über-Ich, ins Gewissen, hereingenommenen Gebote und Verbote einer Gesellschaft. Jedem Menschen müssen während seiner Entwicklung Versagungen auferlegt werden — er muß den Weg vom Lustprinzip zum Realitätsprinzip, vom Naturwesen zum Kulturwesen gehen. Dieser Weg der Versagungen ist nur in einem einigermaßen harmonischen affektiven Klima möglich. So ist das, was ERIKSON die wechselseitige Regulation nannte und was wir gerne das „affektiv-soziale Gleichgewicht zwischen Kind und Mutter" oder „Erziehungsmilieu" nennen möchten, die Voraussetzung für eine einigermaßen störungsfreie Entwicklung, und die Störung dieser Voraussetzung ist die wesentliche Ursache für die Entstehung von Neurosen.

Das *affektiv-soziale Gleichgewicht* kann nun in zweifacher Art gestört sein — quantitativ oder qualitativ.

b) Bei der *quantitativen Störung* fehlt der affektive Kontakt ganz, teilweise oder zeitweise; ein solches Fehlen ist vor allem im ersten Lebensjahr, im Säuglingsalter, von Bedeutung, und wir sind früher bereits ausführlich darauf eingegangen (vgl. Kap. III und V). Menschen, bei denen im ersten Lebensjahr die Zuwendung der Mutter oder einer mütterlichen Ersatzperson in beträchtlichem Maße aussetzte, und deren Betreuung auf eine rein sachliche, gefühlsarme Pflege beschränkt war, zeigen im Kindes-, Jugend- und Erwachsenenalter Störungen der Kontaktfähigkeit und eine Schwächung der sogenannten Ich-Funktion, also des Steuerungsorgans der Persönlichkeit (vgl. Kap. IV). Wir finden bei stark Verwahrlosten und Kriminellen häufig eine derartige Situation in der frühen Kindheit, und die moderne Forschung der psychischen, lebensgeschichtlichen Vorbedingungen der Schizophrenie weist auf ähnliche Gegebenheiten bei derartigen Kranken hin.

c) *Qualitative Störungen des affektiv-sozialen Gleichgewichts:* Mit Recht bemerkt H. E. RICHTER (1963) in seinem Buche „Eltern, Kind und Neurose", daß in der Vorgeschichte der neurotisch gestörten Menschen nur selten ein derartig massiver affektiver Kontaktmangel zu konstatieren ist. Oftmals wird sogar von Laien als Gegenargument gegen die mögliche lebensgeschichtliche Entstehung einer seelischen Störung vorgebracht, wie sehr sich die Eltern um dieses Kind gekümmert hätten und wie eng die gefühlsmäßigen Beziehungen einer Mutter zu ihrem Sohn oder eines Vaters zu seiner Tochter gewesen seien. Kurzum, Ordnung, Bemühen und gefühlsmäßige Zuwendung können in der Familie eines neurotisch gestörten Kindes oder in der Vorgeschichte eines erwachsenen neurotischen Menschen durchaus zu finden sein. RICHTER hat daher davon gesprochen, daß für die Entstehung von Neurosen eine Veränderung der Qualität des affektiven Kontaktes zwischen Kind und Eltern maßgebend sei. Was ist hierunter zu verstehen?

Vielleicht hilft uns die kurze Betrachtung eines häufigen volkstümlichen Irrtums hier weiter. Oft wird bei Ähnlichkeiten des Verhaltens von Kindern und Eltern die „Vererbung" verantwortlich gemacht. Untersucht man den Sachverhalt, so findet man, daß es sich um Verhaltensweisen handelt, für welche die Humangenetiker Vererbung mit Sicherheit ausschließen konnten. Deshalb wurde das Wort von der „psychischen Vererbung" — im Gegensatz zur biologischen, d. h. zur Weitergabe durch Zellen, Chromosome und Gene — geprägt. Es liegt nämlich nahe anzunehmen, daß die Kinder Verhaltensweisen der Eltern durch Nachahmung oder — im tiefenpsychologischen Sinn — durch Identifikation übernehmen, und dies geschieht tatsächlich: z. B. bei Eigenschaften und Verhaltensweisen der Geschlechtsrolle am Ende des Ödipusalters, also im vierten oder fünften Lebensjahr. Man könnte demnach vermuten, daß auch das neurotische Verhalten der Kinder eine Imitation oder eine Identifikation mit gleichartigem Verhalten der Eltern sei. Solche Fälle gibt es; sehr viel häufiger ist jedoch das kindliche Verhalten sehr verschieden von dem des Vaters oder der Mutter und wird, da es nicht in den Familienstil paßt, als besonders störend vermerkt.

Wie können nun kindliche Neurosen durch die Eltern verursacht werden? Wie wird *qualitativ* der affektive Kontakt von Eltern zum Kinde neurosefördernd wirksam? RICHTER hat dazu in einer sich über sieben Jahre erstreckenden Untersuchung an den Patienten der psychotherapeutischen Poliklinik eines Berliner Kinderkrankenhauses gefunden: Vater und

Mutter haben eine Reihe bestimmter unbewußter Erwartungseinstellungen, wie ein Kind sein und wie es werden soll. Diese Erwartungen setzen bereits während der Schwangerschaft ein und begleiten das Kind vom Tage der Geburt an durch seine ganze Entwicklung. Die Eltern formen durch kleinste Reaktionen auf kindliche Handlungen das kindliche Verhalten nach diesen ihnen unbewußten Erwartungen; oder sie nötigen das Kind auch umgekehrt, sich konträr zu diesen Erwartungen zu verhalten und zu entwickeln. Das Kind wird damit in eine Rolle gedrängt, die seiner eigenen Wesensart, seinen angeborenen Anlagen und Möglichkeiten gar nicht entspricht, und dies kann zu einer mehr oder weniger ausgeprägten Entwicklungsstörung und auch zu einer neurotischen Entwicklung führen.

d) *Traumatische Rollen des Kindes und Erwartungshaltungen der Eltern:*
RICHTER nennt die dem Kind aufgedrängte Rolle eine „traumatische Rolle"; traumatisch deshalb, weil sie gleich dem körperlichen Trauma, der Wunde, das seelische und vor allem das affektiv-soziale Gleichgewicht des Kindes stört (vgl. Kap. I).
Die Rollen des Kindes und die Erwartungshaltungen der Eltern lassen sich, je nach den tiefenseelischen Mechanismen, die wirksam sind, in zwei Gruppen einteilen. Einmal übertragen Mutter oder Vater Gefühlseinstellungen, die sie gegenüber Personen aus der eigenen Lebensgeschichte hegten oder hegen, auf das Kind. (Als Übertragung bezeichnet man in der Psychoanalyse denjenigen tiefenpsychologischen und sozialpsychologischen Vorgang, in dem ein Individuum Gefühle, Affekte und Einstellungen gegenüber einer Beziehungsperson seiner Lebensgeschichte auf andere Menschen überträgt.)
Als zweite Möglichkeit beobachtete RICHTER in seinen Fällen die „narzißtische Projektion". Wir erfuhren bereits bei der Behandlung der Anpassungsmechanismen, daß Projektion die Wahrnehmung eigener innerseelischer Sachverhalte an Objekten der Außenwelt — Gegenständen und Personen — und die Orientierung des Handelns an dieser eigentümlichen Wahrnehmung bedeutet. Anstelle von narzißtisch könnte man auch egozentrisch, also ichbezogen sagen. Wie oft kommt es vor, daß ein Vater von seinem Sohn die Durchführung jener beruflichen Pläne erwartet, die er selbst zwar insgeheim verwirklichen wollte, aber nicht konnte. Dabei ist dann jener Vater oft blind für die tatsächlichen Begabungen seines Sohnes und zwingt ihn sozusagen in eine vollkommen falsche Richtung. Dieses alltägliche Beispiel macht den Wirkungsmechanismus der „narzißtischen Projektion" deutlich.
Die verschiedenen Möglichkeiten der traumatischen Rollen, die durch die

153

biographisch entstandenen falschen Erwartungshaltungen der Eltern einem Kinde aufgebürdet werden können, lassen sich an dem Schema RICHTERS (1963, S. 94) verdeutlichen:

Das Kind als Substitut (Ersatz) für einen anderen Partner

das Kind als Substitut für eine Elternfigur
das Kind als Gattensubstitut
das Kind als Substitut für eine Geschwisterfigur

Das Kind als Substitut für einen Aspekt des eigenen (elterlichen) Ich

das Kind als Abbild schlechthin
das Kind als Substitut des idealen Selbst
das Kind als Substitut der negativen Identität (Sündenbock)

Diese genannten Erwartungen der Eltern sind deshalb so besonders schädlich, weil sie ja den Eltern selbst nicht bewußt und deshalb durch einen wohlgemeinten Rat auch nicht korrigierbar sind. Man könnte sagen, das Kind ist für die Eltern notwendig, um deren eigene Fehlentwicklungen und neurotische Schwierigkeiten zu überbrücken. Oft beginnen deshalb nach einer erfolgreichen Behandlung eines neurotisch gestörten Kindes die Schwierigkeiten der Eltern oder eines Elternteils von neuem. So hart es klingen mag, es ist richtig zu sagen, daß oftmals Eltern unbewußt an einer Heilung der seelischen Störung ihrer Kinder kein Interesse haben können.

2. Entstehung und Dynamik der speziellen Neuroseformen

Für die Form der Neurose ist der Zeitraum, in dem die Regulationsstörung und damit der innerseelische Konflikt sich ereignet, von besonderer Bedeutung. Zu den Neurosen des Erwachsenenalters wird in der Kindheit, und zwar in der frühen Kindheit, der Grund gelegt. Dabei muß nicht jede neurotische Entwicklung eines Kindes zu Erziehungsschwierigkeiten führen; etwas extrem formuliert kann man sogar sagen, bei einem Kinde, das keinerlei Erziehungsschwierigkeiten bereitet, ist eine neurotische Entwicklung eher zu befürchten. Darum sind, wie wir im vorigen Kapitel bereits andeuteten, Verhaltens- und Erziehungsschwierigkeiten und kindliche Neurosen (oder eine neurotische Entwicklung) nicht identisch.
Die drei wesentlichen Neuroseformen, die wir kennen, sind die Zwangsneurose, die Phobie und die Hysterie.

Die Schizophrenie und ihre Grenzformen außerhalb des Bereiches der eigentlichen Geisteskrankheiten und auch die Depressionen hängen mit hoher Wahrscheinlichkeit mit quantitativen Störungen des affektiven Kontaktes, also mit emotionalen Mangelerscheinungen in der frühen Kindheit, zusammen.

a) *Erscheinungsbild und Entstehungsweise der Zwangsneurose:* Schon zweimal waren wir sozusagen im Vorfeld der Zwangsneurose, zum erstenmal bei der Besprechung der analen Phase und zum zweitenmal bei der Darstellung des sogenannten analen Charakters. Die anale Phase ist unserer heutigen Erfahrung nach die Entstehungszeit der Zwangsneurose, und das in ihr beobachtbare kindliche Verhalten, z. B. das magische Denken, zeigt Züge der Zwangsneurose en miniature. Der Analcharakter hinwiederum als Typus der normalen Persönlichkeit zeigt ebenfalls dem Verhalten des Zwangskranken verwandte Verhaltensweisen, allerdings in einer durchaus angepaßten, ihn und seine Umgebung kaum störenden Weise.

Die Zwänge, von einem für den gesunden Menschen und den Laien nicht vorstellbaren, quälenden Charakter, können in Zwangsdenken, bzw. Zwangsvorstellungen, und Zwangshandlungen eingeteilt werden. Gleich zu Anfang muß gesagt werden, daß es völlig nutzlos ist, einen Zwangsneurotiker vernünftig von der Unsinnigkeit seiner Gedanken oder seiner Handlungen überzeugen zu wollen. Diesen Fehler sollte vor allem auch der Erzieher vermeiden, der mit einem zwangskranken Kinde zu tun hat. Der Zwangsneurotiker, auch schon das zwangsneurotische Kind, muß etwas denken oder tun, von dessen Unsinnigkeit er zumeist selbst überzeugt ist. Der mit einem Waschzwang — einem sehr häufigen Zwangssymptom — Behaftete, der sich am Tage oft fünfzig- und hundertmal waschen muß und dessen Haut oft sehr in Mitleidenschaft gezogen ist, weiß sehr wohl, daß seine Hand nach üblichen Maßstäben völlig sauber ist, er hat aber trotzdem die Befürchtung, er könnte vielleicht andere Menschen mit noch auf der Hand befindlichen Bakterien anstecken und so Schuld auf sich laden.

Uns wurde einmal ein dreizehnjähriges Mädchen vorgestellt, das sich am Tage dutzendmal heiß, und zwar fast kochendheiß, brausen mußte. Die Eltern versuchten es zunächst davon abzuhalten und später dabei auch Gewalt anzuwenden. Darüber geriet das Mädchen zunächst in Angst und dann in derartige Aggressionsausbrüche, daß die Einweisung in eine Klinik unvermeidbar wurde.

Zumeist sind die Zwangshandlungen ein Ritual, vergleichbar einer kultischen Zeremonie. So kannte ich einen Jungen, der nur unter bestimmten Zeremonien auf die Toilette gehen konnte: er rückte einen Schemel vor den Sitz, entledigte sich seiner Kleider in einer bestimmten Reihenfolge und ordnete sie, wiederum in einer bestimmten Reihenfolge, um seinen Sitz herum an. Dann bestieg er den „Thron" und saß nun dort gleich dem Herrscher oder dem Medizinmann eines Naturvolkes. Die Auslassung nur eines Teiles der Zeremonie hätte ihn in schwerste Bedrängnis gebracht.

Beim Zwangsdenken kann man, sehr grob allerdings, folgende Gruppen beobachten: Zwangsbefürchtungen, vor allem Befürchtungen, geliebte Personen betreffend, hypochondrische Befürchtungen für die eigene Gesundheit und Zwangseinfälle, die ganz im Gegensatz zur bewußten Absicht der Person und zur Situation stehen. Nicht selten berichten deshalb Zwangskranke, daß ihnen beim Gebet oder in der Kirche blasphemische oder obszöne Gedanken kommen, sosehr sie sich auch dagegen wehren.

Eine auffallende Rolle im Zwang spielen die Themen Schmutz und Sauberkeit, sowie Aggression, Töten und Kränkung. Beide Themen weisen uns bereits auf jene Phase der frühen Kindheit hin, in der einerseits die Kulturforderung der Sauberkeit gegenüber dem Triebbedürfnis an das Kind herangetragen wird und andererseits die Aggression in die Entwicklung eingeordnet werden muß. Durch die Berichte der Zwangsneurotiker aus ihrem Leben werden diese Vermutungen über die Entstehungszeit bestätigt.

Etwas anderes aber kommt hinzu, was die analytische Therapie der Zwangsneurose wohl zum schwierigsten technisch-therapeutischen Problem der Psychotherapie überhaupt macht: Die Zwangsneurotiker erzählen Episoden aus ihrem Leben, und die Kinder stellen uns solche im Spiel dar, welche die Entstehung einer Zwangsbefürchtung oder einer Zwangshandlung ganz deutlich machen. Wir sind hocherfreut und glauben, diese Erkenntnis nun dem Kranken nur noch deutlich machen zu müssen, und schon sei zumindest dieses störende Zwangssymptom beseitigt. So einfach ist es jedoch nicht; denn der Zwangskranke kann sich zwar an Ereignisse, die für die Entstehung seiner Störungen bedeutungsvoll waren, erinnern, aber es fehlt ihm das zugehörige Gefühl, der Affekt. Man nennt diesen seelischen Mechanismus den Mechanismus der Isolierung. Es wird also ein Geschehen aus dem Zusammenhang gerissen, verliert dadurch seinen eigentlichen Affektton und auch das zugehörige Schuldgefühl. Affekt und Schuldgefühl gehen jedoch nicht verloren, sondern werden an etwas anderes, die Zwangsbefürchtung, geheftet, und diese Befürchtung tritt immer dann noch quälender auf, wenn die sozusagen anbefohlene Zwangshandlung, das Ritual, nicht vollzogen wird. Das Geschilderte sollte dem pädagogischen Leser einen Eindruck

156

von der Eigenart, dem Quälenden und dem ernstlich Krankhaften der Neurose geben.

b) *Die für die Zwangsneurose charakteristischen Abwehrmechanismen:* Wir möchten nun am Beispiel der Zwangsneurose noch die Entstehungsgeschichte und die Dynamik erläutern. Erst wenn man dieses Modell versteht, wird man kindliche Verhaltens- und Erziehungsschwierigkeiten vom eigentlich Neurotischen trennen können. Dabei muß, wie schon einmal gesagt, betont werden, daß eine neurotische Entwicklung zeitweise dasselbe Bild bieten kann wie eine einfache Verhaltensschwierigkeit innerhalb einer normalen Entwicklung.

Zur Neurose gehört das Ineinanderwirken mehrerer Anpassungs- und Abwehrmechanismen in einer zeitlichen Aufeinanderfolge. Diese theoretische Bemerkung sei praktisch erläutert: Ein Kind hat im vierten oder fünften Lebensjahr Triebimpulse sexueller oder aggressiver Art gegen oder für einen Elternteil, die es als in hohem Maße unerlaubt erlebt. Es kann nun diese Impulse weder gänzlich ausschalten noch bewußt verarbeiten. Sie werden „verdrängt", werden also unbewußt. Nach einiger Zeit, da ja durch das Zusammenleben mit den Eltern dauernd neue Reize gegeben sind, tauchen die Triebimpulse wieder auf. Der Mechanismus der *Verdrängung* hat also nicht genügt. Nunmehr tritt ein neuer Mechanismus in Kraft, der der *Regression*. Das vier- oder fünfjährige Kind gleitet in der Art seiner Triebwünsche wieder zurück auf eine frühere Entwicklungsstufe, z. B. die anale, also in das zweite oder dritte Lebensjahr. Gegen die Verhaltensweisen dieser Phase, die das dafür schon zu große Kind plötzlich wieder aufweist, setzen natürlich bestimmte Erziehungsmaßnahmen der Eltern ein. Dagegen reagiert das Kind innerlich mit Wut und Zorn und Aggressionen — Reaktionen, die es gleichzeitig als schuldhaft erlebt und deshalb abwehrt. Eine Form der Abwehr und Anpassung ist die sogenannte *Verkehrung* der Triebimpulse *in das Gegenteil* (vgl. Kap. IV). Die heftigen feindlichen Impulse werden nunmehr in liebevolle und zärtliche umgewandelt. Das bisher störrische Kind wird ein braves Kind und erhält dafür natürlich auch Zuwendung und Lob. Es kann aber auch, wie wir oben zeigten, eine Gefühlseinstellung, ein Erlebnis oder ein Wunsch aus dem Erlebniszusammenhang isoliert herausgenommen werden, und somit entwickelt sich das Kind bewußt schuldgefühlfrei und angstfrei weiter.

Wir haben an diesem kleinen Beispiel die Wirksamkeit von drei tiefenseelischen Mechanismen, der Verdrängung, der Regression und der Verkehrung ins Gegenteil bzw. der Isolierung, kurz kennengelernt. Es ist wohl einleuchtend, daß mit diesem Vorgang zwar das konflikthafte

157

Erleben zunächst aus dem bewußten Erleben verbannt ist, jedoch der Konflikt eigentlich nicht gelöst ist. Das Ganze ist, wie man sagt, aufgeschoben, aber nicht aufgehoben. Die Neurose wird dann wieder lebendig, zeigt Symptome, wenn durch die neue Entwicklungsphase oder durch einen Außenreiz der alte Konflikt genährt wird und die bisherigen Maßnahmen der Abwehr und Anpassung nicht mehr stark genug sind.

Vergleicht man mit diesen höchst komplizierten innerseelischen Vorgängen die Handlungsweise des kleinen Peter (vgl. Kap. V), des Einkoters und Kotmalers, so wird einem wohl der Unterschied deutlich. Peter hat die Verhaltensweise und die Triebimpulse der frühen analen Phase beibehalten, aus Trotz und Aggression gegen die ihn vernachlässigende Mutter. Er hat sie nicht irgendwie verdrängt, sondern als ein Mittel gebraucht, um die Mutter zu sich zu zwingen. Als ihm dies gelungen war, konnte er sein Verhalten wieder aufgeben und sich an die Erziehungsanforderungen anpassen. Auch aus den Erziehungsschwierigkeiten des kleinen Peter hätte natürlich unter besonderen Bedingungen eine neurotische Entwicklung werden können.

Der Prozeß der Neurosenentstehung ist also höchst kompliziert. Es wirken die andrängenden Triebimpulse, die entgegenstehenden Forderungen der Außenwelt und des innerseelischen Gewissens und die verschiedenen Formationen der Abwehr- und Anpassungsmechanismen zusammen. Jedoch haben wir die Eigenart, mit der die Forderungen der Außenwelt vorgebracht werden, und die jeweilige Besonderheit der Gewissensentstehung bisher vernachlässigt. Erinnern wir uns deshalb jetzt wieder an die Erwartungshaltungen der Eltern, welche die Rollen des Kindes formen und sie im ungünstigen Fall zu einer traumatischen, zu einer neuroseformenden Rolle machen. Je nachdem, ob das Kind als Ersatz für eine Elternfigur, für den Partner, für eine Geschwisterfigur oder für geschätzte oder negierte Teile des eigenen Ich genommen wird, fallen die den Triebwünschen entgegenstehenden Forderungen der Erzieher ganz verschieden aus. Die den einzelnen Reifungsphasen entsprechenden Triebimpulse, die ebenfalls den Phasen zugeordneten tiefenseelischen Mechanismen und endlich die so sehr durch das eigene Lebensschicksal der Eltern bestimmten Erwartungsvorstellungen bestimmen also seelische Gesundheit und Krankheit und gegebenenfalls die Formen der Neurosen eines Kindes, eines Jugendlichen und eines Erwachsenen. Nimmt es da wunder, daß die Behandlung der Neurosen langwierig ist und der Lösung oft unüberwindliche Schwierigkeiten entgegenstehen?

c) *Erscheinungsbild und Entstehungsweise der Phobie:* Die Phobien sind im wesentlichen dadurch gekennzeichnet, daß der Phobiekranke gegenüber bestimmten Objekten, belebten und unbelebten, und in bestimmten Situationen eine von ihm fast als lebensbedrohlich erlebte Angst verspürt. Der Erwachsene, der Jugendliche und oftmals schon das ältere Kind wissen um das Unsinnige dieser Angst, wissen, daß die angsterregenden Objekte und Situationen in der Wirklichkeit gar nicht bedrohlich sind. So wohnte z. B. eine dreißigjährige Patientin nur fünfhundert Meter vom Psychotherapeuten entfernt. Sie mußte eine sehr belebte, anlagenähnliche Straße überqueren, an der drei Ärzte ihre Praxis hatten. Trotzdem litt sie an einer kaum erträglichen Angst, es könnte ihr auf diesem Weg ein Herzanfall zustoßen und sie wäre dann ohne jegliche Betreuung. Die kluge und gebildete Patientin war sich natürlich der Unsinnigkeit ihrer Befürchtung bewußt, trotzdem litt sie darunter.

Es wird wohl hier der Unterschied zur Hundeangst der kleinen Elisabeth (vgl. Kap. V) deutlich. Dem Kinde war zumindest zu Anfang noch nicht bewußt, daß die ihm bekannten Hunde nicht gefährlich waren und ihm nichts zuleide taten. Allerdings war auch kein vernünftiger Grund für Elisabeths Furcht vor Hunden ersichtlich. Das sonst so mutige Mädchen hatte bisher noch keine negativen Erfahrungen mit Hunden gemacht, hingegen schon allerlei von Katzen erdulden müssen. Es handelte sich also auch bei Elisabeth nicht um eine Furcht aufgrund einer einmal gemachten Erfahrung, um eine reale Angst, sondern um eine irreale Angst, die aus dem eigenen Innern, aus dem Es, der Heimat der Triebimpulse, oder dem Über-Ich, dem Gewissen, gekommen sein muß. Diese inneren Ängste, die zum Teil der gefürchteten Seite des Vaters galten und zum Teil dem Schuldgefühl der in der ödipalen Phase eifersüchtig abgelehnten Mutter entsprangen, waren auf die Hunde verschoben und konzentriert worden. Damit hatte das Mädchen die Möglichkeit, frei von Ängsten zu leben, wenn sie ihr Angstobjekt, den Hund, vermied. Im Gegensatz zur Phobie der Erwachsenen, Jugendlichen und älteren Kinder waren aber an Elisabeths Hundephobie außer der Verschiebung, als Abwehrmechanismus, keine innerseelischen Prozesse beteiligt und der innerseelische Konflikt daher noch nicht verfestigt. Aus diesem Grunde sind viele Tierphobien der Kinder, wie die von uns ja auch als phasenspezifisch geschilderten Dunkelängste, relativ leicht heilbar; unter günstigen Umständen verschwinden diese Erscheinungen von selbst. Treten jedoch in der Phobie-Zeit noch zusätzliche traumatische Erlebnisse auf, z. B. Verständnislosigkeit der Eltern oder jene Erwartungshaltungen der Eltern, wie wir sie oben kennengelernt haben, so können sich die phobischen Ängste verfestigen, oft allerdings unter Verlagerung des Phobie-Objektes oder der Phobie-Situation. So kann aus der Hundeangst später die Angst werden, sich in geschlossenen Räumen oder Fahrzeugen aufzuhalten.

d) *Die Vermeidung als typischer Abwehrmechanismus der Phobie.* Derartige phobische Zustände haben einen weiteren Effekt: sie hindern die Kranken daran, sich im Leben aktiv zu betätigen oder ihren Wohnort, ja sogar nur ihre Wohnung zu verlassen. Diese quälenden Zustände erfüllen den unbewußten Zweck, die Patienten vor den mächtig andrängenden unbewußten Triebimpulsen und Bedürfnissen und deren gefährlichen Tendenzen zu bewahren. Vereinfacht kann man sagen: der übermäßig Aggressive braucht sich dann nicht bewußt zu beherrschen, oder das sexuell ungemein ansprechbare Mädchen entgeht so den Versuchungen.

Aus der in ihren tiefenseelischen Zusammenhängen noch relativ leicht durchschaubaren Angst des Kindes wird somit eine komplizierte Neurosenform, die Phobie.

e) *Erscheinungsbild und Entstehungsweise der Hysterie:* Die Hysterie, die dritte der Neurose-Gruppen, haben wir bereits am Beginn der Problemgeschichte der Tiefenpsychologie kennengelernt. Zwei häufige Fehlmeinungen sind zunächst zu korrigieren. Hysterische Neurosen sind ebenso bei Männern wie bei Frauen zu finden. Die irrtümliche Ansicht, die Hysterie sei auf das weibliche Geschlecht beschränkt, rührt vom Namen her; das Wort „hystera" bedeutet im Griechischen die Gebärmutter, und die antike Medizin sah in der Wanderung der Gebärmutter im gesamten Körper die Ursache für manche psychischen Störungen. Des weiteren begegnet man häufig der Auffassung, die Hysterie sei eine Krankheit der Viktorianischen Epoche gewesen, und die Lebensbedingungen der modernen Gesellschaft würden das Auftreten hysterischer Neurosen verhindern. Dies ist nur zum Teil richtig. Die sogenannten Konversionshysterien, die Hysterien mit körperlicher Symptomatik, z. B. hysterischen Lähmungen oder Seh- und Hörstörungen, sind heute zwar nur noch selten zu diagnostizieren; an ihre Stelle sind aber die psychosomatischen Erkrankungen der inneren Organe getreten. Ein Beispiel hierfür sind die bevorzugten psychogenen Erkrankungen in den beiden Weltkriegen. Im ersten Krieg waren die sogenannten „Kriegszitterer" (eine hysterische Schüttellähmung) sehr häufig zu beobachten. Im zweiten Krieg hingegen spielte diese Störung gar keine Rolle, dafür waren seelisch bedingte Magen- und Darmerkrankungen äußerst häufig. Aus diesem einfachen Beispiel wird übrigens auch die Beteiligung der Männer an hysterischen Symptomen und Neurosen deutlich.

Bei keiner Neurose ist der Zusammenhang zwischen Neurose und Sexualität so erkennbar wie bei der Hysterie. FREUD hörte von seinen Patientinnen regelmäßig, sie seien in der Kindheit verführt oder sexuell

160

mißbraucht worden. Erst nach einiger Zeit entdeckte er, daß diese Berichte nicht der Wirklichkeit entsprachen, sondern Phantasieprodukte waren. Wir haben damit bereits zwei wesentliche Elemente der Hysterie kennengelernt: einmal die Beteiligung des Sexualtriebes und der Sexualwünsche, und zum anderen das Mitwirken der Phantasie.

Wir haben uns bisher bemüht, darzustellen, in welcher Kindheitsphase die jeweiligen Neuroseformen vorzugsweise ihre Wurzeln haben. Für die hysterischen Neurosen ist dies die phallisch-narzißtische Phase. Die Ichbezogenheit macht den Hysteriker für sein ganze Umgebung oft sehr schwierig und deshalb auch sozial recht unbeliebt.

f) Als in der hysterischen Neurose wirksame *Abwehr- und Anpassungsmechanismen* sind die Verdrängung, die hysterische Regression und die Identifizierung zu nennen. Diese Funktionen bedürfen einer näheren Beschreibung.

Die Verdrängung ist die früheste von FREUD erkannte Form der Abwehr (vgl. Kap. I) und wohl auch die allgemein bekannteste und anerkannteste. Die hysterische Persönlichkeit verdrängt die aufkommenden, von ihr selbst als unerlaubt empfundenen Wünsche aus dem Bewußtsein in den Zustand des Unbewußten. Manche der verdrängten Vorstellungen und Gedanken tauchen jedoch bald wieder auf, diesmal aber in einem anderen Gewande; sie sind Phantasieprodukte. Häufig ist aber der kranken Persönlichkeit nicht bewußt, daß sie nicht die Wirklichkeit verkörpern. Es kommt daher zu einem Spiel zwischen Dichtung und Wahrheit, das der Außenstehende als Lüge oder zumindest als Neigung zu unkritischer, erfindungsreicher Erzählung werten muß. Eine Fülle von Symptomen kann auftreten, und die Verdrängung hat dem Kranken nicht geholfen, mit seinen ihn störenden Triebimpulsen fertig zu werden. Neue Abwehrmechanismen kommen auf den Plan, wie wir ähnliches schon in der Zwangsneurose und Phobie beobachten konnten.

Die Regression, das seelische Zurückschreiten, tritt ein. Diesmal ist es aber nicht eine Regression in eine frühere Reifungsphase, so wie der Zwangsneurotiker in die anale Phase zurückgleitet, sondern der Hysteriker regrediert zu den früheren Personen seiner zärtlichen Zuwendung, das Mädchen also zum Vater, der Junge zur Mutter. Man muß sich diese Beziehungen sehr viel anders als die normalen Kind-Eltern-Beziehungen vorstellen. Für den Beobachter liegt in derartigen Gefühlszuwendungen etwas Unnatürliches. Mit diesem Rückschritt verliert das Kind, oder auch der jugendliche und erwachsene Patient, ein Stück seiner Identität, seiner erworbenen Geschlechtsrolle. Und da nun treten neuartige, krankhafte *Identifizierungen* mit Vater oder Mutter oder auch anderen

161

Persönlichkeiten auf. Häufig werden aber nur Krankheitsäußerungen oder schwierige Züge dieser Persönlichkeit übernommen. Durch die bisher, reichlich abstrakt geschilderten psychischen Vorgänge entsteht auch jene eigentümliche Unechtheit, die wir häufig bei hysterischen Patienten beobachten können. Der Fall eines neunjährigen Mädchens soll nun unsere Ausführungen über die Hysterie konkretisieren:

Die neunjährige Eva ist ein gescheites und in der Schule recht tüchtiges Mädchen. Allerdings wird von der Lehrerin ihre Vorwitzigkeit bemängelt und auch geschildert, sie sei wegen ihrer Staralüren bei ihren Klassenkameradinnen nicht sehr beliebt. Dieses Kind wird uns von der verzweifelten Mutter wegen folgender Symptomatik vorgestellt: seit etwa 3 Monaten kann Eva keine halbe Stunde allein bleiben. Will die Mutter die Wohnung verlassen, um Besorgungen zu machen oder jemanden zu besuchen, so bittet das Kind flehentlich, unter herzzerreißendem Weinen, es doch nicht allein zu lassen. Alles vernünftige Zureden der Mutter ist ohne Erfolg. Will die Mutter trotz allem einmal weggehen, macht ihr Eva gröbste Vorwürfe und versucht sie — sogar unter Gewaltanwendung — zu halten. Nach den Gründen seines Verhaltens befragt, berichtet das Kind, immer wenn sie alleingelassen werde, habe sie schreckliche Angst, der Mutter könne etwas zustoßen, und ihr sei auch so eigentümlich zumute, so ähnlich wie dem Vater, wenn er seine Herzanfälle habe. Bei dem zweiten Gespräch mit der kleinen Patientin steht zufällig ein Diktiergerät auf dem Schreibtisch. Eva interessiert sich sehr für diesen Apparat und wird deshalb gefragt, ob sie einmal hineinsprechen möchte. Das Mädchen spielt nun, ohne dazu aufgefordert zu sein, eine jener häuslichen Szenen, in denen sie die Mutter am Ausgehen hindert. Beim Abhören des Bandes läßt sich hinter der Ängstlichkeit in Wort und Ausdruck ein eigentümlicher Unterton, eine Art von Amüsiertheit oder Triumph deutlich durchhören.

Soweit dieser Fall: es ist nicht die Krankengeschichte einer Hysterie in voller Breite, dazu müßte man viel mehr von der Entwicklung des Kindes und von der Lebensgeschichte der Eltern berichten. Jedoch können wir in dieser Episode aus dem Leben eines Kindes das Spiel der psychischen Mechanismen in der Entstehungsgeschichte der Hysterie recht gut erkennen. Es regte sich zunächst — in unserem Bericht nicht erwähnt — bei dem körperlich sehr frühreifen Mädchen Interesse für einen Lehrer, das es zunächst auch in seinem Gehabe äußerte. Verständlicherweise fand dies keine Erwiderung, weswegen sie sich allmählich Gewissensbisse machte. So kam es zur *Verdrängung* der unerlaubten Wünsche. Diese Verdrängung hat das Kind anscheinend nur kurzfristig von seinem inneren Konflikt befreit; das hysterische Gehabe, von dem uns die Lehrerin berichtete, war wohl die nächste Symptomatik. Dann *regredierte* es in seiner Gefühlsbeziehung; die engen Gefühlsbindungen an den Vater, die der phallisch-narzißtischen und ödipalen Phase entsprechen, wurden wieder lebendig, und nun *identifizierte* sich das Mädchen mit dem Vater. Sie bekam „seine Krankheit", sie hatte seine Herzanfälle — der Vater war

162

tatsächlich herzkrank — und besaß so den Vater zwar nicht, war aber wie er.

Ihre massive Angst, allein zu Hause zu bleiben, hatte aber auch noch andere Konsequenzen. Eva selbst verriet uns etwas über ihre weiteren, ihr unbewußten Motive. Die Angst, der Mutter könnte etwas zustoßen, ist wohl — zumindest unter anderem — auch der Ausdruck für die Aggressionen Evas gegen die Mutter. Zudem kann sie ja mit ihrer Symptomatik die Mutter manipulieren, ja man könnte sagen schikanieren.

Wir haben den Fall des neunjährigen Mädchens als Beispiel gewählt, weil er besonders auch jene eigentümlichen Sozialaspekte der Hysterie erkennbar macht. Eva benimmt sich in der Schule auffällig und unkameradschaftlich, und deshalb ist sie verständlicherweise auch unbeliebt. Ihre Symptomatik und ihr Gehabe wirken unecht. Dies sind Verhaltensweisen, die wir sehr häufig bei weiblichen und männlichen Hysterikern beobachten. Man vergißt deshalb sehr leicht, daß die Kranken ihr unsoziales Verhalten nicht bewußt gestalten, sondern daß es ein Teil ihrer Krankheit ist. Von allen Neuroseformen verlangt deshalb die Hysterie vom Arzt wie vom Pädagogen, wenn er ihr begegnet, die meiste Selbstkontrolle.

3. Verschiedene Entstehungsmodelle psychosomatischer Krankheiten

Wir haben schon mehrfach auf die Bedeutung der psychosomatischen Krankheiten in unserer Zeit hingewiesen. Im Kindesalter finden wir vor allem das Einnässen und Einkoten, das Stottern und andere Sprachstörungen, das Asthma bronchiale, manche Hauterkrankungen, anfallsartige Erscheinungen, Störungen des Magen- und Darmtraktes und heute sogar mehr und mehr Magengeschwüre. Selbstverständlich muß bei allen körperlichen Symptomen zunächst auch die organische Seite mit den verfügbaren diagnostischen Mitteln der modernen Medizin abgeklärt werden. Uns interessiert hier der tiefenpsychologische Aspekt jener körperlichen Symptome. Wir wissen heute zwar sicher, daß eine Reihe von körperlichen Erkrankungen seelisch bedingt oder zumindest mitbedingt sein können. Wir wissen des weiteren, daß bei diesen Krankheiten die Psychotherapie, also eine seelische Krankenbehandlung, das richtige Mittel ist. Unser Wissen über die Entstehung körperlicher Symptome aus seelischen Gegebenheiten ist aber noch begrenzt. Bereits FREUD hat in den neunziger Jahren des vergangenen Jahrhunderts die vielfältigen Symptome, welchen die damaligen Ärzte oft hilflos gegenüberstanden, die Lähmungen, mancherlei Störungen des Gefühlssinns, des Sehens und des Hörens, als seelisch bedingt erkannt. Er nannte sie Konversionshysterien. Als wesentliche Ursache sah er eine Trennung von Vorstellung und Affekt an; der abgetrennte Affekt wurde nach FREUDS Ansicht in körperliche Energie umgewandelt und bewirkte die körperlichen Symptome. Wir erinnern den Leser hier noch einmal an den Fall der Anna O. Für die in den letzten 50 Jahren immer mehr beobachteten eigentlichen psychosomatischen Erkrankungen des Magen- und Darmsystems, des Herzens und Kreislaufes und der Ausscheidungs- und Geschlechtsorgane war die FREUDsche Hypothese nicht ganz brauchbar. F. ALEXANDER, der vor kurzem in Los Angeles verstorbene Psychosomatiker, und A. MITSCHERLICH stellten neue Erklärungshypothesen auf.

ALEXANDER ging davon aus, daß die Affekte des Menschen mit körperlichen Vorgängen, die sowohl durch das Nervensystem als auch durch die Hormone gesteuert werden, gekoppelt sind. Werden nun Affekte in ihrer Äußerung gehemmt, so laufen die körperlichen Begleitvorgänge trotzdem weiter und können nicht zu einem für das Wohlfunktionieren des Organismus notwendigen Ausklang kommen. Ein bewußt vereinfachtes Beispiel mag dies illustrieren: Bei der Wutäußerung wird der Blutdruck gesteigert, da ja in der Primitivform der Wutäußerung, also dem körperlichen Angriff, auch eine vermehrte Durchblutung der Organe und der Muskeln notwendig ist. Ist nun jemand durch seine psychische Entwicklung und Charakterbildung immer mehr in seiner Affektäußerung, auch in gemäßigtem Ausmaße, gehemmt, so kann es unter Umständen zu schweren Blutdruckkrisen bei diesem Menschen kommen.

MITSCHERLICH hat diese Ansicht von ALEXANDER noch etwas verändert und erweitert. Er nimmt an, daß der Niederschlag psychischer Konflikte im Körper und damit in körperlichen Krankheitssymptomen eine weitere Form der Verdrängung ist. Er spricht von einer zweiphasigen Verdrängung. Damit meint er, daß die Verdrängung im seelischen Bereich, also die psychischen Abwehrmechanismen, nicht mehr zur Bewältigung eines Konfliktes ausreichen und somit eine weitere Verdrängung in den Organismus stattfindet.

Wir haben mit dieser Darstellung die Grenze des Pädagogischen weit überschritten. Dies scheint uns aber berechtigt, denn einmal demonstriert sie einen Anwendungsbereich der Tiefenpsychologie in der körperlichen Medizin, und zum anderen kann sie dem Pädagogen ein Hinweis dafür sein, gegebenenfalls an derartige Möglichkeiten zu denken. Praktische Anwendungen der Tiefenpsychologie zu demonstrieren und dem Erzieher Anregungen zu vermitteln, war das Anliegen der beiden letzten Kapitel. Sie können und sollen in der Darstellung der Verhaltensschwierigkeiten und Neurosen nicht vollständig sein wie ein Lehrbuch.

VII. Psychotherapie im Kindes- und Jugendalter

Es gibt heute im deutschen Sprachbereich so viele verschiedene Bezeichnungen für die psychologische Behandlung von Kindern und Jugendlichen, daß der Unkundige verwirrt werden muß. Wir wollen deshalb diese Begriffe zunächst klären, dann die auf tiefenpsychologischen Erkenntnissen basierenden Behandlungsformen skizzieren und endlich Probleme der Zusammenarbeit von Kindertherapeuten und Pädagogen erörtern. Der letzte Punkt erscheint uns von besonderer praktischer Bedeutung, da vielfach die Zusammenarbeit von Kinderpsychotherapeuten und Pädagogen noch unter beträchtlichen Mißverständnissen leidet und letztlich das Kind von dieser mangelnden Kooperation am meisten betroffen ist.

1. Begriffsdefinitionen

a) Kinderpsychiater, Psychologe, Kinderpsychotherapeut, Kinderanalytiker, Psychagoge, Heilpädagoge, Erziehungsberater und Erziehungshelfer sind die Berufsbezeichnungen für jene Fachleute, die im Felde der psychologischen Kinderbehandlung zu finden sind. Die Orientierung wird dadurch erschwert, daß sich berufliche Tätigkeit und wissenschaftlich-methodische Orientierung dieser Gruppen überschneiden.
Die Bezeichnungen *Erziehungsberater* und *Erziehungshelfer* sind nicht von der Ausbildung her, sondern nur durch die Arbeit in einer Institution, in einer Erziehungsberatungsstelle geprägt. Es bleibt dabei völlig offen, ob es sich um Ärzte, Psychologen, Psychotherapeuten oder um Sozialarbeiter handelt. Wir können und brauchen uns daher mit dieser Gruppe nicht zu beschäftigen.
Der *Kinderpsychiater* klassischer Prägung hat sich bis vor nicht allzu langer Zeit in Deutschland vorwiegend mit den seelischen Störungen auf körperlicher, d. h. vorwiegend gehirnorganischer Grundlage beschäftigt. Unter Einwirkung der Tiefenpsychologie einerseits und der anglo-amerikanischen Psychiatrie andererseits wandte die Kinderpsychiatrie ihr Interesse mehr und mehr auch den psychisch bedingten Störungen zu.
Der *Psychologe* ist vorwiegend diagnostisch ausgebildet und bringt daher die Methoden zur Diagnose des Entwicklungsstandes, der Persönlichkeit und der psychischen Störungen mit. Sowohl Psychiater als auch Psychologe können innerhalb einer Zusatzausbildung Erfahrungen und

Kenntnisse in Kinderpsychotherapie, also in der Anwendung psychologischer Behandlungsmethoden bei Kindern, erworben haben.

Die *Kinderanalyse* wiederum ist eine Spezialform der *Kinderpsychotherapie;* in ihr wird die im Erwachsenenbereich entwickelte Methodik der psychoanalytischen Behandlung auf die kindlichen Verhältnisse umgewandelt angewandt. Der sich mit Kinderanalyse beschäftigende Psychiater oder Psychologe muß analog dem Analytiker für Erwachsene sich selbst einer sogenannten Lehranalyse unterziehen. Die Gründe hierfür werden wir noch darstellen.

Die Berufsbezeichnung *Psychagoge* ist nicht sehr glücklich gewählt. Wörtlich übersetzt bedeutet nämlich das Wort Psychagogik Seelenführung und wird für verschiedenartige Formen von psychologischem und psychotherapeutischem Umgang mit Menschen, Erwachsenen und Kindern, gebraucht. So wurde denn der Ausdruck Psychagogik lange Zeit für alle möglichen, nicht genau definierten Formen des Umgangs mit Patienten in der Klinik der ärztlichen Praxis, mit Ratsuchenden in der psychologischen Beratung oder mit Kindern oder Jugendlichen in Erziehungsheimen benutzt. Gemeinsam war diesem sehr verschiedenartigen Einsatz die direkte Art im Umgang mit Menschen, der Zuspruch, der Rat oder die Weisung. Dies steht nun ganz im Gegensatz zum tiefenpsychologischen Vorgehen, in dem der Behandler abwartet, um die seelischen Hintergründe des Tuns kennenzulernen, und nicht in die Verhaltensabsichten seines Schützlings eingreift. In den Jahren nach dem zweiten Weltkrieg bestand ein krasses Mißverhältnis zwischen Bedürfnis nach psychotherapeutischer Hilfe an Kindern und Jugendlichen und vorhandenen Kinderpsychotherapeuten. Aus dieser Notlage entstand eine neue Berufsgruppe, die man mit der schon vorhandenen Bezeichnung Psychagogen versah. Es sind dies Persönlichkeiten mit abgeschlossener pädagogischer und sozialpädagogischer Ausbildung und mehrjähriger praktischer Erfahrung, die nach einer Eigenanalyse eine kinderpsychotherapeutische Zusatzausbildung absolviert haben. Wir sehen also, daß heute die Psychagogen ihrer Tätigkeit und Ausbildung nach den Psychotherapeuten näherstehen als jenen, die im alten Wortsinne Psychagogik betreiben.

Es bleibt noch die Arbeitsweise der *Heilpädagogen* zu klären. Auch hier hat sich eine Wandlung ergeben. Noch im Inhaltsverzeichnis der lange Zeit bedeutendsten „Einführung in die Heilpädagogik" des Schweizers HANSELMANN (1933) finden wir die Pädagogik der Schwachsinnigen und Mindersinnigen (Seh- und Hörschwachen, Blinden und Tauben) und der organisch gehirngeschädigten Kinder den Hauptteil des Buches einnehmen. Bezeichnenderweise nehmen nun heilpädagogische Heime neuester Art gerade schwach- und mindersinnige Kinder nicht auf, sondern be-

166

schränken ihre Tätigkeit vorwiegend auf erziehungsschwierige und milieugeschädigte Kinder.

In jüngster Zeit wurde auch eine heilpädagogische Zusatzausbildung für *Sozialpädagogen* eingerichtet. Sie soll Kindergärtnerinnen, Jugendleiterinnen, Sozialarbeitern ein vertieftes Verständnis für die Probleme der Kinder- und Jugendpsychiatrie, Jugendpsychologie und Psychotherapie und Tiefenpsychologie vermitteln. Sie soll den Sozialpädagogen eine fruchtbare Arbeit im Heim ermöglichen. Sie zielt jedoch nicht auf eine eigenständige tiefenpsychologisch-psychotherapeutische Tätigkeit.

Von den hier charakterisierten Berufen, die sich mit den Verhaltensschwierigkeiten und seelischen Störungen im Kindes- und Jugendalter beschäftigen, üben nur die Analytiker, Psychotherapeuten und Psychagogen eine auf der Tiefenpsychologie, d. h. der Psychoanalyse und ihren Abwandlungen, beruhende Behandlungspraxis aus. Die Differenzierung zwischen diesen drei Gruppen wird wohl am zweckmäßigsten nach der Schwierigkeit der von ihnen zu behandelnden Fälle vorgenommen. Die Behandlung schwerer Neurosen ist eine Angelegenheit der Kinderanalytiker und analytisch orientierter Kinderpsychotherapeuten. Die vielfältigen psychisch bedingten Verhaltensschwierigkeiten, die oft durchaus eine bereits beginnende oder fortschreitende neurotische Entwicklung darstellen, sind hingegen vorzugsweise das Feld der Psychagogen. Dieser informatorischen Darstellung entspricht verständlicherweise die Realität nicht immer. Manchmal muß einer in Situationen tätig werden, zu deren Meisterung ihn seine Ausbildung eigentlich nicht befähigt, manch anderer ist sich der Grenzen seines Könnens nicht bewußt, und wiederum andere feilschen leider um Kompetenzen. Wir haben derartige mißliche Möglichkeiten hier bewußt aufgewiesen, um zu verhindern, daß der Rat und Hilfe suchende Erzieher eine einmalige Enttäuschung der Sache, der Tiefenpsychologie und ihrer Anwendung in der analytischen Psychotherapie, zurechnet.

b) Was ist nun *Psychotherapie* und was ist *Psychoanalyse?* Die *Psychotherapie* definieren wir mit I. H. Schultz als „Behandlung von körperlichen und seelischen Störungen mit seelischen Mitteln". Die Definition geht also nicht von der Art der Störungen, sondern von der Art der Behandlung aus. Da seelische Störungen auch rein körperliche Ursachen haben können, wird es auch notwendig sein, diese dann mit entsprechenden Mitteln, z. B. Drogen oder physikalischen Anwendungen, zu behandeln. Zur Psychotherapie in diesem weiten Sinne gehören Hypnose und Entspannungsverfahren, wobei man sich mit seelischen Mitteln direkt an die nervöse Steuerung des Organismus, an das zentrale oder vegetative

Nervensystem wendet. Ebenso zählen dazu die therapeutische Nutzung der Reflexvorgänge, die durch den russischen Physiologen PAWLOW vor 50 Jahren eingeleitet worden ist, und die auf der Psychologie der Lernvorgänge basierende Verhaltenstherapie in Amerika und England. Diese Methoden sind vor allem dort am Platze, wo wegen äußerer oder innerer Hindernisse (z. B. mangelnder Intelligenz) eine den Konflikt bearbeitende Behandlungsweise nicht möglich ist.

Der pädagogische Psychologe R. TAUSCH hat in Deutschland vor allem die in Amerika entwickelte sogenannte *nicht-direktive Psychotherapie* bekanntgemacht. Ihr liegt der Gedanke zugrunde, daß jedem Menschen, sobald man ihm nur die hierfür notwendigen Bedingungen schaffe, eine Selbstheilungs- und Selbstgestaltungstendenz innewohne. Großen Einfluß gewann diese Schule auf die Gruppenarbeit mit Kindern in Erziehungsberatungsstellen (vgl. V. AXLINE, 1947, und A. und R. TAUSCH, 1956). Es wird dabei angenommen, daß allein das Spielen in einer verständnisvollen und freizügigen Umgebung, das Äußern von Gefühlen und die Reaktion der Gruppengefährten auf diese Spieläußerungen eine den Selbstheilungsprozeß fördernde Wirkung haben. In allen Fällen, in denen es sich nur um eine durch den Entwicklungsprozeß bedingte Schwierigkeit handelt (vgl. Kap. V), ist jenes Verfahren sicher von guter Wirksamkeit. Dort aber, wo bereits eine echte neurotische Entwicklung eingesetzt hat, wo der komplizierte Prozeß mehrerer aufeinanderfolgender und ineinandergreifender Abwehrfunktionen stattgefunden hat (vgl. Kap. VI), ist eine tiefenpsychologische, analytische Behandlung notwendig.

Die *Psychoanalyse* ist eine spezielle Form der Psychotherapie. Während die bisher geschilderten Verfahren entweder das Symptom — z. B. Bettnässen, Angst vor bestimmten Objekten, sexuelle Abartigkeiten — direkt behandelten (Hypnose, Reflexbehandlung, Verhaltenstherapie) oder von einer optimalen Gestaltung der Äußerungsmöglichkeiten Selbstheilung erhofften, wendet die Analyse ihre Aufmerksamkeit der Entstehung der neurotischen Schwierigkeiten zu. Die Wege der Psychoanalyse zum Verstehen eines Menschenlebens haben wir bereits bei der Diskussion der wissenschaftlichen Forschungsmethoden der Tiefenpsychologie kennengelernt (vgl. Kap. II). Es sind dies die Technik der freien Assoziation, die Interpretation von unbewußtem Material (Traum, Fehlleistung, bildnerische Gestaltung und Spiel des Kindes), die Beobachtung des Verhaltens in der Analysestunde und die Berichte des Analysanden über sein Verhalten und Erleben im Alltag. Jetzt aber geht es nicht um wissenschaftliches Interesse, um Forschungsmethoden, sondern um therapeutische Hilfe. Hier gilt es zunächst den weitverbreiteten Irrtum zu korrigieren,

168

das therapeutisch Wirksame in der Analyse sei das Bewußtmachen der unbewußten seelischen Vorgänge im Patienten durch den Analytiker, im Sinne eines rein rationalen Vorgangs, so etwa, als wäre die Analyse eine Art Aufklärung des Analysanden durch den Analytiker. Vielfach handelt es sich bei diesem Irrtum um eine falsche Auslegung des bekannten FREUD-Wortes „Wo Es (Unbewußtes, Verf.) war, muß Ich (Bewußtes, Verf.) werden". Der Leser sei an den Fall der Anna O. erinnert, in dessen Behandlungsbericht FREUD und BREUER in der Zusammenführung einer Vorstellung (also etwas Rationalem) und des erlebnismäßig hinzugehörenden Affekts das Heilende gesehen haben. Es scheint uns daher F. ALEXANDERS Bestimmung der Psychoanalyse als einer „retrograden Erlebniskorrektur" treffend. Im analytischen Heilungsprozeß werden demnach die abgewehrten Triebimpulse, die Reaktion der Mitwelt auf diese und die affektive Antwort des Patienten auf die Reaktionen seiner Mitmenschen noch einmal ins Erlebnis gerufen und in einer neuerlichen Auseinandersetzung an ihre richtige Stelle in der Persönlichkeit gesetzt, in die Persönlichkeit integriert.

2. Die psychoanalytische Behandlungsmethode

Wie sieht nun die psychoanalytische Kur praktisch aus? Wir wollen dies zunächst am Erwachsenen und dann am Kinde betrachten.

a) Ein *Erwachsener* leidet an seinen psychischen Schwierigkeiten oder psychosomatischen Symptomen. Er sucht deshalb einen Arzt auf und wird von diesem an einen Psychoanalytiker überwiesen. Manchmal geht ein Patient auch aufgrund von eigenen literarischen Informationen direkt zum Psychoanalytiker. In beiden Fällen steht der Patient unter *Leidensdruck,* d. h. er wird durch eine innere oder äußere Notlage veranlaßt, sich einer analytischen psychotherapeutischen Behandlung zu unterziehen. Dieser Leidensdruck ist eine bedeutsame Voraussetzung der analytischen Kur; erst aus der Bedrängnis heraus vermögen die meisten die Mühseligkeiten der langen Dauer (oft über mehrere Jahre), der manchmal recht unangenehmen Stundensituationen und der materiellen Opfer zu ertragen. In der ersten Begegnung, dem Interview, erzählt der Patient dem Psychotherapeuten seine Schwierigkeiten, den Anlaß seines Kommens. Falls keine massiven Gründe gegen eine analytische Psychotherapie vorliegen, wird der Beginn einer solchen verabredet und gleichzeitig eine Probezeit von einigen Wochen ausgemacht. Diese gibt dem Patienten die Möglichkeit, sich in dieser Zeit endgültig für oder gegen eine solche Behandlung zu entscheiden, und der Therapeut verschafft sich ein Urteil darüber, ob der Patient und seine Störungen für eine analytische Behandlung geeignet sind.

Außer der Verabredung der Zeiten (meist 4 Stunden in der Woche) und des Honorars wird noch die sogenannte analytische *Grundregel* besprochen. Der Psychotherapeut muß dem Patienten auferlegen, daß er während der Stunde alles ihm Einfallende ohne Kontrolle und Zensur berichtet, gleichgültig ob ihm die Einfälle passend oder unpassend erscheinen, angenehm oder peinlich sind. Wir verstehen diese Forderung als eine Aufforderung zur freien Assoziation (vgl. Kap. II).

Als einziges Instrumentarium — weithin bekannt — hat der Analytiker die Couch, ein Ruhebett, auf dem der Patient während der Behandlungsstunde liegt. Im Liegen ist der Mensch mehr von der realen Außenwelt abgezogen und seinen Einfällen und Betrachtungen hingegeben, dies ist der eine Grund; der andere aber ist nicht minder wichtig: das Liegen hält den Analysanden davon ab, seine Affekte auszuagieren, z. B. im Zimmer herumzulaufen, wenn ihm danach zumute ist. Er kann nur sein Befinden schildern, er muß es, wie der technische Ausdruck lautet, „verbalisieren". So wird jede Abweichung von der aufgegebenen Grundposition ein Hinweis auf innere Vorgänge und Zustände. Ein Patient kann die Tendenz haben, aufzustehen und sich umzudrehen und den Therapeuten anzublicken, er kann über körperliche Beschwerden beim Anklingen irgendeines in der Stunde behandelten Themas klagen, und er kann schweigen. Dem Außenstehenden mag gerade die letzte Verhaltensweise vom Standpunkt des Patienten aus sehr unzweckmäßig dünken. Begibt sich dieser doch als erwachsener Mensch freiwillig in die analytische Behandlung, um Hilfe zu bekommen.

Dieser bewußten und vernünftigen Absicht stellen sich jedoch im Laufe einer Analyse mannigfache unbewußte Hindernisse entgegen. Dies wird sehr leicht begreiflich, wenn man sich daran erinnert, daß die Neurose aus dem Widerspiel und Ineinander von Impulsen, Reaktionen der Umwelt und dann vor allem von einem mehrfachen Ineinander von Abwehrmechanismen entstanden ist. Es besteht also trotz bester bewußter Absicht eine unbewußte Tendenz, die Geheimnisse nicht preiszugeben. Diese Tendenz wird der *Widerstand* des Patienten genannt. Der Analytiker kann den Widerstand dadurch mindern, daß er den Patienten darauf aufmerksam macht und somit die Karten des Unbewußten aufdeckt.

Die Benennung des Widerstandes ist eine Form der *Deutung* oder Interpretation, des wesentlichen Instrumentes der Analyse. Es werden Berichte, Einfälle, Träume und Traumteile, aber auch Verhaltensweisen

170

wie z. B. das Schweigen des Patienten auf ihre, dem Patienten unbewußte, Tendenz hin gedeutet. Dabei ist eine Deutung nur dann wirksam, kann nur dann akzeptiert werden, wenn sie dem Analysanden sehr bewußtseinsnahe ist. Der beste Beweis für die Richtigkeit einer Deutung ist etwa die Formulierung des Patienten, er habe dies auch schon selbst gedacht oder gefühlt.

Aus dem bisher Geschilderten ergibt sich für den Leser wohl ein Eindruck von der Langatmigkeit und Zähflüssigkeit des analytischen Prozesses. Oftmals liegen vor der Erinnerung und Neubelebung sehr verpönter Wünsche und dem Sicherheitsgefühl und dem Stolz der Persönlichkeit zuwiderlaufender Erlebnisse mehrere Stunden zähen Widerstandes.

Man stelle sich nun die *zwischenmenschliche Situation* von Patient und Analytiker vor, die über einen langen Zeitraum mehrere Stunden in der Woche in jener beschriebenen eigentümlichen Form zusammen sind. Der Analytiker weiß fast alles vom Analysanden, der Analysand weiß fast nichts vom Analytiker. Der Analysand muß alle seine Einfälle preisgeben, der Analytiker gibt nur gelegentlich einen kurzen Kommentar dazu. Wir können dies mit P. R. HOFSTÄTTER (1957) eine „asymmetrische Sozialsituation" nennen.

Warum aber diese Asymmetrie? Nur so ist es möglich, daß der Patient im und am Analytiker seine eigenen Gefühle und Affekte zu wesentlichen Beziehungspersonen seiner Entwicklung wieder erlebt. Je weniger der Analytiker Eigenleben hat, desto mehr kann er für den Patienten Züge früherer Menschen, des Vaters, der Mutter, der Geschwister und anderer Personen, annehmen. Die *Übertragung* erlebter menschlicher Beziehungen auf neue, spätere Beziehungen, ist ein allgemeines Phänomen. Wir alle unterliegen dem Zwang zur Übertragung und vermögen keinen Menschen objektiv zu sehen. Diese Übertragung wird durch die Asymmetrie der Sozialsituation in der Analyse gefördert. So werden zärtliche Zuwendung und Abneigung, Liebe und Haß, Vertrauen und Furcht, das Gefühl, geliebt, bejaht und verstanden oder abgelehnt, verachtet und unverstanden zu sein, in der analytischen Partnerbeziehung wiederbelebt. Der Analytiker kann dann untersuchen, wem eigentlich die ihm entgegengebrachten oder von ihm erwarteten Gefühle gelten. Er deutet dies dem Patienten, und dem wird verständlich, wie er Vater, Mutter und Geschwister und damit heute Frau, Kinder und Vorgesetzte erlebt. Eine Korrektur der von früher auf heute übertragenen Erlebnisse und eine neue Einordnung in die Persönlichkeit wird nun möglich.

Wir haben damit alle wesentlichen Mittel der analytischen Psychotherapie zum Zwecke der heilenden Konfliktbelebung und Erkenntnis kennengelernt. Es sind dies die Deutung unbewußter Inhalte in Einfall, Traum und Verhalten, die Deutung des Widerstandes gegen diese Deutungsmöglichkeiten und die Deutung der Übertragung, d. h. die Wiederbelebung der gestörten wechselseitigen Regulationen der Kindheit.

b) Wie soll aber jenes komplizierte Verfahren dem neurotisch gestörten *Kinde* zugute kommen? Ihm scheinen doch fast alle Voraussetzungen für diese Therapieform zu fehlen. Das Kind hat keinen eigentlichen *Leidensdruck*, häufig leidet nur die Umgebung, die Eltern und Erzieher; das Kind kann sich auch nicht freiwillig in eine Behandlung begeben, da es ja noch nicht selbständig ist; es vermag nicht eine Stunde lange ruhig auf einer Couch zu liegen und dabei seine Einfälle, Vorstellungen und Gefühle in Worte zu fassen.

Die *Nutzung des kindlichen Spiels* als einer der Sprache des Erwachsenen gleichwertigen Ausdruckswelt erscheint uns heute selbstverständlich. Alle richtigen Lösungen sind selbstverständlich, aber es mußten zunächst psychoanalytische Erfahrung, entwicklungspsychologische Kenntnis und pädagogisches Verständnis zusammenkommen, um die Spieltherapie zu ermöglichen. MELANIE KLEIN (1932), eine Berliner Psychoanalytikerin, und H. ZULLIGER (1963), der Berner Pädagoge und Psychoanalytiker, kamen von verschiedenen Seiten zum Spiel als Medium der analytischen Kindertherapie.

KLEIN führte das Kind in ein mit Spielsachen angefülltes Behandlungszimmer; vor allem waren dort Figuren und Gegenstände, die es dem Kinde ermöglichten, Szenen aus seiner Umwelt darzustellen. Das Kind durfte Spielzeug auswählen und damit umgehen, ganz nach Belieben. KLEIN beobachtete das Kind beim Spiel und deutete ihm das spielende Tun als Ausdruck unbewußter Tendenzen genau so, wie sie ihren erwachsenen Patienten Einfälle, Träume und Verhaltensweisen interpretierte. So sagte sie z. B. einem Kinde, das immer wieder einen Laternenpfahl umwarf, es habe einen Haß gegen seinen Vater und möchte diesen zu Fall bringen. Einem anderen Kinde, das zwei Autos immer wieder zusammenstoßen ließ, deutete sie dies als ein Bild des beobachteten Zusammenseins der Eltern im Schlafzimmer, wobei das Kind Angst gehabt habe, die Eltern würden sich etwas zuleide tun. Ein derartiges Vorgehen können wir heute nicht mehr akzeptieren; selbst wenn die Deutung richtig ist, ist sie in dieser direkten, intellektuellen Form dem Kinde völlig ungemäß und daher auch kaum therapeutisch wirksam. Die Methode M. KLEINS ist noch viel zu sehr eine in die Spielwelt übertragene Erwachsenenanalyse. Im Verlaufe einer langen Arbeit mit Kindern hat KLEIN diese in den zwanziger Jahren entwickelte Methode vielfach verändert.

ZULLIGER kam als Volksschullehrer vom Kinde her und versuchte sogleich seine in einer psychoanalytischen Ausbildung erworbenen Erfahrungen und Kenntnisse im Umgang mit Kindern anzuwenden. Auch er gebrauchte in der Behandlung des Kindes bis etwa zu dessen zwölftem Lebensjahr die Spieltechnik. Gemäß der Erwachsenenbehandlung sah auch ZULLIGER im Deuten des unbewußten Materials das Wesentliche, allerdings orientierte er seine Technik mehr an der sehr viel vorsichtigeren ANNA FREUDS (1927), die weit weniger direkt deutend vorging als M. KLEIN. Dann bemerkte ZULLIGER in einigen Fällen, daß seine kleinen Patienten auch ohne Deutung von ihren Symptomen genasen. Er traute dem Erfolg nicht und warnte die Eltern; jedoch blieben die Symptome verschwunden, und es traten auch, was bei nichtgeheilten Neurotikern häufig der Fall ist, keine neuen Symptome an die Stelle der alten. Bei näherer Untersuchung dieser Fälle entdeckte ZULLIGER, daß in der Tat im Spielen bereits eine Konfliktlösung vorgegangen war. Wesentlich für diesen Heilungsprozeß ist jedoch eine gute Gefühlsbeziehung zum Psychotherapeuten, eine positive Übertragung. Der Therapeut wird dann vom Kinde als mächtiger Helfer erlebt, der das noch schwach entwickelte Ich, das Steuerungsorgan der Persönlichkeit, stützt. Im Schutze dieser positiven Gefühlsbeziehung kann das Kind seine traumatischen Konflikte — z. B. heftige Aggressionen gegen einen Elternteil oder ein neuangekommenes Geschwisterchen — oft im Spiele darstellen. Diese Darstellung — z. B. das Wegwerfen eines Gegenstandes, der etwa das neue Geschwisterchen bedeutet — ist für das Kind aber Wirklichkeit. Es erlebt nun, daß der Therapeut ihm, obwohl es grausam zum Geschwisterchen war, die Freundschaft nicht entzieht. So kann es die eigenen Affekte langsam integrieren und zu positiveren umgestalten, d. h. sublimieren. Das weggeworfene Geschwisterchen wird wieder geholt, es wird ihm vielleicht eine Wiege gebaut und es wird — so kann die Aggression nach einer anderen Seite geleitet werden — gegen böse Tiere vom großen Bruder geschützt.

c) ZULLIGER hat sein technisches Vorgehen *die reine Spieltherapie* genannt. Er meint damit die Tatsache, daß der Therapeut in diesem Verfahren keine verbalen Deutungen gibt. Er läßt das Kind entweder sich ausspielen und fungiert lediglich als Schutzmacht, oder er gibt seine Deutungen, indem er mitspielend auf das Tun des Kindes reagiert. Er gibt z. B. dem kleinen Patienten, der im Symbol des Laternenpfahls seinen Vater immer wieder aggressiv angeht, Gelegenheit, im spielerischen Tun selbst männliche und väterliche Funktionen zu übernehmen. So birgt das Spiel, wie ZULLIGER aufweist, *vier Möglichkeiten:* erstens kann man die traumatischen Konflikte des Kindes diagnostisch erkennen; zweitens kann das Kind im Spiel seine Konflikte ausleben und weitgehend auskurieren; drittens kann der Therapeut im Spiel agierend oder reagierend dem Kinde Deutungen in der vorlogischen Sprachweise des Spieles geben und viertens erkennt der Therapeut durch die Spieldarstellung traumatische, d. h. konfliktauslösende Situationen im Milieu des Kindes.

Das Spiel als Medium der Kindertherapie ist jedoch nur *ein* Unterscheidungsmerkmal zwischen Kinder- und Erwachsenenanalyse, wie wir oben sahen. Das Kind hat keinen Leidensdruck, keine Krankheitseinsicht. A. FREUD gibt deshalb den Rat, das Kind nach einigen Therapiestunden darüber aufzuklären, daß eine Reihe von Kindern mit Schwierigkeiten hierher kämen und Hilfe erhielten, und daß es selbst, wenn es Schwierigkeiten habe, Hilfe holen könne. In gemeinsamem Suchen finden Therapeut und Kind fast immer Schwierigkeiten, zu deren Überwindung das Kind nunmehr in die Behandlung kommt. Das Kind braucht, wie wir gesehen haben, eine vertrauensvolle Beziehung zum Behandler. Es ist aber nicht zu erwarten, daß ein Kind einem fremden Menschen sogleich eine vertrauensvolle Zuwendung entgegenbringt. Diese muß sich der Kinderpsychotherapeut erst — oftmals recht mühselig — erobern. Hier mag in einem Fall ein verständnisvolles ruhiges Zuwarten, im anderen Fall eine kleine Freundlichkeit oder ein Geschenk und bei einem älteren Jungen das Imponieren durch sportliche oder technische Kenntnisse das Mittel der Wahl sein.

d) *Die Übertragung in der Kinderbehandlung und die Notwendigkeit der Lehranalyse:* In enger Beziehung zu dem positiven Verhältnis vom Kinde zum Therapeuten steht die *Übertragung*, deren grundsätzliche Bedeutung für eine Analyse wir aus der Erwachsenenbehandlung kennen. Ganz anders als beim Erwachsenen sind jedoch die wesentlichen Beziehungspersonen, Vater, Mutter und Geschwister, beim Kinde noch im Alltag gegenwärtig. Aus diesem Grunde spielt der Therapeut in der Kindertherapie eine doppelte soziale Rolle. Das Kind überträgt Gefühlseinstellungen, die es seinen Familienmitgliedern gegenüber hegt, auf den Therapeuten, jedoch wechseln diese rasch, da die Beziehungspersonen noch im täglichen Umgang mit dem Kinde sind. Außerdem erlebt das Kind aber den Behandler auch als eine neue Beziehungsperson in seinem Leben, zu der es eigenständige Emotionen entwickelt. Der Kinderpsychotherapeut muß also immer versuchen, zu ergründen, ob eine kindliche Affektäußerung ihm selbst oder ihm als Übertragungsfigur gilt.

Damit kommen wir zur Frage der *Lehranalyse*. Der zukünftige Psychotherapeut muß in seiner Ausbildung eine eigene Analyse absolvieren, die sich in der äußeren Durchführung und im inneren Ablauf in keiner Weise von der Analyse eines Patienten unterscheidet. Diese Forderung stößt oft auf Widerstand und mangelndes Verständnis bei Außenstehenden. Da der Pädagoge mit dem Psychotherapeuten zusammenarbeiten soll, muß er auch die Problematik der Lehranalyse kennen.

Die Lehranalyse soll den zukünftigen Psychotherapeuten befähigen, die Wurzeln seiner eigenen Schwierigkeiten besser zu verstehen, um die unbewußte Dynamik der Gegenübertragung zu seinen Patienten zu erkennen. Die Gegenübertragung ist, wie der Name sagt, das Gegenstück zur Übertragung des Patienten. Auch der Analytiker überträgt auf den Patienten Gefühle, Affekte und Erwartungen, die er in seiner Lebensgeschichte seinen Beziehungspersonen entgegengebracht hat. Man kann diese Gegenübertragungen die Voreingenommenheiten des Therapeuten gegenüber dem Patienten nennen. Diese Voreingenommenheiten kommen aber nicht nur zu Beginn einer Behandlung vor, als Sympathie und Antipathie, sondern stellen sich im Verlaufe der Analyse immer wieder ein. Es wäre unnatürlich, wenn ein Psychotherapeut jeden Patienten gleich schätzen würde, wenn er nicht im Verlaufe einer Behandlung manches Verhalten eines Patienten als sehr störend und umgekehrt manches als sehr angenehm empfände. Wesentlich ist hierbei, daß der Analytiker diese eigenen gefühlsmäßigen Reaktionen nicht als „objektive Größen" nimmt, sondern versucht, deren Hintergründe in seiner eigenen Lebensgeschichte zu suchen. Dazu soll ihn die eigene Analyse befähigen.

Diese Forderung nach vertiefter Selbsterkenntnis ist übrigens ebenso an jeden Pädagogen zu stellen; es wird deshalb von manchen auch den Pädagogen eine Eigenanalyse empfohlen. Wir halten diese Empfehlung für zu weitgehend und für kaum realisierbar; jedoch sehen wir andere Möglichkeiten und Notwendigkeiten der vertieften Selbsterkenntnis auch für den Pädagogen, auf die wir im letzten Kapitel eingehen werden.

e) *Die Behandlung des Jugendlichen:* Wir schilderten zunächst die Erwachsenenanalyse, um das Grundsätzliche der tiefenpsychologischen Behandlung deutlich zu machen. Wir zeigten sodann die Kinderpsychotherapie als ein zwar grundsätzlich gleiches, aber den entwicklungspsychologischen Gegebenheiten des Kindes angeglichenes Verfahren. Die Spieltechnik hat nun ihre Grenze so um das 12. Lebensjahr, und es ergibt sich die Frage, welche therapeutischen Möglichkeiten nun für den Jugendlichen bestehen.

Das Spiel als Ausdrucksmittel existiert also für diesen Entwicklungsabschnitt nicht mehr, und die sprachliche Mitteilung im strengen Rahmen der analytischen Technik ist für den Jugendlichen noch nicht möglich.

Wie im pädagogischen ist auch im psychotherapeutischen Bereich das Jugendalter ein Zwischenland. Mancher erfahrene Jugendpsychotherapeut empfiehlt eine „Nebenbei-Technik". Mit diesem Ausdruck ist gemeint, daß beim Jugendlichen die analytische Auseinandersetzung, das analytische Gespräch, neben anderen Tätigkeiten, wie z. B. auf einem Spaziergang, bei einem Spiel oder in Unterhaltungen über reale Situationen in Schule, Familie oder Berufsausbildung, eingefügt werden soll. Ist der Jugendliche so bereitgemacht und läßt es die neurotische Problematik angezeigt erscheinen, kann mit Vorsicht und unter Kürzung der Behandlungsstunden auf die analytische Erwachsenentechnik, also die Nutzung des freien Einfalls in ruhigem Liegen, übergegangen werden. Die Behandlung eines Jugendlichen ist jedoch immer eine sehr schwierige und riskante Angelegenheit. Erfordert die Schwere der Neurose eine konsequente tiefenpsychologisch-analytische Behandlung, so ergibt sich die Frage: ist diese Behandlung im Augenblick notwendig, oder kann dem Jugendlichen mit einer psychotherapeutischen Hilfestellung über aktuelle Schwierigkeiten hinweggeholfen werden. Ist letzteres möglich, erscheint es günstiger, die eigentliche analytische Behandlung erst nach der Pubertät, etwa um das 18., 19. oder 20. Lebensjahr, beginnen zu lassen.

3. Die Gruppentherapie

Eine besondere Form der tiefenpsychologischen Behandlung von Kindern und Jugendlichen muß um ihrer praktischen Bedeutung willen noch erwähnt werden. Es ist dies die tiefenpsychologisch-analytische Gruppentherapie. Wir gingen oben bereits kurz auf die „nicht-direktive Psychotherapie" und ihre Anwendung in der Gruppe ein. Dies ist wohl die häufigste Form der gruppenpsychotherapeutischen Arbeit mit Kindern in den Erziehungsberatungsstellen.
Die analytische Gruppentherapie ist insofern etwas anderes, als sie die Gesetzmäßigkeiten der psychotherapeutischen Einzelbehandlung, der Analyse, auf die Gruppensituation überträgt. Es gibt Spiel-, Aktivitäts-(Basteln, Sport) und reine Gesprächsgruppen. Bereits die Gliederung nach diesen verschiedenen Tätigkeiten spiegelt die Anwendungsmöglichkeit in verschiedenen Altersgruppen. SLAVSON (in STERN, 1958), wohl der Begründer der analytischen Gruppenpsychotherapie, weist darauf hin, daß die Phänomene der *Übertragung* und der *Katharsis* (vgl. Kap. I) in der Gruppe in besonderer Ausprägung auftreten. Die therapeutischen Gruppen sollen nicht mehr als sechs bis acht Mitglieder zählen. Die Übertragung ist multilateral, d. h. sie erfolgt nicht nur zwischen Patient und

Therapeut, sondern auch zwischen dem Patienten und den anderen Patienten der Gruppe. Die Gruppe spiegelt daher in hohem Maße die *Familiensituation* wider. Mit dieser Möglichkeit zur multilateralen, also mehrseitigen Übertragung, ist die therapeutische Gruppe den realen Gruppen im kindlichen und jugendlichen Alltag sehr ähnlich. Diese Lebensnähe einerseits und die mehrfache Übertragung andererseits können als ein Vorteil angesehen werden. Als weiteren Vorteil der Gruppentherapie nennt SLAVSON die verschiedenen Formen der Katharsis, vor allem die induzierende und die vikariierende. An zwei kurzen Beispielen seien sie verdeutlicht.

Ein Kind stellt im Spiel einen Konflikt dar, oder ein Jugendlicher erzählt von Problemen mit seinen Eltern. Dadurch werden andere Gruppenmitglieder, in denen unbewußt derselbe Konflikt wirkt, dazu gebracht, sich spielend oder erzählend mit dem eigenen Konflikt zu beschäftigen. Aber auch vikariierend, d. h. ersatzweise, kann der Konflikt von einem anderen Gruppenmitglied gespielt, dargestellt oder erzählt werden. Dadurch wird die affektive Problematik von betroffenen Gruppenmitgliedern erlebt und gelöst, ohne daß sie selbst sich spielend oder erzählend dazu geäußert haben.

Multilaterale Übertragungen und die geschilderten Affektlösungen (kathartischen Reaktionen) können sich auch in normalen pädagogischen Gruppen, sozusagen durch Zufall und nicht durch Technik ereignen. Daher ist es für den Gruppenerzieher und auch für den Lehrer von großem Vorteil, sich mit den Gesetzen der Gruppendynamik und Gruppentherapie auseinanderzusetzen.

4. Die Zusammenarbeit von Pädagogen und Kinderpsychotherapeuten

Die Notwendigkeit der Zusammenarbeit von Pädagogen und Kinderpsychotherapeuten ergibt sich aus der obigen Skizze der tiefenpsychologischen Behandlungsmethoden. Der Psychotherapeut braucht den Kontakt mit den Eltern, Erziehern und Lehrern seiner kleinen Patienten, um diese Personen als wesentliche Faktoren im Leben der Kinder kennenzulernen, um von den Erziehern einiges über das Verhalten des Kindes im Alltagsleben zu erfahren und um bei diesen Erwachsenen wiederum Verständnis für die innere Situation des kleinen Patienten zu wecken. Oftmals gerät hierbei der Kinderpsychotherapeut in einen Zwiespalt, in eine schwierige Entscheidungslage. Interessierte Gruppenerzieher in einem Heim oder Lehrer in einer Schule wollen sehr viel von dem und über das in Behandlung befindliche Kind wissen. Ihr Interesse ist berechtigt, da sie dem Kinde auch ihrerseits helfen möchten. Oft aber vertraut das Kind seinem Behandler, sozusagen unter dem Siegel der Verschwiegenheit, Erlebnisse in Familie, Heim und Schule an oder gibt ihm seine Gefühle gegenüber Erziehern kund. Dabei wird zumeist mit dem kleinen Patienten nicht wie mit einem Erwachsenen die Verpflichtung des Behandlers zur absoluten Verschwiegenheit besprochen, sie ergibt sich aber aus der Situation, und ein Bruch des stillschweigenden Abkommens würde die Behandlung, ja häufig die Entwicklung des Kindes schwer beeinträchtigen. Diese Situation kann gerade der innerlich beteiligte, der engagierte Erzieher und Lehrer oft nicht akzeptieren. Natürlich versteht er die Begründung verstandesmäßig. Aber dieses intellektuelle Verstehen nimmt der Situation nicht ganz die Spitze. Es bleibt häufig ein Gefühl des Verletztseins, ja eine unbewußte Eifersucht zurück. Die Kenntnis der Möglichkeit derartiger emotionaler Komplikationen mag die beiden Betreuer des Kindes vor solchen Mißverständnissen schützen.

Eine weitere, vielleicht etwas vordergründigere Problematik ist der Gegensatz von individueller Verpflichtung des tiefenpsychologischen Behandlers und sozialer Bezogenheit des Pädagogen. Sehr oft hört man das Argument, die Psychologen und Tiefenpsychologen hätten ja nur die Problematik ihrer Schützlinge im Auge und würden alles andere übersehen. Dabei sei dieses Kind in der Gemeinschaft kaum mehr tragbar, störe die Entwicklung anderer Kinder, bringe bewährte Mitarbeiter an den Rand der Verzweiflung und verhindere die Verwirklichung eines notwendigen Zieles, z. B. die Einhaltung des Lehrplanes in einer Schulklasse. Alle diese Einwürfe sind sicher richtig, und manchmal sind auch Tiefenpsychologen etwas blind für die Belange der Außenwelt im verstehenden Sich-Identifizieren mit ihrem Schützling. In solchen Fällen ist es oft nützlich, wenn ein nicht in das Geschehen verwickelter tiefenpsychologischer Fachmann dem Erzieher oder Lehrer zu einem Gespräch zur Verfügung steht. Diesem Neutralen ist es sehr viel leichter möglich, Verständnis sowohl für die pädagogische Situation als auch für die individuelle Situation aufzubringen.

Meinungsverschiedenheiten bestehen auch über die Freizügigkeit innerhalb der therapeutischen Situation. Bekanntlich darf dort ein Kind fast alles tun, solange es nicht ein anderes Kind schädigt oder in so großem Maße Material zerstört, daß dies für den Therapeuten oder die Institution einfach nicht mehr tragbar ist. Das Kind darf also manches kaputtmachen, was es zu Hause, im Kindergarten, im Heim oder in der Schule nicht dürfte; das Kind kann sich Erwachsenen (dem Therapeuten) gegenüber frech, unbotmäßig und aggressiv benehmen, ohne daß es gerügt oder gar dafür bestraft würde. Die Gründe für die Freizügigkeit innerhalb der Therapiestunde sind aus der obigen Darstellung wohl ersichtlich geworden. Andererseits ist es auch verständlich, daß die Erzieher befürchten, die Regel- und Zuchtlosigkeit aus der Behandlungsstunde könnte in den Alltag überwechseln. Erfahrungsgemäß geschieht dies nur sehr selten; meistens ist das Umgekehrte zu beobachten: ein in der Klasse, in der Heimgruppe oder in der Familie höchst zänkisches, launisches oder aggressives Kind wird in dem Maße ausgeglichener, in dem es in der Behandlungsstunde seine Schwierigkeiten demonstrieren darf. Ohne Zweifel aber muß in die Kindertherapie ein Stück pädagogischen Tuns hineingetragen werden. Der Erwachsene hat die Regeln der Gesellschaft gelernt, und wenn er nicht nach ihnen handelt, wird er durch die Sanktionen der Gesellschaft hart getroffen. Das Kind steht noch mitten in dem Prozeß des Lernens. Es ist natürlich, daß der Pädagoge auch in weitem Maße Repräsentant dieser Gesellschaft und ihrer Forderungen ist, hingegen der Therapeut sich sehr stark dem Individuum verpflichtet fühlt. Der Ausgleich kann nur in wechselseitigen Gesprächen erfolgen.

Tiefenpsychologie und Erziehung

VIII. Probleme der psychoanalytischen Pädagogik

1. Der Standort der psychoanalytischen Pädagogik in der modernen Erziehungslehre

Im vorangegangenen Abschnitt haben wir die Schwierigkeiten in der normalen und in der gestörten Entwicklung sowie deren Behandlung dargestellt. Das Heilen seelischer Störungen ist nicht nur die Domäne der Anwendung tiefenpsychologischer Erkenntnisse, sondern war auch die Wiege der tiefenpsychologischen Theorien. Für den Pädagogen ist die Kenntnis der Entstehung und Dynamik der Neurosen und der psychotherapeutischen Möglichkeiten im Kindes- und Jugendalter sicherlich von Nutzen. Er kann damit manche Erscheinungen, die ihm bei seinen Zöglingen begegnen, besser verstehen, kann rechtzeitig die notwendige Hilfe einleiten und mit den Helfern zusammenarbeiten. Für viele Psychotherapeuten ist deshalb die Pädagogik ein mögliches Vorfeld der Therapie und die tiefenpsychologische, analytische Durchdringung der Pädagogik eine prophylaktische, den Neurosen vorbeugende Aufgabe.

Ärztliches Handeln und pädagogisches Tun sind recht verschieden, wenngleich in beiden Bereichen der Mensch der Gegenstand der Bemühungen ist. So ist wohl FREUDS Wort in der Einleitung zu AICHHORNS Buch „Verwahrloste Jugend" (1925) zu verstehen, wo er sagt, er habe sich „sehr früh das Scherzwort von den drei unvereinbaren Berufen zueigen gemacht, die da sind: Erziehen, Kurieren und Regieren". Hat nun die Tiefenpsychologie, speziell die Psychoanalyse, für den Pädagogen außer den geschilderten informativen und medizinisch-prophylaktischen Aspekten noch einen eigenständigen Wert, oder, anders formuliert, bietet die Tiefenpsychologie einer modernen Erziehungslehre, ihrer Theorie und Praxis, Ergebnisse und Anregungen? Die Überschrift dieses Kapitels erhebt diesen Anspruch. Die Bezeichnung „psychoanalytische Pädagogik" ist übrigens keine Neuprägung, sondern wurde dem Titel einer von H. MENG und E. SCHNEIDER in den Jahren 1926 bis 1937 herausgegebenen Zeitschrift entnommen.

Erwähnt werden muß zunächst, daß die Individualpsychologie und eine Reihe der von ihr vertretenen Gedanken schon recht früh, in den zwanziger Jahren, in die damalige Reformpädagogik eingedrungen sind. Dieser Prozeß war weitgehend durch den Gleichklang der Intentionen von Individualpsychologen und Reformpädagogen bedingt. Es ist daher verständlich, daß keine auf einer eigenen Psychologie und Anthropologie beruhende individualpsychologische Pädagogik entstanden ist.

In FREUDS Konzept der Psychoanalyse fällt der Erziehung die Funktion zu, den Menschen vom Naturzustand zum Kulturzustand zu führen. FREUD hatte Respekt vor dieser großen Aufgabe der Pädagogik. In der Hilfe zur Sublimierung der primitiven primären Triebe und Anpassung der Wünsche des Es an die Realität der Gesellschaft sah FREUD die wesentlichen Aufgaben der Erziehung. Durch die Begegnung mit Soziologie und Kulturanthropologie hat die Psychoanalyse ihren Horizont inzwischen beträchtlich erweitert. Eines aber blieb bestehen: die psychoanalytische Pädagogik leistet ihren Beitrag für die Erziehung als Lehre von den menschlichen Motivationen und ihren triebhaften Ursprüngen. Sie wird dagegen kaum Beträchtliches zur modernen Didaktik beizutragen haben. Die mächtigen Impulse auf diesem Sektor kommen aus einer ganz anderen psychologischen Richtung: aus den behavioristischen, experimentalpsychologischen und sogenannten lerntheoretischen amerikanischen Schulen. Als Beispiele für viele nennen wir hier nur das programmierte Lernen, die Lernmaschinen und das Lesenlernen des Kleinkindes. Die Situation der industriellen Gesellschaft, die Anhäufung des notwendigen Wissensstoffes und die Diskrepanz zwischen zur Verfügung stehenden Lehrern und vorhandenen Schülern werden neue didaktische Verfahren von hoher Wirksamkeit notwendig machen. Die Gefahr einer Vernachlässigung der emotionalen und sozialen Erziehung ist dabei gegeben. Man vergleiche nur ZULLIGERS Berichte über seine Arbeit in der Dorfschule mit den Gegebenheiten eines weitgehend programmierten Unterrichtes in der Schule der Zukunft. Umgekehrt aber ist der Wirkungsgrad unkontrollierter oder unbewußt verdrängter, aber tätiger Triebe in der modernen Technologie ungleich größer als in früheren Zeiten. Man denke nur an das Auto als Instrumentarium der ungesteuerten Aggressionen, das allen Gesellschaftsmitgliedern zur Verfügung steht. Es leuchtet ein, daß in einer solchen Zeitsituation die psychoanalytische Pädagogik der Emotionalität von besonderer Bedeutung ist.

Den modernen pädagogischen Gedankensystemen liegt zumeist nicht mehr eine Idealanthropologie, d. h. ein Bild des Menschen wie er sein soll, sondern eine Realanthropologie, also ein Bild des Menschen wie er ist, zugrunde. Auch die Psychoanalyse versucht, ihrer Pädagogik eine derartige Realanthropologie zugrunde zu legen. Zwar sind noch viele Lücken und Unrichtigkeiten zu verzeichnen. Dies aber liegt im Wesen einer sich entwickelnden Wissenschaft.

Wir werden nun die möglichen Beiträge der Psychoanalyse zur aktuellen pädagogischen Situation an drei Problemkreisen erörtern: Sublimation und Realitätsfindung als Faktoren des Bildungsprozesses in Theorie und Praxis; Strafe und Gewissen; Identitätsfindung und Vorurteil.

2. Sublimation und Realitätsfindung als Faktoren des Bildungsprozesses in Theorie und Praxis

a) A. MITSCHERLICH (1963) spricht in seinem Buche „Auf dem Weg zur vaterlosen Gesellschaft" von drei Formen der Bildung, der *Sach-Bildung,* der *Affekt-Bildung* und der *Sozial-Bildung*. In dem derzeitigen Gespräch über den Bildungsnotstand ist vorwiegend die Sach-Bildung gemeint. Mit Recht wird darüber geklagt, daß die Volksschulen ihren Schülern noch zu wenig Grundwissen für eine bewegliche berufliche Existenz innerhalb einer industriellen, teilweise schon automatisierten Wirtschaftsstruktur vermitteln. Ebenso wird bemängelt, daß die weiterführenden Schulen zu wenig naturwissenschaftliche Grundkenntnisse lehren, so daß ihre Absolventen beim Studium technischer oder naturwissenschaftlicher Fächer kostbare Zeit mit dem Nachholen notwendigen Grundlagenwissens vergeuden. Unter diesem Gesichtswinkel werden die Bildungs-, besser die Ausbildungsmöglichkeiten der einzelnen Industrieländer verglichen. Es geht dabei allerdings nicht nur um die bestmöglichen Chancen für den einzelnen, sondern mehr um die Konkurrenzfähigkeit der Länder untereinander.

Nun war der Bildungsbegriff nicht immer so sach- und leistungsbezogen. Ein Blick auf die Geschichte der Pädagogik lehrt, daß z. B. das „kaloskagathos", das schön und gut zugleich, der alten Griechen, das Ideal des Maßhaltens im Mittelalter und der „gentiluomo" der italienischen Renaissance jeweils zwar ganz verschiedene, sicher aber alle keine Funktions- und Leistungswerte verkörperten.

Gebildet in diesem alten und wohl noch immer gültigen Sinne sind aber auch jene nicht, die sich aktiv oder passiv mit Kulturgütern beschäftigen. Das altmodische, manchem etwas kitschig klingende Wort von der Herzensbildung scheint uns das Ziel einer Affekt- und Sozial-Bildung am besten zu bezeichnen. Ein solcher Bildungsbegriff hat zum Inhalt, daß ein Mensch seine Triebimpulse lebt, nicht auslebt und nicht verdrängt, seine Mitmenschen nicht beeinträchtigt, sondern mit ihnen in einem wechselseitigen Verhältnis steht und endlich mit den freiwerdenden Kräften der Triebimpulse die in seinem Lebensraum gebotenen Kulturziele zu verwirklichen trachtet. Dies ist ein recht groß angelegtes Programm, und die Frage ist, in welcher Weise die Psychoanalyse dem Erzieher zur Verwirklichung helfen kann.

b) Die *Sublimation* haben wir bereits früher (vgl. Kap. II) als einen Anpassungs- oder Abwehrmechanismus des Ich kennengelernt. Der Begriff Anpassung ist an der Außenwelt, der Begriff Abwehr an der Innen-

185

welt, den Triebkräften des Es orientiert. Wir möchten den Begriff Anpassungsmechanismus, da er in der modernen Psychoanalyse üblich ist, weiterhin gebrauchen. Zu diesem Zwecke müssen wir aber das Wort Anpassung, wie wir es verstehen, erst erläutern. Ein Individuum paßt sich an die Umwelt an, es assimiliert sich ganz mit der Umwelt und paßt auch seine inneren Bedürfnisse den Anforderungen dieser Umwelt an. Dies ist, wie MITSCHERLICH in dem zitierten Buche aufwies, ein *passiver Anpassungsbegriff*. Eine derartige Anpassung hat der Mensch mit Tier und Pflanze gemeinsam. Darüber hinaus aber gestaltet der Mensch auch seine physikalische Umwelt und seine menschliche Mitwelt. Er versucht, die Außenwelt entsprechend seinen Motiven zu integrieren, verändert aber auch seine Bedürfnisse und Triebimpulse entsprechend den von der Außenwelt integrierten und nunmehr als Motive des Handelns anerkannten Werten: er vollzieht eine *aktive Anpassung*.

Diese zwei Anpassungsbegriffe verkörpern auch die zwei wesentlichen Ziele der Erziehung: die Übernahme des Verhaltensstiles der Kultur, in der ein Individuum lebt, und die freie Persönlichkeitsentfaltung und damit die Weiterführung und Umgestaltung dieser Kultur. Die Überlegungen zu der Rolle der Sublimation in diesem Prozeß führen uns aus den Höhen der Ziele langsam wieder in den pädagogischen Alltag.

FREUD sah die Sublimation als eine Ersatzbefriedigung an. Triebziel und Triebobjekt werden verändert. An die Stelle des sozial verpönten oder wenig geachteten Triebzieles rückt ein sozial und kulturell sehr viel höher gewertetes Ziel. Das angestrebte kulturell wertvolle Ziel hat noch Spuren von oder eine Ähnlichkeit mit dem ursprünglichen primitiven Triebziel. Wir brachten früher schon das Beispiel von der oralen Lust des Säuglings und dem Erkenntnishunger des Wissenschaftlers. Alle Kulturhandlungen des Menschen — künstlerisches Schaffen, wissenschaftliches Forschen, politisches Ordnen, caritatives Helfen und religiöses Streben — sind also nichts anderes als sublimierte Triebimpulse. Diese Behauptung wurde von Philosophen, Pädagogen und Theologen, von den Vertretern der menschlichen Werte also, heftig befehdet. Es hieß und heißt teilweise noch, die Psychoanalyse reduziere den menschlichen Geist auf das Triebhafte. Der Leser wird diesen Vorwurf schon gehört haben oder sicher einmal hören. Betrachtet nun die Psychoanalyse die Kulturschöpfungen des Menschen wirklich unter diesem vereinfachten Blickwinkel, und was bedeutet der Sublimationsbegriff für die Pädagogik?

c) *Entwicklungspsychologische Vorbedingungen der Sublimation:* Der Säugling und das Kleinkind sind sicher „Lustwesen", die auf eine sofortige Befriedigung ihrer Bedürfnisse pochen. Die Erzieher des kleinen

Kindes bemühen sich, dieses das Warten zu lehren. So kann es sich dann allmählich auf die Mahlzeiten einstellen, die Abwesenheit der Mutter eine Zeitlang tolerieren, seine Körperfunktionen steuern und seine Bewegungsbedürfnisse für eine begrenzte Zeit einschränken. All dies aber leistet das Kind um so schneller und um so leichter, je sicherer es der Liebe der Mutter oder ihrer Ersatzperson ist. Das Kind entzieht sich also langsam der Herrschaft des Lustprinzips und versteht, sich dem Realitätsprinzip anzupassen. Es hat gelernt, ein Bedürfnis aufzuschieben, um später eine vielleicht noch größere Freude zu erleben. Dieses Kind handelt dann im kleinen so, wie der Erwachsene im großen, der etwa 20 Jahre seines Lebens unermüdlich und unter unsäglichen Opfern arbeitet und spart, um ein ersehntes Ziel zu erreichen. Beide aber, das kleine Kind und der zielstrebige Erwachsene, handeln aus demselben Prinzip der Hoffnung. Dies ist eine von FREUD etwas abweichende Interpretation des Begriffes der Realitätsprüfung. Bei FREUD klingt es so, als ob das Kind nur darum Triebimpulse oder deren sofortige Befriedigung aufschieben würde, weil es erkannt hat, daß ein Beharren auf dem Befriedigungswunsch Nachteile bringt, z. B. den zeitweiligen oder totalen Verlust der Mutterliebe. Mit ERIKSON glauben wir aber, das Kind erlebe in der Prüfung der Außenwelt nicht nur deren Gefahren, sondern auch deren gute Seiten. Das Gefühl der Geborgenheit und Sicherheit gibt dem Kinde die Möglichkeit zu warten. Weiß man, daß man grundsätzlich die notwendigen Bedürfnisse erfüllt bekommt, so kann man einen Aufschub sehr viel leichter akzeptieren als ohne diese Sicherheit. Damit sind wir wieder bei den Vorbedingungen der Sublimation angelangt, die wir (vgl. Kap. II) als geglückten Anpassungs- oder Abwehrmechanismus bezeichnet haben. Sublimation, also eine geglückte Anpassung, ist erst nach Erreichung der genitalen Organisation möglich. Übersetzen wir dies aus der dem Pädagogen fremden Sprache der Psychoanalyse und bedienen wir uns dabei der schon bekannten Begriffe ERIKSONS für die Grundthemen der einzelnen Entwicklungsphasen (vgl. Kap. III): Je mehr das Vertrauen in die Menschen und in die Welt das Mißtrauen überwiegt, je mehr das Autonomieerlebnis den Zweifel und die Initiative das Schuldgefühl überwunden haben, desto besser sind die Voraussetzungen für Sublimationen der primitiven Triebwünsche.

Gegenüber dem oben zitierten Einwand, die Psychoanalyse reduziere die geistigen Regungen des Menschen auf das Triebhafte, läßt sich aber noch folgendes vorbringen: die Triebe des Menschen sind im Gegensatz zu der Instinktausstattung der Tiere, wie uns die Biologen und vor allem die vergleichenden Verhaltensforscher gelehrt haben, sehr beweglich. Die Sublimierungstendenz, d. h. die Möglichkeit und Neigung, den Trieben andere Ziele und Gegenstände zu geben, liegt also mit hoher Wahrscheinlichkeit im Wesen des menschlichen Triebes begründet.

d) *Die Sublimation und die Werte:* So ist Bildung einerseits Hilfe zur Sublimation und andererseits ein Hinführen der freien Energie, der sublimierten oder neutralisierten Triebenergie, an die Werte einer Kultur. So meinte es wohl auch der christliche Kulturphilosoph ROMANO GUARDINI (1956) in seinen „Philosophischen Anmerkungen zu SIGMUND FREUDS Psychologie". Er schreibt, der Mensch werde im Vorgang der Sublimation von den Werten angerufen. Übersetzen wir dies wieder zurück in die nüchterne Sprache der Biologen und experimentellen Psychologen: Die dargebotenen Werte der Kultur haben eine spezifische Reizqualität. Die Soziologen und Kulturanthropologen hinwiederum bringen diesen Rufcharakter oder diese Reizqualität der Werte mit dem Aufwachsen eines Kindes in einer bestimmten Kultur in Verbindung.
So stellt die Tiefenpsychologie, die Psychoanalyse der Pädagogik, ein wirklich humanes und ganzheitliches Modell der Bildung des Menschen zur Verfügung. Wir gebrauchen hier sehr bewußt die oftmals mißbrauchten Begriffe human und ganzheitlich.
Der Berufserzieher könnte nun die Ansicht hegen, daß ihn die Erziehung als Hilfe zur Sublimation ja gar nichts mehr angehe; dies sei doch, wie ausgeführt, Sache der Eltern und der Erzieher im Heim, die dem Kinde Familienersatz zu bieten haben. Sicher ist die frühe Erziehung eine Voraussetzung und, falls sie fehlte oder fehlschlug, resultieren oft ungezügelte Triebhaftigkeit und Asozialität. In der Regel bringen aber die Kinder eine mehr oder weniger große Bereitschaft zur Sublimation in die Schulzeit mit. Aufgabe der Pädagogen und Sozialpädagogen ist es, diese Bereitschaft zu nutzen, Hilfe zur Sublimation zu geben und nicht zur Verdrängung zu nötigen.

e) *Leistungserleben, Selbstgefühl und Realitätsprinzip:* Beim durchschnittlich psychisch gesunden Kinde kommt der Schule ihr Auftrag, den Schülern die Kulturtechniken Lesen, Schreiben und Rechnen beizubringen, sehr zustatten. Hierbei arbeitet der Lehrer mit den instrumentalen Fähigkeiten des Ich — der Wahrnehmung, den Denkvorgängen und dem Gedächtnis —, und eine Ausbildung dieser Fähigkeiten stärkt das Ich in seinen Funktionen im ganzen. In der Sprache der Pädagogik heißt das, das kindliche Selbstgefühl wächst mit dem Lernen und den erlebten Leistungen. Ob es sich hierbei um intellektuelle oder manuelle Fähigkeiten handelt, ist bedeutungslos; wesentlich für das Selbstgefühl des Kindes ist die Wertschätzung seiner Fähigkeiten in seiner Umgebung.

Dieser Hinweis ist wichtig für die schulische Förderung geistig behinderter Kinder. Hier erst wird der Begriff „manuell bildbar" verständlich und voll berechtigt. Jeder, der Erfahrung in der Sonderschule oder in dergleichen Heimen hat, weiß, wie schwer es geistig behinderten Kindern fällt, ihre Bedürfnisse und Triebimpulse zu steuern, ob es sich nun um Hunger und Durst, Besitzgier, Bewegungsbedürfnis oder Sexualität handelt. Leistungserlebnis und Anerkennung helfen den Schwachsinnigen, das vorherrschende Lustprinzip etwas einzuschränken und der Realität gerechter zu gestalten. Dieses Beispiel aus einem Extrembereich sollte die Beziehung zwischen Sach- und Affektbildung aufweisen. Das Erlernen von Fähigkeiten, die Leistung im schulischen und außerschulischen Bereich, kann also auf dem Wege der Hebung des Selbstgefühls, der Ich-Stärkung, durchaus der Wandlung der primären Triebziele dienen.

Allerdings besteht die Gefahr, daß die Leistung als solche einziges Ziel bleibt, und daß die Triebimpulse nicht sublimiert, sondern verdrängt werden. Diese Gefahr ist in unserer Gesellschaft besonders groß. In ihr wird der wohlfunktionierende Intellekt, das gut assimilierte Glied der Gesellschaft als Teil eines Apparates besonders geschätzt, wenn auch an der Oberfläche der Ruf nach der Persönlichkeit ertönt. Es besteht eine Diskrepanz zwischen der Forderung nach der Bildung einer freiheitsbewußten und entscheidungsfähigen Persönlichkeit und der Stoffüberlastung der Bildungsinstitutionen von der Grundschule bis zur Universität. So ist die Gefahr einer Überschätzung des Wohl-Funktionierens und der Ordnung als Eigenschaften durch die Gesellschaft, und in ihr durch die Schulen gegeben. Die Kriterien der Zwangsneurose (Kap. VI) und des analen, zwangsstrukturierten Charaktertypus (Kap. IV) passen nur zu gut auf das uneingestandene Ideal unserer Gesellschaft. Diese funktionierenden Ordnungstypen sind die Träger moderner, industrialisierter und bürokratisierter autoritärer Gesellschaftsformen, seien es solche, die wir bereits erlebt haben, oder Technokratien der Zukunft, wie sie ORWELL in seinem Roman „1984" beschrieben hat.

f) *Aggressionspädagogik als aktuelle Aufgabe:* Was kann nun der Erzieher tun, um ein notwendiges Maß an gesellschaftlicher Einordnung mit eigenständiger Persönlichkeitsentfaltung und die Vermittlung von Sachwissen mit Charakterbildung zu verbinden? HEINRICH MENG, der Basler Psychohygieniker, formulierte vor kurzem folgende Frage: „Wo sollen wir in dieser durch furchtbare Waffen in Schach gehaltenen Welt mit unseren Aggressionen hin?" Entsprechend kann der Pädagoge fragen: Wie kann der Erzieher den Kindern und Jugendlichen helfen, ihre Aggressionen nutzbar zu verarbeiten, zu sublimieren und zu kontrollieren?

Die schon erwähnte Zeitschrift für psychoanalytische Pädagogik beschäftigte sich vorwiegend mit Themen der Sexualerziehung, weil sie durch die klinische Erfahrung der Psychoanalyse von der Sexualnot der Jugend und die Hilflosigkeit der Erzieher wußte. Diese Fragen sind zwar heute auch noch nicht gelöst, es besteht aber weitgehende Übereinstimmung in allen Gruppen der Gesellschaft, gleichgültig welcher weltanschaulichen Prägung sie sind: An die Stelle der rein informativen sexuellen Aufklärung soll eine echte Sexualerziehung im Elternhaus und in allen damit verbundenen Institutionen der gesamten Gesellschaft erfolgen. Die Problematik ist damit noch nicht gelöst, aber immerhin ist sie erkannt und anerkannt.

Anders steht es um die „Aggressions-Erziehung". Man beschäftigt sich mit der Aggression, dem mächtigen, notwendigen und gefährlichsten menschlichen Trieb analog der früheren Beschäftigung mit der Sexualität: man betreibt eine rein negative Pädagogik. So ist Kriegsspielzeug nicht verboten, wird aber wohl einhellig von den Pädagogen und Psychologen abgelehnt. In den Massenmedien bemüht man sich, Grausamkeiten durch Zensur, Kontrolle und Beratung nach Möglichkeit zu eliminieren. Dies gelingt nur begrenzt, und die Anschauungen über das Sadistische, die Aggression Weckende, sind oft eigenartig und naiv. Auch wir lehnen Kriegsspielzeug und die Darbietung sadistische Impulse provozierender Situationen innerhalb der Massenmedien ab, jedoch glauben wir nicht allein durch eine Negation der Reize das Problem der Aggression pädagogisch lösen zu können. Nehmen wir an, es gelänge uns, alles Aggressive und Aggressionsfördernde vom Kinde fernzuhalten. Was geschähe dann, um MENG verändert zu zitieren, mit den schlummernden Aggressionen des Kindes? Die Aggression gehört zur Grundausrüstung des Menschen. Hier stimmen wir mit K. LORENZ (1963) in dem Konzept seines berühmten Buches „Das sogenannte Böse" überein. Allerdings ist es beim Menschen nicht so einfach wie beim Tier, und hier hat LORENZ Unrecht. Der Mensch kann Lust an der Aggression, am Grausamen, am Töten haben, und er kann die Aggression mit rationalen Gründen versehen, sie in Ideen und Weltanschauungen hüllen. Ein drastisches Beispiel dafür sind die Diskussionen um die Todesstrafe, wie sie in jüngster Zeit in allen zivilisierten Ländern stattgefunden haben. Obwohl die Fachleute, die Kriminologen, die Nutzlosigkeit der Todesstrafe als vorbeugende Maßnahme eindeutig bekundet haben, sprachen und sprechen nach Bekanntwerden eines Gewaltverbrechens immer wieder viele Menschen aus juristischen und ethischen Gründen dafür. Die Aggression findet hier unter dem Deckmantel rationaler, ja kulturell wertvoller Gründe ein Ventil.

g) *Verarbeitung der Aggression — Zivilcourage als Hochform der subli-mierten Aggression:* Erziehen heißt nicht nur verneinen, wie dies in der früheren Sexualpädagogik geschehen ist, sondern in Wert und Unwert erkennen lassen, erleben lassen und in die Persönlichkeit einordnen. Im primitiven Leben war die Aggression von hoher Zweckmäßigkeit. Der Mensch mußte sich seine Nahrung erkämpfen und, wenn wir mit LORENZ die Aggression als nur gegen Artgenossen gerichtet verstehen, mit anderen Menschen um Wohnung, Nahrung und auch Frauen streiten. Auch im modernen, zivilisierten Leben ist ein gewisses Maß an Aggression notwendig. Wir nennen sie Durchsetzungskraft und billigen sie dem erfolgreichen Geschäftsmann, dem Manager oder dem Politiker sogar mit einer gewissen Bewunderung zu. Diese Fähigkeit, sich in bestimmten sozialen Bereichen durchzusetzen, kann noch sehr triebhaft, ja brutal sein. Wir sprechen dann von „seine Ellenbogen gebrauchen" und „über Leichen gehen". Der affektiv und sozial gebildete Mensch kann im Idealfall sich und das von ihm als richtig Erkannte durchsetzen, ohne die berechtigten Interessen anderer zu sehr zu stören.
Eine allgemein anerkannte Hochform der kultivierten Aggression ist die *Zivilcourage.* Hier steht jemand ungeachtet aller möglichen Nachteile und Gefahren für einen von ihm als richtig und verteidigungswürdig erkannten Wert ein.
Es wäre weder für das Individuum noch für die Gesellschaft gut, die Aggression völlig auszumerzen — wenn dies möglich wäre. Es ist aber gar nicht möglich. Zur Wahl stehen nur die Verdrängung der Aggression oder eben deren Verarbeitung, die Sublimation. In unserer Gesellschaft und vor allem in ihren Bildungsinstitutionen, den Schulformen aller Grade, ist die Tendenz zur Verdrängung der Aggression relativ stark. Große Klassen machen das Kind, das sich gut einfügt und nicht stört, sehr wünschenswert. Ein Störenfried im Unterricht und ein Aggressor gegenüber seinen Mitschülern wird vom Lehrer primär als unangenehm empfunden. Gelang es, den kleinen Widersacher zur Ruhe zu bringen, so wird dies als pädagogischer Erfolg angesehen. Nach dem Verbleib der Aggressionen wird nur selten gefragt. Diese können sich an anderem Ort austoben, auf dem Spielplatz, in der Familie oder gar nur in der Phantasie.
Die Aggressionen können aber auch verdrängt worden sein. Aus dem bisher frechen, lebhaften, aber auch einfallsreichen Kind wurde ein ruhiger, braver und etwas gehemmter Schüler.
In den höheren Klassen der Gymnasien und an der Universität geht es weniger um störendes Verhalten, als vielmehr um konträre Meinungen. Diese konträren Meinungen werden meist nicht wohlformuliert und höf-

lich vorgebracht, sondern entsprechend der jugendlichen Aggression in einer Form, die oftmals über das Ziel hinausschießt. Durch dieses Verhalten werden die Älteren gereizt, und ihr Widerstand äußert sich nicht mehr, wie früher in der Schule, in der Strafe, sondern in der Art der Leistungsbewertung und der Prüfungsstrenge. Auch diese Handlungsweise ist verständlich, allerdings für das soziale und politische Leben einer Gesellschaft nicht förderlich.

Wir gaben skizzenhaft einige Beispiele von Aggression und „Aggressions-Erziehung" in einigen unserer Bildungsinstitutionen. Man wird nun fragen, wie sollen wir aber der Aggression des Kindes oder Jugendlichen in Schule, Heim oder anderen sozialpädagogischen Räumen begegnen? Zum ersten müssen wir, wie uns die Psychoanalyse und auch die vergleichende Verhaltensforschung lehren, die Aggression des Kindes und Heranwachsenden als eine positive Möglichkeit betrachten und sie somit pädagogisch annehmen. Zum zweiten lohnt sich die Frage, wie es eigentlich um die eigenen Affekte bestellt ist. Der äußerlich Affektlose hat nicht immer seine Affekte kontrolliert, sondern sie häufig nur unterdrückt. Das Kind spürt dies in der pädagogischen Situation gleich dem Patienten in der analytischen und reagiert mit eigenen Affekten. Nicht der völlig affektfreie, sondern der affektbewußte Erzieher ist wünschenswert. Ein solcher wird verstehen, oder versuchen zu verstehen, warum er auf ein bestimmtes Kind affektiv und dieses wiederum gegen ihn und seine Mitschüler aggressiv reagiert. Sind diese beiden Voraussetzungen geklärt, erscheint uns ZULLIGERS Vorgehen, welches wir eine graduelle Aggressionssublimierung nennen möchten, empfehlenswert. Selbstverständlich muß dieses Beispiel für verschiedene Altersstufen und verschiedene pädagogische Situationen verändert werden.

Ein zwölfjähriger Bub, der von der Schule als Raufbold, Tierquäler und frecher Schwätzer angekündet war, kam zu ZULLIGER und bemächtigte sich sogleich einer vorhandenen Spielpistole. Obwohl er ZULLIGER bedrohte, schlug ihm dieser ruhig ein Wettschießen auf eine Scheibe vor. Dies geschah, und einmal gewann der eine, einmal der andere der beiden Schützen. Beim nächstenmal hatte das Schießen mit der Pistole seinen Reiz verloren, und deshalb schlug ZULLIGER dem Schüler vor, nun eine Armbrust zu schnitzen und dann mit dieser zu schießen. Man ging ans Werk, ZULLIGER half dem Jungen, und eines Tages wurde auch die Armbrust fertig. Nun konnte der Junge mit ihr schießen. Bald aber zeigte sich, daß er am Schnitzen Freude gefunden hatte und nun andere Gegenstände, weniger aggressive, mit Lust anfertigte.

Wir sehen hier, wie eine ursprüngliche Lust am Vernichten allmählich in ein schöpferisches handwerkliches Tun übergeleitet wurde. Dabei ist in

192

dem Arbeiten mit dem Messer noch ein Stück der alten aggressiven Möglichkeit enthalten. Wir erinnern an das beobachtete Moment der Ähnlichkeit von sublimiertem und primitivem Triebziel.

Man wird vielleicht entgegnen, dies sei eine Einzelsituation und nicht vergleichbar mit der Situation in einer Schulklasse oder einer Heimgruppe. Nun, in einem anderen Beispiel wird von streit- und klatschsüchtigen Mädchen in einer Klasse berichtet. Ihnen wurde aufgegeben, ein Streitgespräch zu führen, und es wurde ein Preis für die gewandteste und spitzeste Rednerin ausgesetzt. Später wurde dann verlangt, derartige Gespräche in Aufsatzform zu bringen.

In einem Falle handelt es sich um eine handgreifliche Aggressionsneigung, die einer sozial nutzbaren und akzeptablen, aber auch für das Kind befriedigenden Tätigkeit zugeführt wird, im anderen Falle sind es verbale Aggressionen, die in Form und Maß gebracht das Prestige der kleinen Täterinnen erhöhen und sie damit das Positive geformter Aggressionen erleben lassen. Das Kind muß erleben, daß ihm die geformte Aggression ein Gefühl der Sicherheit und soziale Anerkennung vermittelt. Es kann dann auf die sofortige Befriedigung des aggressiven Triebimpulses verzichten und die freiwerdende Energie unter der Kontrolle des Ich, als Steuerungsinstanz, für die vom Ich-Ideal in Übereinstimmung mit der Mitwelt bejahten Werte einsetzen. Der geschnitzte Teller, der Erfolg in der sprachlichen Meisterung eines Streitgespräches oder der Einsatz für soziale und weltanschauliche Ziele sind nur Stufen einer Entwicklung.

Die Sublimierung des Aggressionstriebes wurde von uns einerseits beispielhaft für die Erziehung als Sublimierung überhaupt behandelt. Zum anderen aber erscheint sie uns ein Kardinalproblem der Bildung zur gemeinschaftsfähigen Persönlichkeit in der Massengesellschaft unserer Tage und der Zukunft. Konformismus oder offene wie versteckte Antisozialität leistungstüchtiger Funktionäre sind das Ergebnis einer mißglückten Bildung der Affekte. Zunächst allerdings scheinen die Gesellschaft und ihre Bildungsinstitutionen die Konformitätshaltung als erzieherisches Ziel zu fördern. Die Proteste der Jugend in vielen Ländern sind als Symptom und Signal zu werten.

Der Pädagoge steht heute vor der bedeutsamen Aufgabe, gleichrangig neben der Vermittlung des immer größer werdenden Stoffes eine Bildung der Gefühle und Affekte zu bewerkstelligen, welche Individuum und Sozietät gerecht werden. Die Psychoanalyse bietet ihm aus ihrer klinischen Erfahrung und psychologischen Theorie als Erziehungsmittel die Modelle der wechselseitigen Regulation von Kind und Erzieher, der Sublimation der Triebe und der Ich-Stärkung durch wachsendes Selbstgefühl im individuellen Leistungserleben an.

3. Zur psychoanalytischen Pädagogik der Strafe

Die Strafe ist so alt wie menschliche Gesellungsformen, deren Ordnungen und deren Bemühen, den Nachwuchs in die gegebenen Ordnungen zu lenken. Wir unterscheiden vier Formen der Strafe: die verhaltensorientierte, die normorientierte, die motivorientierte und diejenige, die der Affektäußerung des Erziehers dient.

a) *Die verhaltensorientierte Strafe* entspricht weitgehend der Dressur. Ein unerwünschtes Verhalten wird in seinem Vollzug oder an seinem Ende mit einem Unlust erzeugenden Reiz gekoppelt. Diese Form der Strafe, die keinerlei moralische Ambitionen hat, finden wir in den zahllosen psychologischen Experimenten mit Ratten, die an bestimmten Orten des Versuchskäfigs einen leichten elektrischen Schlag zum Zwecke der Änderung ihres Verhaltens bekommen. Ganz ähnlich ist die Begegnung eines kleinen Kindes mit einem heißen Ofen oder ähnlichen schmerzbringenden Gefahrenquellen. Aufgrund der gemachten Erfahrungen meidet das Kind die Gefahrenquellen, gemäß dem Sprichwort, daß ein gebranntes Kind das Feuer scheue. Ähnlich handelt der Erzieher, wenn er z. B. einem kleinen Kinde, das am Tischtuch zieht, einen Klaps gibt, der Lehrer, wenn er eine unruhige Klasse mit einer Strafarbeit straft, der Heimerzieher, wenn er über eine besonders widerborstige Gruppe Ausgangsverbot verhängt und endlich auch der Gesetzgeber aus präventiven Gründen in zahlreichen Gesetzen. Derartige Strafen — wir würden sie lieber zweckdienliche Maßregeln nennen — sind vor allem beim Kleinkind unvermeidlich. Man sollte sich aber darüber im klaren sein, daß man dadurch weder an den Handlungsmotiven etwas ändert, noch an die Einsicht appelliert oder das Gewissen formt. So wäre es im Falle der unruhigen Schulklasse und der oppositionellen Heimgruppe doch wesentlich, zu ergründen, was dem jeweiligen Verhalten sozialpsychologisch zugrunde liegt. Wir alle wissen, daß derartige Maßregeln oft auch dort angewandt werden, wo sie besser unterblieben. Es wäre weltfremd, ihre absolute Vermeidung zu fordern. Doch muß man die Grenzen kennen und darf nicht glauben, mit solchen Maßnahmen innere Haltungen oder gar Gewissensregungen zu bilden.

b) Ganz anders ist die Richtung und Wirkung der *normorientierten Strafe*. Eine solche Strafe setzt zunächst ein Bewußtsein für sittliche Normen oder — viel einfacher — ein Gefühl für Gebote und Verbote, für den richtigen Verhaltensstil einer Gesellschaft voraus. Im kleinen Kind beginnt sehr sachte im dritten und vierten Lebensjahr ein unsicheres Gefühl für Regeln, wie uns der Schweizer Entwicklungspsychologe PIAGET (1954) in seinen Untersuchungen über die Entstehung „Des moralischen Urteils beim Kinde" gezeigt hat. Mit der Identifikation mit den Eltern und der Übernahme einer Rolle, so etwa um das fünfte Lebensjahr, ist das Gewissen oder, wie die Psychoanalyse sagt, das Über-Ich angelegt. Erst ab dann hat es Sinn, ein Kind zu bestrafen, weil es die sittliche Ordnung verletzt, z. B. einem anderen etwas weggenommen hat. Beim Schulkind und beim Jugendlichen ist aber eine solche normorientierte Strafe nur dann sinnvoll, wenn die Normwerte vom Kinde erlebt und akzeptiert werden; tiefenpsychologisch gesehen heißt das, wenn die Gebote und Verbote der Gesellschaft verinnerlicht und damit in das Gewissen aufgenommen sind. Sonst ist der mit der Strafe gewollte Appell an das Gewissen sinnlos, und die Strafe wirkt höchstens als eine verhaltenssteuernde Maßregel. Eine falschverstandene Sexualpädagogik geht häufig diesen Weg und setzt letztlich nur Tabus und Angst, verhütet damit vielleicht sexuelle Handlungen, setzt aber den Keim zur gestörten Persönlichkeitsentwicklung.

c) Der psychoanalytische Beitrag zu einer Differenzierung des Erziehungsmittels Strafe ist die *motivorientierte Strafe*. AICHHORN, MENG und ZULLIGER, die bedeutendsten europäischen Vertreter der psychoanalytischen Pädagogik, haben immer wieder darauf hingewiesen, daß der Strafe die Erforschung der innerseelischen, oft unbewußten Handlungsmotive vorausgehen muß. Man wirft der Psychologie, vor allem aber der Tiefenpsychologie vor, sie predige die Devise „Alles verstehen heißt alles verzeihen" und leiste damit einer erzieherischen und allgemeinen Verweichlichung Vorschub. Dies ist ein Mißverständnis und eine Mißdeutung von Gelesenem oder Beobachtetem. Ein Beispiel mag dies verdeutlichen:
Haben wir in einer Kindergruppe einen Rowdy und Feigling, der mit Vorliebe die Schwächeren schikaniert und traktiert, so ist sicher zunächst eine Maßnahme zum Schutz der Mißhandelten notwendig. Wird der Übeltäter auf frischer Tat ertappt, so kann eine Ohrfeige, als kräftiger Unlustreiz, dem Mißverhalten eine Grenze setzen. Ein Appell an die Anständigkeit, etwa in dem Sinne, es sei eine Schande, als so großer kräftiger Kerl die Schwächeren zu quälen, wird wahrscheinlich wenig Dauererfolg haben. Erst ein ruhiges Gespräch kann uns weiterführen. Wir erfahren dann, daß jener Junge vielleicht einen häufig betrunkenen und tobenden Vater zu Hause habe. In der letzten Zeit sei es allerdings nicht mehr so schlimm. Der Vater sei sogar zu ihm, zu der Mutter und den Geschwistern manchmal ganz nett. Auf die eingeworfene Frage

„Wenn der Vater jetzt nicht mehr so unfreundlich und hart zu dir ist, brauchst du doch eigentlich die Kleineren nun auch nicht mehr zu drangsalieren?" mag der Junge antworten, dies sei vielleicht schon richtig, aber wenn er nun aufhöre, dächten alle, er tue es nur, weil er Angst vor dem Lehrer habe. Man wird ihm nun vorschlagen, die Kleineren und Schwächeren vor gelegentlichen Übergriffen und Neckereien der Großen aus höheren Klassen zu beschützen. Er könne ja dabei seine Kraft und seinen Mut zeigen.

Diesen Rollenwechsel in der Klassengemeinschaft vorzunehmen, ist für den Jungen gar nicht leicht. Die Angst, das Gesicht zu verlieren, ist wahrscheinlich eine weit schlimmere Strafe als jedes mögliche pädagogische Zuchtmittel. Letzteres könnte er mit der Haltung eines Indianers am Marterpfahl erdulden und hernach seine Berserkerrolle unverändert weiterführen. Hätte er doch in seinem Verhalten einen doppelten Lustgewinn; er hätte die Rolle des Vaters identifikatorisch übernommen und, wie dieser, die Schwächeren gequält. Zugleich aber könnte er mit diesem Tun eine andere Vaterfigur, den Lehrer nämlich, ärgern. Dies muß ergründet werden, bevor ein Appell an das Gewissen, an die Anständigkeit wirksam werden kann. Erst dann wird die auferlegte Buße akzeptiert und aus dem Saulus kann ein Paulus, aus dem Quäler ein Beschützer werden. Gleichzeitig aber sehen wir in diesem Verfahren eine Hilfe zur Sublimation der sadistischen Impulse.

d) Als letzte Form nannten wir die *Strafe als Affektentlastung für den Erzieher*. Man wird geneigt sein, dieses Strafmotiv empört zurückzuweisen und möglicherweise vom Erzieher, gleichgültig an welchem Ort er steht, verlangen, daß sein Strafen immer frei von Affekten sei. Dies ist eine Utopie, es sei denn, wir hätten Roboter als Erzieher. Wir halten aber die „absolut affektfreie Erziehung" auch gar nicht für wünschenswert. Oben schon sagten wir, nicht „affektlos", sondern „affektbewußt" oder besser noch „affekteinsichtig" soll das pädagogische Handeln sein. Wir werden nie die Erzählung eines Vaters vergessen, der, stolz auf seine scheinbare Affektkontrolle, folgendes berichtete: Er hatte seinen vierzehnjährigen Sohn beim Diebstahl eines Geldbetrages ertappt. Dies geschah um die Mittagszeit, und der Vater gebot dem Jungen, bis abends auf seinem Zimmer zu warten, dann werde er die Strafe mitgeteilt bekommen. Erst am Abend bekam der Junge seine „affektfreien" Prügel, Taschengeldentzug und Ausgangssperre für mehrere Monate. Die Angst und Unsicherheit des sechs Stunden auf seine Strafe wartenden Jungen und der unbewußte Sadismus des Vaters sind wohl unmittelbar der Schilderung zu entnehmen. Nun war dies sicher ein extremer Fall. Eines

196

aber an ihm ist allgemeingültig: die Einsicht, daß Affektlosigkeit nicht gleich Affektkontrolle, sondern gleich Affektunterdrückung zu setzen ist. Hier sei kurz noch ein Wort zur sogenannten körperlichen Züchtigung eingefügt. Sie ist im wesentlichen ein Problem der bewußten und mehr noch der unbewußten Affektlage des Erziehers. Je weniger eine körperliche Strafe Ausdruck eines spontanen Affektes ist, desto mehr nähert sie sich dem Typus der Exekution. Als solche ist sie Ausdruck sadistischer Regungen im Erzieher. Vermerkt aber sei mit Nachdruck, daß sadistische Regungen nicht nur in der körperlichen Strafe, sondern in jeder Form des erzieherischen Kontaktes möglich sind. Im nächsten Kapitel wird davon noch die Rede sein.

4. Hilfe zur Identitätsfindung beim Jugendlichen

Dies ist die bedeutsamste Aufgabe im pädagogischen Umgang mit den Heranwachsenden, gleichgültig in welcher Institution die Begegnung stattfindet. Das notwendige Identitätserleben möchten wir in einer Abwandlung von ERIKSON (1965²) etwa so formulieren: Es ist das Gefühl der Übereinstimmung der Vorstellungen über sich als Glied der Gesellschaft, als Mann oder Frau, als Anhöriger einer sozialen Gruppe oder eines Berufsstandes, mit den diesbezüglichen Erwartungen der Gesellschaft. Diese komplizierte Formulierung etwas einfacher erläutert heißt, jemand fühlt sich wohl auf dem Wege, welchen er eingeschlagen hat, und glaubt, daß er seine Sache auch in den Augen der anderen gut macht. Ein solches Identitätsgefühl verleiht einem Menschen Sicherheit und Zufriedenheit. Er ist dann auch als Sozialpartner verläßlich, denn er handelt im großen Rahmen der sozialen Rolle gemäß, mit der er sich identifiziert hat. Nun haben wir bereits in den entwicklungspsychologischen Ausführungen dargelegt, wie schwer es in unserer pluralistischen Gesellschaft ist, seine Identität zu finden. Die jungen Menschen in einfachen Kulturen hatten es hier leichter. Am schwersten aber haben es jene, die ihre Jugend im Wandel und im Schnittpunkt von gesellschaftlichen Entwicklungen leben müssen. Die Beobachtungen in den sogenannten Entwicklungsländern geben uns hierfür zahlreiche Beispiele.
Was soll nun der Erzieher tun, um dem Heranwachsenden in den Identitätskrisen zu helfen? Es gibt eine verführerische Möglichkeit. Dies ist die Vereinfachung der Identifikationsmöglichkeiten, etwa nach dem Modell der primitiven Kulturen. In autoritären Regimen wird dies häufig getan, und die Sicherheit der Heranwachsenden und die Geschlossenheit ihrer Persönlichkeit wird von Außenstehenden oftmals be-

wundert. Wir wissen aus der Entwicklungspsychologie, daß in die Identität des Heranwachsenden und Erwachsenen viele Identifizierungen und Identifizierungsversuche seit der Kindheit einmünden. So sind Erzieher natürlich auch Identifizierungsfiguren auf dem Wege des Jugendlichen, und sie sollten sich dessen bewußt sein.

Unter den Erziehungsmitteln spielen die Leitbilder und ihre pädagogische Darbietung eine gewichtige Rolle. Der Tübinger Pädagoge BITTNER (1965, 1966) hat nicht ohne Grund vor ihnen gewarnt, bzw. zu einer sorgfältigen Benutzung ermahnt. Die Leitbilder, die großen Menschen, die den Jugendlichen aus Geschichte, Kunst und Wissenschaft häufig angeboten werden, entsprechen weder den inneren Möglichkeiten der Heranwachsenden noch den äußeren Gegebenheiten unserer modernen Gesellschaft. Sie unterscheiden sich in ihrem Klischeecharakter häufig nur dem Inhalte nach von den Klischeeidealen der Massenmedien. Jugendliche und Erzieher haben zumeist wenig Vorstellungen von den Forderungen und Möglichkeiten, die einer der zahllosen Berufe, gleichgültig auf welcher Ebene, bietet.

Ein Ausweg in dieser so schwierigen Situation ist die Flucht in die Identität einer nationalen, sozio-ökonomischen, weltanschaulichen, rassischen oder sonstwie gearteten Gruppe. Sie birgt aber sozialpsychische Gefahren: Die Vorurteile und deren gefährliche Auswirkungen zwischen Nationen, Rassen, Religionen, Klassen und Berufsgruppen werden zumeist rational begründet, haben aber immer irrationale, d. h. seelisch unbewußte Wurzeln. Die Angehörigen einer Gruppe projizieren nun die an sich selbst abgelehnten, also schlechten Eigenschaften auf die Angehörigen der Gegengruppe, um sie dann an deren Angehörigen heftig zu befehden. Sie suchen sich also einen Sündenbock für das, was sie in sich selbst als störend empfinden. Zahlreiche sozialpsychologische Untersuchungen, die der amerikanische Psychologe G. W. ALLPORT (1954) in seinem Buche „Die Natur des Vorurteils" gesammelt hat, weisen stichhaltig darauf hin, daß die Träger des irrationalen, daher so gefährlichen Vorurteils die in ihrer persönlichen Identität unsicheren Menschen sind.

So ist das Problem der Identität nicht eines der individuellen, sondern der allgemeinen Wohlfahrt. Wie aber kann der Pädagoge dem jungen Menschen zur Identitätsfindung helfen? Drei Wege sind möglich: einmal ist der Erzieher selbst als Persönlichkeit eine Identifikationsmöglichkeit; das kann sein, muß aber nicht sein; zum anderen kann der Erzieher den jungen Menschen durch das Erleben seiner, des Erziehers eigener, Identität Möglichkeiten ahnen lassen; schließlich kann er seine eigene Identitätskrise offen zugeben. Gerade dies aber wirft die Frage nach der Psychologie und Psychohygiene des Erziehers auf.

198

IX. Zur Psychohygiene des Pädagogen

Bisher sind in diesem Buche die Erkenntnisse der Tiefenpsychologie eröffnet worden. Darauf aufbauend skizzierten wir tiefenpsychologische Entwicklungs- und Persönlichkeitspsychologie, Kinderschwierigkeiten und Kinderneurosen sowie deren Behandlung. Die Persönlichkeit des Erziehers wurde — soweit es sich nicht um die Eltern handelte — bisher nur am Rande berührt. Ebenso wie der Pädagoge selbst bisher in unserer Betrachtung zu kurz kam, geschah und geschieht dies auch in der pädagogischen, psychologischen, soziologischen und psychopathologischen Fachliteratur. Neben der Fülle der Werke über das Kind und den Jugendlichen und der ebenfalls stattlichen Anzahl der Veröffentlichungen über die Kunst des Erziehens und die Technik des Lehrens ist das, was über den Pädagogen selbst geschrieben worden ist, spärlich. Aber auch dies Spärliche behandelt nicht den Pädagogen als Menschen, den Erzieher wie er ist, sondern den Erzieher wie er sein soll.

1. Das überhöhte Berufsleitbild als psychohygienische Gefahr

Fast immer werden Idealforderungen an den Pädagogen gestellt, die höchstens in einem sehr geringen Annäherungswert erfüllt werden können. Nach den Klischees der Literatur scheint der Erzieher völlig affektfrei, ohne persönliche Schwierigkeiten und stets nur seiner Aufgabe hingegeben. Frägt man, wie man denn ein derartiges Ideal verwirklichen könne, so wird man auf die „Erzieherpersönlichkeit" hingewiesen. Das Wort „Persönlichkeit" ist in diesem Zusammenhang ein Faulbett der Erwartungen der Gesellschaft an eine Reihe von Berufen, die der Erziehung, Pflege und Hilfe des Menschen zugewandt sind. Das Los einer derart klischeehaften Idealisierung teilt vor allem der Arzt mit dem Erzieher; auch von ihm wird erwartet, daß er nur für die Menschen da sei und selbst keine Nöte, Schwächen und Schwierigkeiten habe. Da die Pädagogik eine relativ konservative Wissenschaft ist, trägt sie, insbesondere was das Idealbild des Erziehers betrifft, vielfach noch die Züge des vergangenen Jahrhunderts. Dies erscheint uns von besonderer Gefährlichkeit in einer Zeit, in der die Maschine in den Prozeß des Lehrens und Lernens eingeführt wird. Auch dieses Los teilt der Erzieher mit dem Arzt, da ja die Technik auch in der Medizin einen immer breiteren Raum einnimmt. So wird dann als Einleitungsreferat beinahe jedes

Kongresses die Forderung nach der Begegnung zwischen Arzt und Krankem erhoben und die idyllische Figur des alten Hausarztes als leuchtendes Beispiel vorgestellt. Auch hier finden wir eine Parallele in der Pädagogik: der Dorfschullehrer alten Stils wird hervorgehoben, der zu gleicher Zeit den Chor dirigiert, die Orgel spielt, die Chronik des Dorfes führt und neben dem Pfarrer und Doktor der Berater der Gemeinde ist. Beide Formen der Berufsausübung sind heute nicht mehr möglich; wir wissen auch gar nicht, ob sie zu ihrer Zeit so segensreich waren, wie wir in der bekannten Verklärung der Vergangenheit annehmen. Es gilt also, die Realität zu akzeptieren und Erzieher, Ärzte, Seelsorger und all die anderen am Menschen Tätigen als Menschen mit ihren Nöten und Schwierigkeiten wahrzuhaben.

Das Besondere an der sozialpsychologischen Situation des Erziehers ist die Breitenwirkung nicht nur seines Handelns, sondern seines bewußten und unbewußten Verhaltens in Gegenwart und Zukunft. Jeder Mensch beeinflußt die Gruppe, in der er lebt, und wird von ihr beeinflußt. Wir haben dies an der wechselseitigen Regulation des Verhaltens von Eltern und Kindern eindrucksvoll kennengelernt. Die Psychohygiene des Pädagogen hat somit einen Doppelaspekt: die Erkenntnis der unbewußten Probleme des Erziehers, die damit gegebene Hilfe zum Selbstverständnis und zur Korrektur des Verhaltens ist gleichzeitig eine vorbeugende Hilfe für die seelische Entwicklung der ihm anbefohlenen Kinder und Jugendlichen. In diesem Sinne mögen die nachfolgenden Ausführungen verstanden und nicht als leichtfertige Kritik kränkend empfunden werden. Daß hierbei auch sonst tabuierte Zonen betreten werden, liegt in der Natur der tiefenpsychologischen Betrachtungsweise, denn sie erfordert bei der Analyse des Unbewußten eine Ehrlichkeit besonderer Art.

2. Unbewußte Konflikte als gefährliche Motivationen für den Erzieherberuf

Das breitgespannte Spektrum der Erzieherberufe bringt es mit sich, daß auch die bewußten Berufswahlmotive der einzelnen sehr verschieden sind. Die Kindergärtnerin einerseits und der Gymnasiallehrer andererseits erscheinen uns wohl als Extreme. Bei der ersteren nehmen Pflege und Spiel einen Großteil der Erziehung ein, beim letzteren überwiegt die Vermittlung von Fachwissen und Bildungsgütern weitaus die eigentliche Erzieherfunktion — allerdings wird oft auch angenommen, das Bildungsgut an sich wirke erziehend. Im Mittelfeld liegt die große

Gruppe der Volksschullehrer und die kleinere der Sozialpädagogen, Heimerzieher, Jugendleiter und Jugendpfleger. Auch hier sind Akzentunterschiede zwischen Lehrern und Erziehern gesetzt. Der Volksschullehrer arbeitet mit seinen Schülern vorwiegend im Klassenraum, er erzieht am Medium des Lernstoffes. Die Heimerzieher und Jugendpfleger betreuen Kinder und Jugendliche in deren Freizeit, ja der Heimerzieher in einer familienähnlichen Situation. Bei ihm ist z. B. die Vater- und Mutterübertragung am nächstliegenden; man denke nur an die heute vielfach installierten und recht bewährten Heime vom „Familientypus". So muß also schon vom Berufsbild, und zwar sowohl von den objektiven Anforderungen als auch von den subjektiven Vorstellungen her, die Motivation zu den verschiedenen Erzieherberufen ganz verschieden sein.

Am wenigsten ist wohl die Berufswahl des Gymnasiallehrers vom Wunschbild des Umganges mit Jugendlichen geprägt. Das Interesse an einem Fach — Sprachen, Deutsch, Geschichte, Naturwissenschaften oder Sport — ist hier das Ausschlaggebende. Der Studienplan für das höhere Lehramt in Deutschland begünstigt diese fachzentrierte und menschenferne Einstellung. Erst die Referendarzeit bringt den jungen Gymnasiallehrer mit Schülern in Verbindung. Wir haben als psychotherapeutischer Berater von Studenten sehr oft erlebt, daß Kandidaten des höheren Lehramtes noch kurz vor dem Staatsexamen über ihre Wahl nicht glücklich waren, die Laufbahn aber in Ermangelung einer besseren Lösung fortsetzten.

Man wird nun fragen, warum dies denn ein tiefenpsychologisches Problem sei. Die Situation jedes einzelnen hat natürlich ihre Wurzel in dessen Entwicklung und tiefenseelischer Struktur. Das Verharren in der Breitspurlaufbahn, trotz geringer Freude, und die Risikoscheu vor einer freien literarischen, journalistischen, industriellen oder wissenschaftlichen Laufbahn ist durch persönliche und oft auch familiäre Faktoren bestimmt. Von psychohygienischer Auswirkung auf die Schüler aber ist die Identitätskrise jener Menschen. Es geht hier um das Sich-identifizieren-Können mit der sozialen Berufsrolle und deren psychologischen Funktionen.

Selbstverständlich ist bei jedem Menschen und in jedem Beruf das „Sich-identisch-Fühlen" mit der Berufsrolle, die man gewählt hat, nur annäherungsweise gegeben; beim Gymnasiallehrer ist dieses Problem wegen seiner Grenzsituation zwischen Pädagogik und Fachwissenschaft besonders schwierig. Seine Schüler wiederum reagieren auf die Unsicherheit der Identität besonders empfindlich. Sie sind in der Reifezeit und suchen sich mit der Rolle ihres Geschlechts, einer angestrebten Berufsgruppe, einer sozialen Schicht oder einer religiösen Gruppe in unserer pluralistischen Gesellschaft zurechtzufinden. Gelingt ihnen das nicht, so entsteht eine Verwirrung, die „Rollenkonfusion", wie uns ERIKSON (vgl. Kap. III) aufgewiesen hat. Wie verhängnisvoll dann das Zusammentreffen von individueller Identitätskrise des Lehrers und entwicklungsgegebener Identitätssuche des Schülers sein kann, ist uns verständlich.

Der vorbildhafte Einfluß von Menschen starker, oft einfacher, ja primitiver Identität, d. h. Selbstsicherheit in der gewählten Rolle, wird einleuchtend. Hierin liegt auch die Gefahr der Beeinflussung Jugendlicher durch Vertreter radikaler Gruppen, seien sie politischer, sozialer oder weltanschaulicher Prägung. Eine Änderung des Ausbildungsverfahrens könnte u. E. dem Lehrer und dem Schüler hier sehr viel helfen. Eine frühzeitige Begegnung des Studierenden mit der pädagogischen Wirklichkeit würde ihm Gelegenheit geben, sich einmal dort zu orientieren, wo er später ein Leben lang beruflich mit Menschen tätig sein soll.

Die bewußten Beweggründe zum Erzieherberuf, sei es der des Volksschullehrers oder ein sozialpädagogischer Beruf, sind mannigfach. Oft wird das Interesse am Kinde und Jugendlichen und die Freude am Lehren, etwas pathetisch ausgedrückt, die Liebe zum sich entwickelnden Menschen, genannt. Die Gestaltung des eigenen Lebens nach einem vorausschaubaren und relativ gleichförmigen Rhythmus, die Verwirklichung weltanschaulicher oder sozialpolitischer Ideen in der Erziehung sind andere Motivationen.

Es geht hier nicht darum, eine Statistik oder Bewertung der bewußten Motivationen aufzustellen, es sei hier auch die subjektive Ehrlichkeit eines jeden Beweggrundes unterstellt. Bewußt erlebte Motive des eigenen Handelns sind nun, das wissen wir aus der analytischen Erfahrung, umgewandelte Triebwünsche unserer frühen Kindheit. Das Problem ist, wie wir in der Entwicklungs- und Persönlichkeitspsychologie gesehen haben, ob die kindlichen, primitiven und körpernahen Triebwünsche wirklich auf menschlich, sozial und kulturell wertvolle Ziele hin orientiert, sublimiert, und in die Persönlichkeit integriert werden konnten, oder ob es sich bei den Motiven um verstandesmäßige, bewußte Verbrämungen, „Rationalisierungen" von noch nicht verarbeiteten Triebwünschen handelt. Gerade die letzteren sind das psychohygienische Problem der Berufswahl des Erziehers. Was wir meinen, kann zunächst an einem einfachen Beispiel aufgezeigt werden:

Ein junges Mädchen wird Sozialarbeiterin oder Heimerzieherin und wendet sich der Betreuung und Erziehung „sittlich verwahrloster" Mädchen zu. Dabei ist die Haltung den Zöglingen gegenüber durch eine Mischung von wohlwollendem und gütigem Umgehen einerseits und strenger Verurteilung der sexuellen „Entgleisungen" auf der anderen Seite gekennzeichnet. Allerdings interessiert sich die Erzieherin aus pädagogischen Gründen auch sehr für die Details des bisherigen sexuellen Lebens der Mädchen. Die Diskrepanz von gütiger Zuwendung und besonderer Strenge gegenüber dem Sexualverhalten, bei gleichzeitigem fast neugierigem Interesse, läßt uns aufmerksam werden. Es handelt sich hierbei nicht um eine einfache Prüderie, wie sie der Atmosphäre zu Beginn unseres Jahrhunderts noch entsprochen hätte, sondern um eine viel individuellere, nuanciertere Einstellung, die vielleicht zunächst gar nicht bemerkbar ist. Jene junge Frau hat mit einer gewissen Wahrscheinlichkeit ihre eigene sexuelle Triebsphäre bisher mehr verdrängt als verarbeitet und sie als ein rationalisiertes Motiv in die Berufswahl mit eingebracht. Dabei scheint vor allem die kindliche „Schaulust", Neugierde im erziehungspsychologisch begründbaren Interesse für das Vorleben der Mädchen, die besondere berufliche Situation mitbestimmt zu haben. Der Beruf ist dann also teilweise eine verdeckte und von dem Über-Ich konzedierte Bedürfnisbefriedigung. Die ablehnende, kritische und strafende Seite des Gewissens richtet sich gegen die Verwahrlosung der Zöglinge. Damit ist eine leidliche Balance des seelischen Gleichgewichts hergestellt. Dieser Erzieherin aber fehlt die Sicherheit, aus welcher Lockerheit und Flexibilität im pädagogischen Umgang erwächst. Eine Nachreife, die wir pychoanalytisch „Ich-Stärkung" nennen, und ein den Normen unserer Kultur gemäßes Verhalten ohne äußere Kontrolle wird von dieser Erzieherpersönlichkeit nur selten erzielt werden können, weil den Zöglingen die Möglichkeit der Identifikation und somit auch die Möglichkeit einer positiven Verarbeitung der Triebbedürfnisse mangelt. Umgekehrt ist auch die Erzieherin in dieser Berufssituation sehr gefährdet; es ist zu erwarten, daß früher oder später das mühsam erreichte psychische Gleichgewicht irritiert wird und dann seelische Störungen oder psychisch bedingte körperliche Krankheiten auftreten.

Es könnte der Einwand gebracht werden, dieser Beispielfall sei extrem, aus einer speziellen Erziehungsinstitution gewonnen und liege — wie könnte es bei der Psychoanalyse anders sein — im sexuellen Problembereich. Mögen alle Argumente ihre Gültigkeit haben; wir brachten dieses Beispiel vor allem wegen der eindrucksvollen Deutlichkeit der Psychodynamik. Unverarbeitete und ungenügend abgewehrte Triebansprüche, das Mitwirken dieser Impulse bei der Berufswahl, die teilweise Befriedigung der nicht sublimierten Triebbedürfnisse in der beruflichen Tätigkeit und endlich die Konfliktsituation wurden hier anschaulich sichtbar.

203

Um es noch einmal klar zu formulieren: wir sagen nicht, daß diese unbewußten Wünsche die einzigen Berufswahlmotive seien; sowohl andere unbewußte, als auch die vom Individuum bewußt erlebten Motive sind in der Berufsfindung und in der Entscheidung für einen Beruf wirksam. Die im Beispiel angeführte Kategorie wird deshalb hervorgehoben, weil sie Konflikte im Erzieher, im Zögling und zwischen Erzieher und Zögling schaffen kann.

Für den Lehrer erscheinen uns drei Themen unbewußter Wahlmotivationen als Störungsmöglichkeiten bedeutsam: die ungeklärte Autorität (Vater- oder Ödipusproblematik), Aggression (Sado-Masochismus) und Homosexualität. Wie ist das zu verstehen?

a) *Der Autoritätskonflikt:* Dazu zunächst folgendes Fallbeispiel:
Ein sechzehnjähriger jugendlicher Bandenchef opponierte durch seine kriminellen Handlungen gegen die Autorität des Vaters, der Schule, des Staates und seiner Gesetze. Andererseits war dieser Junge den Mitgliedern seiner Bande gegenüber ein gütig-väterlicher Chef, der zwar strikt auf die Einhaltung seiner Anordnungen achtete, aber seinen Untergebenen alle Raubgüter zukommen ließ und nichts für sich selbst behielt. Er führte also einen Feldzug gegen die Autorität und rebellierte offen. Nur wenige tun das; bei vielen aber ist das Verhältnis zum Vater und zur Autorität bis in das Erwachsenenalter hinein ungelöst oder belastet.

Je mehr ein solcher Junge seinen Vater negiert, ja ihn unbewußt haßt, desto stärker wird sein Schuldgefühl und damit jener in ihm wirksame autoritative Vateranteil. Im Erwachsenenalter erleben sich solche Menschen häufig in einem Koordinatensystem von Geboten und Verboten, aus denen sie nicht heraus können, und sie ordnen ihre Mitmenschen, ihre Untergebenen und Schutzbefohlenen in ein ähnliches Koordinatensystem ein. Die Schule bietet sich nun, wie kaum ein anderer Arbeitsbereich in unserer Gesellschaft, als ein derartiges Koordinatensystem mit Geboten und Verboten und natürlichem Autoritätsgefälle an.

Man bringe jetzt nicht die Antithese von echter und unechter Autorität ins Gespräch und weise auch nicht auf die mannigfach differenzierten pädagogischen Realitäten hin. Hier zählt nur das sozialpsychologische Gebilde „Schule" als Feld für den Menschen mit einer ungelösten Autoritätsproblematik. Im Beziehungsfeld von Klein zu Groß, Kind zu Erwachsenem, Unwissendem zu Wissendem steht von vornherein eine Gruppe Unterlegener dem Überlegenen gegenüber.

Die Persönlichkeit mit mehr oder weniger unbewußten Autoritätskonflikten findet in der sozialpsychologischen Schulsituation die Gegebenheiten ihrer Kindheit, allerdings mit umgekehrten Vorzeichen, wieder. Die Autorität als primäre Überlegenheit braucht nicht erkämpft oder durch Leistungen erworben zu werden, sie ist vorhanden. Ein Mensch, der aus diesem ihm unbewußten Motiv Erzieher wurde, wird im schulischen Alltag große Schwierigkeiten haben. Dieser Lehrer hat nicht die nötige Sicherheit, um seine Handlungsweise, sein Wissen und seine Persönlichkeit den Schülern gegenüber auch einmal in Frage zu stellen. Dann nämlich wäre das bisher gegebene Autoritätsgefälle gefährdet, und es müßte eine neue, die echte Autorität aufgebaut werden. Dies geschieht vom Schüler her gesehen durch die Bindung an den Lehrer und die teilweise Identifikation mit dem Lehrer. Die bekannte Erscheinung der Koppelung von fachlichen Leistungen eines Schülers mit der positiven Beziehung zur Lehrerpersönlichkeit gehört hierher.

Bringt der Erzieher nun seine ungelöste Vaterproblematik und damit seine innere Unsicherheit in die Praxis mit, ist er also darauf angewiesen, auf seiner Machtposition zu beharren, nutzen psychologische Hinweise und pädagogische Ratschläge nichts. Sie werden mehr oder weniger befolgt, bleiben an der Oberfläche des Handelns und lösen den unbewußten Konflikt nicht. Dieser Konflikt kann nur durch eine tiefere Einsicht in die eigene Problematik, also durch ein besseres Selbstverständnis im Wege einer psychotherapeutischen Beratung oder vielleicht sogar einer analytischen Behandlung gelöst werden. Wird solcherart Einsicht erarbeitet und dadurch eine Wandlung der Haltung erreicht, so ist dies zumeist von großer Fruchtbarkeit für die pädagogische Arbeit; haben doch auch Menschen mit einer „teilweise neurotisch motivierten" Berufswahl ein echtes Interesse und oft eine Begabung für den gewählten Beruf. Wir werden später bei der Erörterung psychohygienischer Maßnahmen überlegen, inwieweit in die Auswahl und die Ausbildung der zukünftigen Lehrer bereits Hilfen zur verbesserten tiefenpsychologischen Einsicht und Selbsterkenntnis eingebaut werden können.

b) *Die gehemmte Aggression:* Als weitere unbewußte Motivation zur Wahl des Erzieherberufes haben wir oben den Aggressionstrieb und seine mannigfachen Störungen genannt. Es ist verständlich, daß diese Feststellung den Pädagogen schockiert. Zeigt uns das altgewohnte Idealbild den Erzieher doch als einen Menschen, der frei von Aggressionen und zumindest im pädagogischen Handeln völlig Herr seiner Affekte ist. Wir haben bereits bei der Erörterung der Tiefenpsychologie des Strafens auf das Utopische einer solchen Vorstellung hingewiesen (vgl. Kap. VIII). Hier soll unsere Aufmerksamkeit jener Gruppe von Erziehern zugewandt werden, die aus einer Entwicklungsstörung heraus, nämlich der Verdrängung von Aggressionstrieben statt deren Verarbeitung, den durch Konvention und Situation geschützten Beruf des Pädagogen gewählt haben. Die Konvention ist durch die oben bereits genannte Idealvorstellung vom affektfreien Erzieher gekennzeichnet. Die Situation des pädagogischen Raumes, der Umgang mit Kindern und Jugendlichen bewahrt den Erzieher weitgehend vor der in allen anderen Berufen unvermeidlichen Auseinandersetzung mit Gleichaltrigen und daher Gleichgestellten. Selbstverständlich ist auch der Berufserzieher in einem Konkurrenzkampf mit Erwachsenen, den Kollegen und Vorgesetzten. Jedoch ist hier, wie kaum in einem anderen Beruf, die fatale Möglichkeit gegeben, subjektiv Erlittenes an Schwächere weiterzugeben. Natürlich erfolgt die Aggressionsentladung gegenüber dem Schwächeren, dem Kinde, nicht absichtlich. Im Alltag von Schule und Heim ergeben sich für den „gekränkten" Erzieher vielerlei Anlässe, seine angestauten Aggressionen unter der rationalen Verbrämung einer pädagogisch legitimen Handlungsweise abzureagieren. Den hier wirksamen psychischen Mechanismus nennen wir in der Tiefenpsychologie „Rationalisierung", d. h. eine triebhafte Handlungsweise wird als vernünftig gesteuert und begründet erlebt. Verständlicherweise wird der Erzieher, der eine geringe Durchsetzungskraft besitzt, hier besonders gefährdet sein.

Nun erwähnten wir oben den Begriff Sadismus. Gemeinhin werden unter Sadismus nur die Extremvarianten der Lust an der körperlichen Mißhandlung anderer verstanden. Selbstverständlich gehören diese Formen nicht in die Diskussion der Probleme des pädagogischen Alltags. Gerade der aggressionsgehemmte Mensch aber hat in seinem Verhaltensrepertoire eine Fülle von sehr nuancierten, nur dem geübten Beobachter erkennbaren Sadismen. Besonders häufige Beispiele dafür sind die Techniken des Blamierens und Lächerlichmachens. Hier manipuliert der Erzieher die „Massenseele", spielt die Gruppe gegen den einzelnen aus und er, der sonst durchsetzungsschwache Mensch, erlebt sich als Führer eben dieser Gruppe.

Die dem Sadismus entgegengerichtete Störung des Aggressionstriebes, der Masochismus (die Lust am Gequältwerden), ist bisweilen auch die unbewußte Motivation zur Berufswahl des Pädagogen. Derartige Erzieher konstruieren oft geradezu Situationen, welche sie der Lächerlichkeit vor den Schülern preisgeben müssen. Trotz intensiver bewußter Bemühungen, diese peinliche Lage zu vermeiden, provozieren diese Lehrer die Angriffe der Schüler. So weist die Diskrepanz zwischen bewußtem Bemühen und unbewußt gelenkter Handlungsweise auf die Wirksamkeit eines gestörten triebhaften Geschehens, also der Lust am Gequältwerden, hin.

206

c) *Die latente Homosexualität:* Das nun folgende Problem Homosexualität und Erzieherberuf bedarf vor allem einer sachlichen Erörterung. In der Literatur, in Fachkreisen und in der Öffentlichkeit pendelt man zwischen Verbrämung und Verdammung. Das Verbrämende sehen wir in dem Begriff vom „pädagogischen Eros" repräsentiert. Leider war auch EDUARD SPRANGER, ein wahrhaft bedeutender Jugendpsychologe und Pädagoge, nicht frei von solchen Aspekten. Sie stammen noch aus der Viktorianischen Ära einerseits und sind andererseits durch die „Jugendbewegung" geprägt, die gleichgeschlechtliche Gefühlsbeziehungen stark idealisiert hat. Da die Idealisierung der Homoerotik ihre Vorläufer in der Antike hat, stand sie begreiflicherweise dem humanistischen Bildungsideal nahe, dem auch SPRANGERS Jugendpsychologie (1955 24) verpflichtet ist. Allerdings waren die alten Griechen hier ehrlicher. In den literarischen Zeugnissen wird offen ausgesprochen, daß die pädagogische Beziehung eines Sokrates zu Alkibiades nicht frei von körperlicher Zuneigung und Zuwendung war. Bei uns sucht man sich oft durch die Verwendung der Begriffe Homoerotik und Homosexualität zu helfen. Homoerotisch sind die Gefühlsbeziehungen und die geistigen Bande gleichgeschlechtlicher Art — also das Erlaubte. Homosexuell sind die körperlichen Beziehungen — also das Verbotene, das in der Gesellschaft streng Tabuierte und vom Gesetz mit Strafe Bedrohte. Eine derartige strikte Trennung aber widerspricht den Erfahrungen der Psychoanalyse. Das sexuelle Interesse, die ästhetische Freude am wohlgebildeten Körper des gleichgeschlechtlichen Freundes, die gefühlsmäßigen und geistigen Beziehungen entspringen derselben Wurzel. Die emotionale und geistige Zuwendung zum Partner des gleichen Geschlechts kann eine geglückte Sublimierung des homosexuellen Dranges sein oder ein Symptom einer noch nicht geglückten Integration des Homosexuellen in die Persönlichkeit. Des öfteren schon kamen aus einer solchen Unsicherheit ängstliche, vielleicht skrupelhafte Studierende der Pädagogik, Philologie oder Theologie zu uns, in der Besorgnis, sie könnten homosexuell sein.

Nun gehört — wie wir bereits früher gesehen haben — die homosexuelle Regung zur natürlichen menschlichen Sexualentwicklung. Problematisch wird sie, wenn in der Reifezeit nicht eine endgültige Zuwendung zum anderen Geschlecht erfolgen kann. Die bestimmenden Faktoren hierfür liegen früh in der Kindheit, wie wir gesehen haben, in der Beziehung zur Mutter und zum Vater.

Die psychologische Tatsache, daß sowohl Mann als auch Frau homosexuelle Neigungen bewußt oder unbewußt haben können, wird sehr häufig übersehen. Die Unterschätzung der weiblichen Homosexualität in unserer Gesellschaft ist wohl durch zwei Faktoren bedingt: Die

Beziehungen zwischen Frauen — sei es zwischen Erwachsenen, oder zwischen einer Erwachsenen und einer Jugendlichen — sind nicht unter Strafe gestellt. Dies ist kulturell, soziologisch und biologisch begründet. Dazu kommt als zweites Moment die weitgehend andersartige Erscheinungsform der weiblichen Homosexualität. Sehr viel häufiger als beim Manne handelt es sich um ein Zweierverhältnis, das durch eine gewisse Zeitdauer und Bindung gekennzeichnet ist. Hingegen ist beim Manne Partnerwechsel und gleichzeitige Beziehung zu mehreren Partnern häufig. Die Bedeutung für die Beziehung eines Erwachsenen zu Jugendlichen, etwa eines Erziehers zu seinen Zöglingen, wird daraus ersichtlich.

Die Begegnung mit dem Jugendlichen ist vor allem bei Hauptschul-, Realschul- und Gymnasiallehrern sowie Sozialpädagogen gegeben. Bei einer latenten (verborgenen), unbewußten homosexuellen Tendenz ist die Faszination, die der dauernde berufliche Umgang mit Jugendlichen bietet, verständlich. Jene Grenzfälle, in denen der Erzieher manifeste (offene) homosexuelle Wünsche hat und diese realisiert, sind psychohygienisch gar nicht so bedeutungsvoll, wie weithin angenommen wird. Man stellt sich bei derartigen homosexuellen Verführungen zumeist eine massive Schädigung der Entwicklung des Jugendlichen vor, dabei kann ein solcher Akt bei sonst gesunder psychischer und sexueller Entwicklung ohne bedeutsame Folgen bleiben.

Viel gefährlicher als die Begegnung mit dem Sexuellen, soweit sie ohne Anwendung von Gewalt, also ohne sadistische Komponenten geschieht, ist häufig der Bruch im Idealbild der Erwachsenenfigur. Nun sind aber gerade selbst mit Spuren der unverarbeiteten Homosexualität behaftete, oft sehr vielseitig interessierte, ästhetisch aufgeschlossene und schwärmerische Jugendliche von hoher Faszination für den manifest oder latent homosexuellen Erzieher. Es entstehen dann Beziehungen — vielfach ohne körperlich-sexuelle Handlungen — in einem homoerotischen Fluidum. Gemeinsame Spaziergänge, gemeinsamer Besuch von Kunststätten und kulturellen Ereignissen und intime Gesprächssituationen schaffen eine Form von Bindung, die den Jugendlichen von seinen altersgemäßen Lebensaufgaben fernhält. Ein darin befangener junger Mensch wird sich nur schwer mit Gleichaltrigen auseinandersetzen und kaum den Weg zum anderen Geschlecht finden.

Es lag uns daran, aufzuweisen, daß die Tiefenpsychologie eine vorurteilsfreie, tiefere und weitere Sicht des Problems der Homosexualität, vorweg der Homosexualität in der Erziehung, vermittelt. So wird man auch die Behauptung von der unbewußten homosexuellen Tendenz als Berufswahlmotiv und der darin verborgenen Gefahr für die pädagogische Beziehung im weitesten Sinne verstehen.

3. Die Welt der Schule als psychohygienisches Problem — die Ordnung als Notwendigkeit und Gefahr

Ein Aufsatz von MÜLLER-BECK (1958) über das Berufsmilieu des Volksschullehrers vor einigen Jahren und eine Publikation von FÜRSTENAU (1964) mit einem ähnlichen Thema haben in pädagogischen Kreisen scharfen Widerspruch gefunden. Nun hat zwar MÜLLER-BECK, obwohl selbst Lehrer, in seiner Arbeit den psychoanalytischen Fachjargon unübersetzt, daher oft für den Laien provozierend und deshalb nicht sehr geschickt, benutzt. Doch war dies sicherlich nicht der einzige Grund der Ablehnung. Es wurde behauptet, die Schule sei der Welt des Zwangskranken verwandt. Ist nun diese Feststellung nur aggressiv, nur provozierend, vielleicht von einem pädagogischen Außenseiter gemacht, der selbst kein Glück in seinem Berufe fand? Damit würde man dem Autor und dem Problem nicht gerecht. Eine kurze kultursoziologische Besinnung ist notwendig.

In einer Industriegesellschaft erfordert die Bedienung der technischen Einrichtungen — von der Küchenmaschine bis zum Computer — ein hohes Maß an Exaktheit, und diese Gesellschaft ist auch bis in den kleinsten Bereich durchorganisiert, man spricht von der „verwalteten Welt"; in dieser technisierten und organisierten Gesellschaft ist die Ordnung ihrer Glieder, d. h. das Einhalten von Spielregeln, eine notwendige Voraussetzung des Funktionierens, wodurch das „Ordentliche" zu einer besonders wünschenswerten Tugend wird. Hinzu kommt die wohl im deutschen Volkscharakter begründete Vorliebe für Ordnung und Sauberkeit. Man bedenke nur, wie oft das Wort „sauber" im übertragenen Sinne gebraucht wird. So spricht man von einer Sauberkeit des Charakters, des moralischen, sittlichen und sozialen Verhaltens, deren Gegensatz dann das Schmutzige ist.

Um zu ermessen, welchen besonderen Grad, vielleicht welche Überwertigkeit die Ordnung, Sauberkeit und Pünktlichkeit in unserem Kulturbereich einnehmen, braucht man nur die Untersuchungen der Völkerkundlerin MARGRET MEAD (1965, vgl. Kap. II) bei manchen Südsee-Völkern zu betrachten. Hier sind Ordnungs- und Zeitbegriff sehr viel geringer entwickelt, das Verhalten ist darin ungemein flexibel, ähnlich wie übrigens schon im Mittelmeerbereich. Durch das Verhalten mancher Süditaliener, Griechen oder Levantiner kann bekanntlich ein deutscher Reisender zur Verzweiflung gebracht werden.

Was hat nun dies alles mit der Schule zu tun? Nimmt man einmal das viel gebrauchte Wort „Die Schule soll für das Leben erziehen" wörtlich, so heißt das, die Kinder sind nach den Maßstäben der Erwachsenengesellschaft, also zu Ordnung, Sauberkeit, Fleiß, Sparsamkeit und Pünktlichkeit, zu erziehen. Nun zeigt der Zwangskranke diese „Tugenden" in einem ins Absurde ausgedehnten Maße, so sehr, daß der Kranke schwer darunter leidet. Damit aber haben wir die Verbindung zu dem oben zitierten provozierenden Artikel und wohl auch eine verständnisvolle Interpretation der Aussage, das Berufsmilieu des Volksschullehrers sei eine Zwangswelt.

Die Aussage enthält also etwas Richtiges. Da unsere Gesellschaft die Charaktereigenschaften des zwanghaft Orientierten (vgl. Kap. IV) benötigt und wünscht, erwartet sie auch von ihren Erziehungsinstitutionen eine Orientierung nach diesen Werten. Auch der Lehrer ist daher verständlicherweise dahin gehend orientiert und bemüht sich, in den Kindern jene Eigenschaften zu wecken und zu festigen. Schwierig, ja gefährlich für die Entwicklung der Kinder und die seelische Verfassung des Lehrers wird es, wenn dieser das Relative der Werte — Ordnung, Sauberkeit und Pünktlichkeit — nicht mehr sieht, sondern sie absolut setzt. Dann werden so wesentliche seelische Regungen der Kinder wie Spontaneität, eigenschöpferisches Tun, freudiges Mitgehen und Erleben und soziale Hilfsbereitschaft verhindert oder verwehrt.

Das Kind muß in der Begegnung mit dem Pädagogen erleben, daß die Ordnung etwas Notwendiges im Zusammenleben ist; man muß schön und deutlich schreiben, damit die anderen lesen können, was man mitteilen will, man hat saubere Bücher, Hefte und Hände, weil der Mitmensch den fremden Schmutz als unangenehm empfindet, ja sich vielleicht sogar daran eine Krankheit holen kann. Kurzum, es geht darum, Ordnung, Sauberkeit, Fleiß und Pünktlichkeit in den Bezug des menschlichen Zusammenlebens zu bringen. Ordnung als Selbstzweck herrschte auch in den Konzentrationslagern, und die dortige Extremsituation hatte wahrscheinlich der Autor des von uns eingangs zitierten Artikels im Auge.

4. Psychoanalytische Charaktertypen des Erziehers

Wir haben bereits früher einige Charaktertypen dargestellt, wie sie die Psychoanalyse aus den Triebkonstellationen und Triebverarbeitungen entwickelt hat (vgl. Kap. IV). Selbstverständlich gilt für diese Typen, wie für jede Typologie, daß es sich um Idealkonstruktionen handelt, die in der Realität nie so ausgeprägt vorkommen. Doch stellen Typen, wenn man um ihre Begrenzung weiß und sie zu verwenden versteht, Orientierungshilfen bei der Betrachtung von Menschen dar.

Des weiteren sind die psychoanalytischen Typen in der Klinik, d. h. an psychischen Krankheitsformen gewonnen, und die Bezeichnungen haben daher das Merkmal der Pathophilie (Krankheitsbezogenheit, vgl. Kap. I). Vergegenwärtigt man sich die Herkunft, so wird man sich auch an dieser Eigentümlichkeit nicht stoßen. So, mit aller Vorsicht wohlverstanden, sollen nun die früher hinsichtlich ihrer Genese und Psychodynamik skizzierten Typen der analen oder zwanghaften, der phallischen oder hysterischen, der oralen oder depressiven und endlich der narzißtischen Persönlichkeit auf ihre besonderen Bezüge zum Berufsmilieu des Erziehers und Lehrers hin untersucht werden. Dabei wird natürlich wieder der psychohygienische, d. h. psychische Schädigungen bei Kind und Erzieher berücksichtigende, Aspekt vorwalten.

a) Der zwanghafte Erzieher: Erinnern wir uns an die Schilderung des analen Charakters, an welchem FREUD (G. W. 1908, Bd. VII) zum erstenmal die Fruchtbarkeit psychoanalytischer Hypothesen für die Charakterkunde untersuchte, so finden wir vorwiegend folgende Eigenschaften: Ordnungsliebe und Genauigkeit bis zur Pedanterie und zum Formalismus, Sparsamkeit und haushälterisches Wesen bis zum Geiz und Selbstbehauptung bis zum Eigensinn. Diese gesetzten Akzente haben wir kurz vorher bei der Analyse des Berufsmilieus des Lehrers vorgefunden. Verständlicherweise verstärken sich zwanghafte Milieustruktur und zwanghafte Persönlichkeitsstruktur, wenn sie zusammentreffen, gegenseitig. Eine solche Ausprägung entspräche der Karikatur des Lehrers, die wie bei so manchen anderen Berufen auch von ihm im Publikum existiert. Die Frage ist nun, wie kommen zwanghafte Persönlichkeitsstruktur und Schulmilieu zusammen; ist es Zufall oder besteht eine Affinität, eine Anziehungskraft zwischen beiden? Überschaubare Berufsmöglichkeiten, beamtete Laufbahn, durch den Lehrplan geordnete Arbeit und der Stundenplan sind Momente, die den anankastisch (zwanghaft) Orientierten anziehen können (nicht müssen). In einem solchen Falle besteht natürlich die Gefahr der Überbewertung der Ordnung, des Reglements und der Drosselung der Affektäußerungen der Kinder, vor allem der motorischen Abreaktion von Freude, Ärger und Zorn. Es besteht berechtigte Hoffnung, daß in der modernen Pädagogik, die flexibler und mehr kindorientiert ist, ein derartiges Zusammentreffen von Persönlichkeit und System nur mehr selten vorkommt. Allerdings haben wir Sorge, es könnte mit dem Eindringen neuer Methoden, wie dem programmierten Lernen, der Lernmaschine und ähnlicher Mittel, in den Unterricht das Systematische wider das Lebendige und das Taktische wider das Rhythmische einziehen.

b) Wir verstehen nun durch die Erfahrungen aus der tiefenpsychologischen Entwicklungs- und Persönlichkeitspsychologie den Terminus *„phallische" Persönlichkeit* richtig, ohne schockiert zu sein. Gemeint ist, daß in diesem Charakter unverarbeitete Triebelemente, oder Reaktionsbildungen auf diese Triebe, aus der Entwicklungsphase, die durch die Thematik des „Vordringens, Eindringens und Gestaltens" gekennzeichnet ist, eine Rolle spielen.

Wir sprechen in der Psychoanalyse auch von einer „phallischen Frau", wenn deren Aktivität stark männliche Prägung hat oder die Interessen ihres Dominanzstrebens vorwiegend männliche Bereiche innerhalb unserer Kultur sind. Als Erzieherin ist eine solche Frau weniger mütterlich als Leistung fordernd und weckend und anspornend.

Ob Mann oder Frau, Erzieher und Lehrer dieses Charaktertypus haben die „Technik" des raschen Zupackens an sich; sie sind selbst schnell begeistert und vermögen es auch rasch, eine Gruppe, eine Klasse oder einzelne für sich oder die Sache, die sie vertreten, zu begeistern. Infolge ihrer Initiative haben solche Menschen oft rasch pädagogische Erfolge. Ihre Schwierigkeit ist das Durchhalten. Niederlagen im grauen Alltag des pädagogischen Lebens nehmen sie, da meist nicht frei von Geltungswünschen, häufig als persönliche Kränkungen. So enttäuscht, entziehen sie dann bisherigen „Lieblingsschülern" ihre Gunst, und die anfängliche Zuneigung der Kinder gerät häufig ins Schwinden. Von Kollegen und Vorgesetzten werden derartige Erzieher nicht selten als Blender katalogisiert. Man versteht sie nicht; man wird ihrem Stil nicht gerecht.

Auch dieser Stil hat seine pädagogischen und psychohygienischen Gefahren. Schüchterne, gefühlsscheue und gehemmte Kinder werden oft durch eine solche jähe Zuwendung erschreckt und reagieren negativ, d. h. sie ziehen sich noch mehr zurück, sie zeigen weniger Interesse am Unterricht und bieten schlechtere Leistungen. Die Erzieherpersönlichkeit des geschilderten Typs wird darauf häufig selbst mit Abwendung antworten; sie läßt diese „undankbaren Kinder" einfach links liegen. Lebhafte Kinder, die mit einem solchen Erzieher rasch intellektuell und gefühlsmäßig korrespondieren können, sind zumindest zunächst im Vorteil. Halten sie jedoch ihr Interesse am Stoff und ihren guten Kontakt zum Lehrer nicht durch, so empfindet dieser das leicht als persönliche Kränkung und reagiert auch hier mit Abwendung. Der pädagogische Stil dieser Menschen ist von starkem persönlichem Engagement und daher affektiv und wenig sachlich. Es herrscht in solchen Schulstuben oder Erziehungsheimen ein emotionales Wechselklima. Dies führt, wie wir es in der frühen Mutter-Kind-Beziehung schon sahen, zu einer

Verunsicherung des Kindes, was sich in Leistungs- und Verhaltens-störungen äußert.

c) Beim *oral-depressiven Charakter* bestehen Wünsche und Bedürfnisse aus der Zeit, da die garantierte Nahrungszufuhr und liebende Zuwendung für den Säugling so wesentlich war, in einer für den Erwachsenen nunmehr unangemessenen Weise. Solche Menschen sind in hohem Maße von der Freundlichkeit der Umwelt und von ihrer Beliebtheit bei den Mitmenschen abhängig. Der Lehrer dieses Typus erfreut sich großer Beliebtheit bei seinen Schülern. Er nimmt daraus die Kraft für sein Berufsleben und sichert sich seine Beliebtheit manchmal auch durch mehr oder weniger große Zugeständnisse. Das Problem dieser Menschen ist ihre große Abhängigkeit vom Verhalten der Gruppe oder Klasse. Ist diese unruhig, desinteressiert oder aufsässig, so geraten diese Erzieher leicht in eine depressive Stimmungslage, bekommen Schuldgefühle und zweifeln an ihren pädagogischen Fähigkeiten. Dieser Zweifel ist nicht mit einer sachgerechten Selbstkritik zu verwechseln. Die Eignung zum Beruf wird angezweifelt und die tägliche Praxis als etwas Quälendes erlebt. Natürlich leidet trotz größtem Bemühen auch der Unterricht und der Umgang mit den Kindern darunter; das Handeln geschieht und das Gespräch fließt nicht mehr spontan, sondern beides wird nur rational gesteuert. Erst wenn solche Lehrer ihrem Gefühl nach von den Kindern wieder angenommen sind, kommen sie wieder ins Gleichgewicht.
MÜLLER-BECK hat noch ein anderes „orales" Moment im pädagogischen Tun aufgewiesen: Zum Bereiche des Oralen gehört das Sprechen; man denke nur daran, wie sich das Kleinkind langsam immer mehr und vollkommener im Sprechen erlebt. In einer Reihe von Berufen vermittelt das Sprechen und das Sich-als-Redner-Erleben eine große Befriedigung, sonst wären diese Berufe gar nicht gewählt worden. Man denke z. B. an den Schauspieler. Aber natürlich ist dieses Moment auch in allen lehrenden Berufen vom Grundschullehrer bis zum Universitätsdozenten wirksam. Die Untersuchungen von ANNEMARIE und ROBERT TAUSCH (1965) haben nun gezeigt, wie groß oft der Anteil des Lehrers am Unterrichtsgespräch ist, und wie gering im Vergleich dazu der der Schüler. Die Gefahren eines derart monologischen Unterrichts brauchen wohl nicht näher ausgeführt zu werden; sie sind oft erörtert worden. Hier steht nicht die methodische Problematik zur Diskussion, sondern die tiefenpsychologische Wurzel dieses Verhaltens und des dadurch erreichten Lustgewinnes beim monologischen Erzieher. So wie das Essen — es sei beileibe nichts gegen den Gaumengenuß gesagt — bei manchen Menschen eine Ersatzbefriedigung bei einer Enttäuschung durch die Welt

sein kann, so kann das monologische Sprechen für manchen Erzieher ein Lustgewinn, eine emotionale Befriedigung sein. In einem solchen Falle ist die tiefenseelische Quelle der Enttäuschung zu eruieren und aus dem biographischen Verständnis der Weg zur Umstellung zu suchen.

d) Die *narzißtische Persönlichkeit* in extremer Ausprägung sollte nicht Erzieher sein. Wir verstehen ja unter Narzißmus die Unfähigkeit zu echtem Kontakt, wie die Psychoanalyse sagt, zu echten Objektbeziehungen, also mitmenschlichen Beziehungen. Ein narzißtischer Mensch erlebt alles, was um ihn vorgeht, die Freuden und Leiden, die Handlungsweisen und Erlebnisse der anderen Menschen nur in Reflexion auf sich selbst. Damit werden Leistungsmängel und Ungezogenheiten eines Kindes zur persönlichen Kränkung, aber in einem anderen Sinne als beim oben skizzierten phallischen Typ. Dort ging ein hohes persönliches Engagement voraus, und deshalb folgte die Enttäuschung. Hier wird primär alles, was der eigenen Person, ihrem Bild von sich selbst und ihren Wünschen nicht entspricht, als eine Kränkung dieser Egozentrizität erlebt. So muß denn auch dieser Mensch in der Erziehung oft leiden und seinen Zöglingen Leiden schaffen. Es gehört eben zum Erzieherberuf eine gewisse Toleranz, eine Belastungsfähigkeit für kleinere oder größere Enttäuschungen, welche die Zöglinge bereiten.

5. Die Belohnungen und Versagungen im Erzieherberuf

Es gibt drei Arten von psychischen Belohnungen. Psychoanalytisch formuliert sind das die Über-Ich-Belohnung, die emotionale Belohnung und der Produktivitäts-Lohn. Auch die Versagungen lassen sich in drei Kategorien gliedern, in die emotionalen, die sozialen und die realen.

a) *Die Über-Ich-Belohnung:* Eine positive Resonanz des Über-Ich oder Gewissens stellt sich immer dann ein, wenn das Handeln mit dem Ich-Ideal oder Leitbild eines Menschen übereinstimmt. Nun sind Verhalten und Handeln innerhalb eines Berufes durch die Erwartungen der Gesellschaft, durch das Berufs-Idealbild der Gesellschaft bestimmt. Derartige berufliche Leitbilder sind je nach Land, nach Kultur und Gesellschaftsordnung verschieden. An den jungen Erzieher werden sie in der Ausbildung, durch die allgemeine und die Fachliteratur, durch die Ausführungen von Vorgesetzten und führenden Männern der Gesellschaft herangetragen. Jeder weiß, daß die Idealvorstellungen in der Realität nur in einer sehr bescheidenen Annäherung verwirklicht werden können.

214

So gibt es keinen Ideal-Lehrer, aber auch keinen Ideal-Seelsorger, -Arzt oder -Richter, um nur einige Berufe zu nennen. Immer dann aber, wenn das reale Handeln mit der Idealnorm annähernd übereinstimmt, fühlt sich der einzelne Erzieher individuell bestätigt: er verwirklicht in seinem beruflichen Tun einen allgemein anerkannten Wert. Das Gefühl, ein guter Lehrer oder Erzieher zu sein, entschädigt ihn dann für materielle Entbehrungen, für Mühen und Enttäuschungen in der Arbeit. Dieser psychologische, in jedem menschlichen Bereich wirksame Sachverhalt birgt eine Gefahr, und zwar nicht so sehr für den Erzieher selbst, sondern für den Zögling: Das Leitbild ist durch das Insgesamt des Wertsystems einer Gesellschaft bestimmt. Es wird daher in einer freiheitlichen Gesellschaftsordnung anders sein als in einer Diktatur, in einer religiös geprägten Kultur anders als in einer liberalen, religiös zwar toleranten, aber indifferenten. So tragen das Idealbild des Erziehers und die Verwirklichungsabsicht im Erzieher zur Erhaltung einer Gesellschaftsordnung bei, sie sind ein sozialer, kultureller und politischer Faktor. Je nachdem, ob die Erhaltung des Wertsystems einer Gesellschaft in die nächsten Generationen hinein wünschenswert erscheint oder nicht, ist die Übereinstimmung von Erzieher und gesellschaftlichem Idealbild erstrebenswert oder nicht; beim einzelnen Lehrer kann aus dieser Frage ein Gewissenskonflikt entstehen. Außerhalb des Bezugssystems der Gesellschaft, sozusagen im abgekapselten Raum zwischen Erzieher und Zögling, sind Erziehen und Lernen nicht möglich. Die kollektive Prägung des Erzieher-Idealbildes wird aber durch individuelle Formungen nuanciert. So wird der zwanghaft orientierte Erzieher ein anderes Verhaltensziel vor Augen haben als der oral-depressive. Daher kann sich manche unbewußte Fehlhaltung als Gefühl der subjektiven Befriedigung im Erziehen auswirken.
Die Erscheinung, die wir Über-Ich-Belohnung oder Sich-eins-Fühlen mit der Idealnorm nannten, beschäftigt die moderne Soziologie und Psychologie als das Problem der Identität. Bei allen, die mit Menschen arbeiten, ist die Berufs-Identität von großer Bedeutung; sie vermittelt ihnen innere Sicherheit, welche notwendig ist, um im beruflichen Umgang Sicherheit zu vermitteln. Kein Mensch, auch derjenige nicht, der mit Leib und Seele Erzieher ist, wird die Berufsidentität unumstritten kontinuierlich besitzen. Um die Schwankungen des Identitäts-Gefühls zu wissen, ohne dabei aus der Bahn geworfen zu werden, ist ein Stück psychohygienischer Selbsterkenntnis und Selbsthilfe.

b) *Die emotionale Belohnung* des Erziehers ist die Liebe des Kindes. Dieser etwas monumentale, fast etwas pathetisch wirkende Satz kann

215

auch sachlich formuliert werden: Das Wesentliche im Erziehen und das Förderliche beim Unterrichten ist die Ermöglichung wechselseitiger emotionaler Beziehungen zwischen Kind und Erzieher, Schüler und Lehrer. Dies verhilft letztlich dem Kinde dazu, sich mit dem Erzieher zu identifizieren und deshalb das Dargebotene zu übernehmen. Eng verknüpft damit ist das Problem der Bindung in der Erziehung. Für die Schule ist sie wahrscheinlich weniger von Bedeutung, da der Kontakt des Lehrers mit den Schülern auf eine begrenzte Zeit des Tages in einem versachlichenden Milieu beschränkt ist. Hingegen spielt die Bindung als „Erziehungsmittel" in der Heimerziehung eine besondere, zwiespältige Rolle. Die einen lehnen sie als gefährliches Instrument ab, die anderen fordern die Bindung emphatisch. Denken wir an die oben skizzierten Charaktertypen, so werden uns die Gründe für die Ablehnung oder Befürwortung der Bindung aus der jeweiligen unbewußten emotionalen Struktur deutlich. Ist die Ablehnung der Bindung von der Angst vor Liebesverlust bestimmt, d. h. von der Sorge, dieses Kind und seine Zuwendung wieder einmal verlieren zu müssen, dann ist sie sehr problematisch; ebenso problematisch aber ist es, wenn die Bindungssuche vorwiegend narzißtisch, egozentrisch ist, der Bereicherung des eigenen Gefühlslebens dient.

Wir sehen, die Frage der Bindung in der Erziehung läßt sich nicht theoretisch und generell entscheiden, die tiefenpsychologische Schau der seelischen Verhältnisse lehrt uns aber, daß der Erzieher sich eine größtmögliche Flexibilität bewahren soll.

c) Die dritte Belohnung des Erziehers ist der *Produktivitätslohn*. Dieser Begriff klingt gar nicht psychologisch, sondern weit eher volkswirtschaftlich. Wir haben bewußt so formuliert, da in der Tat eine gewisse Beziehung zum Volkswirtschaftlichen besteht. Allerdings ist der gemeinte Lohn kein materieller, sondern wiederum ein gefühlsmäßiger. Gemeint ist jenes Gefühl der Zufriedenheit, das ein Handwerker nach der Vollendung eines Werkstückes empfindet, das ein Bauer — oft nach längerem zeitlichen Abstand — beim Wachsen seiner Saaten und bei der Ernte erlebt, und ein Baumeister, wenn er das von ihm entworfene Haus vollendet sieht. Das Erlebnis des vollendeten Werkes meint vor allem auch ERIKSON (1963), wenn er von der Thematik des mittleren Erwachsenenalters als „zeugnerischer Fähigkeit gegen Stagnation" spricht (vgl. Kap. III). Dieses Erleben der eigenen Produktivität ist in der modernen Industriegesellschaft immer mehr eingeschränkt worden; vielfach bleibt es auf den biologischen Bereich, auf die Zeugung und das Gebären der Kinder beschränkt. Ob es der Industriearbeiter ist, der kaum das Endprodukt seiner Arbeit sieht, oder der Funktionär in der Verwaltungshierarchie des Staates oder der Industrieunternehmer, keiner hat ein urtümliches Befriedigungsgefühl am gelungenen Werk. Wie sieht es nun hier beim Erzieher aus?

Natürlicherweise ist das beglückende Gefühl über das vollendete Werk mit der Erziehungsarbeit nicht oder nur sehr selten zu gewinnen. Die Auswirkung der seelischen und geistigen, der bewußten und unbewußten Investitionen ist erst im Jugendalter oder im Erwachsenenalter, nicht schon beim Kind mit Sicherheit festzustellen. Dabei weiß man nie bestimmt, ob es die Erziehungsmethodik, die Erziehungspersönlichkeit oder ganz andere Faktoren des Lebens waren, welche die Persönlichkeit des Jugendlichen oder Erwachsenen, ihren Charakter, ihre Leistungen und ihr Wissen geformt haben. Diese geringe Belohnung im sichtbaren, greifbaren und meßbaren Erfolg teilt der Erzieher wiederum mit den meisten ärztlichen Tätigkeiten. Nicht umsonst lautet das lateinische Sprichwort „medicus curat, natura sanat" (Der Arzt kuriert, die Natur heilt). Neidisch blicken wohl gelegentlich der Internist, der Psychiater und vor allem der Psychotherapeut auf den Chirurgen, der nach einer geglückten, lebensrettenden Operation die Werksfreude des geschickten Handwerkers erleben darf.

Im Unterrichten kann der Lehrer versucht sein, auch sich ein derartiges Erfolgserlebnis zu verschaffen; immer dann, wenn eine Klasse oder einzelne Schüler einen Lehrstoff schnell begreifen und ihn auch zum gesicherten Besitz machen, findet der Lehrer sich und seine Methodik bestätigt. Eine derartige pädagogische Leistung läßt sich auch demonstrieren; man kann sie Vorgesetzten, Kollegen und Fachfremden vorführen, man hat den Vergleich zu dem Leistungszuerwerb des vergangenen Jahres, kurzum das pädagogische Tun nähert sich dem handwerklichen. So verständlich der Stolz eines Lehrers in einem solchen Falle ist, so gefährlich ist er. Er kann dazu verführen, die technische Leistung höher zu bewerten als die eigentliche erzieherische Aufgabe. Die Leidtragenden sind dann die Kinder. Sowohl unser Notensystem, nach dem ja häufig nicht nur die Schüler, sondern auch deren Lehrer beurteilt werden, als auch manche der modernen Lehrmethoden scheinen uns diese Gefahr zu bergen. Der Erzieher muß wissen und bejahen können, daß für seine Arbeit ebenso wie für das Menschenführen, sie Beraten und ihnen Helfen kein Erfolgsmaßstab existiert und der Lohn der Werkfreude, der Produktivität, zumeist versagt bleibt.

d) Damit ist bereits das Thema der Versagungen angeklungen. Die *emotionalen Versagungen* — Frustrationen — des Erziehers sind sehr verwandt der Situation der natürlichen Erzieher, der Eltern. Vor allem die Mutter empfindet Wehmut beim Heranwachsen der Kinder, in der Vorahnung, daß die Zeit der Loslösung aus dem Elternhaus rasch kommen wird. Der Lehrer hat eine Klasse oft nur für ein Jahr, muß dann die Schüler wieder abgeben und kann ihre Entwicklung höchstens noch aus der Ferne beobachten. Unter glücklicheren Verhältnissen — für den Lehrer wie für die Kinder — behält ein Lehrer seine Schüler über mehrere Jahre, über einen Schulabschnitt — Unterstufe, Mittelstufe oder Oberstufe. Der Heimerzieher und Sozialpädagoge ist hier in etwas günstigerer Lage; zumeist sind die Kinder für einen Lebensabschnitt im Heim, sofern die antiquierte, kindfremde und erziehungsfeindliche Einteilung der Heime nach Altersabschnitten nicht mehr gegeben ist.

Beide, der Lehrer und der Sozialpädagoge, haben es mit einer Gruppe, mit einer mehr oder weniger großen Anzahl von Kindern zu tun. Sie empfinden dabei die Verpflichtung, allen Kindern gleich gewogen zu sein, ihnen ein gleiches Maß an Gefühlszuwendung entgegenzubringen. Dies aber ist eine gefährliche pädagogische Utopie. Antipathie und Sympathie bestimmen das ganze menschliche Zusammenleben. Es ist unnatürlich und unglaubhaft, wenn sich ein Mensch als vollkommen frei von Sympathien und Antipathien bezeichnet. Gefährlich aber werden vor allem Antipathien erst dann, wenn sie zu Vorurteilen werden und ihre tiefenseelische Wurzel dem Träger unbekannt, unbewußt ist (vgl. Kap. VIII und IX).

Die Forderung, allen Kindern gefühlsmäßig gleich zu begegnen, ist von realem pädagogischem Verhalten weit entfernt, sie unterdrückt die Sympathien und Antipathien und fördert gerade die Vorurteile: Oft werden bei einem unsympathischen Kinde sozusagen wirkliche Charakterfehler entdeckt. Diese liefern dann den vernünftigen Vorwand (Rationalisierung) für die innere Ablehnung, und aus der bewußten Antipathie ist auf dem Wege der pädagogischen Korrektur ein unbewußt motiviertes Vorurteil geworden.

Warum soll denn auch der Pädagoge alle Kinder gleich mögen? Auch der Seelsorger soll zwar alle ihm Anbefohlenen im theologischen Sinne lieben, dessen ungeachtet aber kann er den einen oder anderen als höchst widerwärtig empfinden.

Wir sehen, es geht hier darum, vor allem im emotionalen Bereich die Freiheit im pädagogischen Bezug zu behalten und sich nicht aus falschverstandener Anforderung in eine Überforderung oder gar Verkrampfung hineinzumanövrieren. Das, was wir die emotionale Belohnung des Erziehers nennen, muß von selbst kommen und darf, wie in jeder menschlichen Begegnung, nicht erwartet oder gar gefordert werden.

e) *Die sozialen Versagungen* des Erziehers gründen in seiner Stellung in der Gesellschaft. Dies nennen die Soziologen den sozialen oder sozio-ökonomischen Status, d. h. den Grad des Ansehens und die materielle Situation des Angehörigen einer Berufsgruppe. Nun besteht eine Diskrepanz zwischen der Bedeutung des Erziehens und seinem sozio-ökonomischen Status. Durch die Hände der Erzieher, der Volksschullehrer, Realschullehrer, Gymnasiallehrer und der Sozialpädagogen und Heimerzieher gehen in jeweils verschiedenen Gruppierungen und in verschiedener Anzahl die folgenden Generationen einer Gesellschaft, eines Volkes. Dies wird zu gewissen Anlässen von den führenden Männern, von Politikern, Vertretern politischer, weltanschaulicher und sozialer Gruppen auch ausgesprochen. Man besinnt sich auf die Funktion der Erziehung nach Notzeiten oder in besonderen Krisen; als Beispiel diene die Nachkriegssituation oder das Thema „Bildungsnotstand" der letzten Jahre. Dennoch sagten wir, der Erzieher habe keinen dieser Funktion entsprechenden sozialen Status. Stimmt das?

Man muß zunächst den Gymnasiallehrer ausklammern, dessen soziale Geltung nicht an seiner Tätigkeit als Erzieher, sondern an seinem akademischen Fachstudium orientiert ist.

Verständlicherweise ist es in der Konsumgesellschaft so, daß derjenige, der produziert, die Produkte vertreibt, materiellen Gewinn erzielt und somit auch wieder potenter Käufer ist, einerseits und derjenige, der die Voraussetzungen dafür schafft, der Wissenschaftler, Ansehen genießen. Die sogenannten Intellektuellen nehmen in dieser Gesellschaft eine mehr oder weniger zierende Randstellung ein.

Die bedeutsame, zumindest äußerlich unangefochtene Situation des Lehrers und Erziehers in der Klasse oder im Heim und demgegenüber die nur niedrige Einordnung in der sozialen Rangordnung bringen zusätzlich eine Diskrepanz mit sich.

Die soziale Position des Volksschullehrers wird in der Gegenwart durch die Ausbildung an Pädagogischen Hochschulen zwar sicherlich gehoben; es dauert aber eine Zeit, bis diese Tatsache überhaupt in das allgemeine Bewußtsein gedrungen ist und somit eine Wirkung auf das Sozialprestige ausüben kann. Bis dahin besteht auf jeden Fall ein Spannungsverhältnis, unter welchem der eine Erzieher mehr, der andere weniger leidet. Man kann diesen Tatbestand weder leugnen noch durch einfache Maßnahmen ändern. Man muß aber diesen Tatbestand erkennen und benennen, um den latenten Gefahren begegnen zu können. Welches sind diese Gefahren?

Man spricht manchmal etwas verallgemeinernd und töricht vom sogenannten Minderwertigkeitskomplex der Lehrer. Uns erscheint das damit

Gemeinte einfach der psychologische Niederschlag der geschilderten sozialen Diskrepanz zu sein. Der Erzieher muß dieses Zwiespalts-Erleben, diese Spannungssituation verkraften, sich bewußt machen und darf sie nicht — aber das ist natürlich nur eine bruchstückweise zu verwirklichende Forderung — in die pädagogische Arbeit einsickern lassen. Viele Erzieher suchen einen Ausgleich, indem sie zusätzliche Tätigkeiten im Sozial- und Kulturleben übernehmen. Dafür zeugen so manche bedeutsamen volks- und naturkundlichen Arbeiten und Sammlungen. Allerdings birgt die geschilderte soziale Situation auch die Gefahr der Betriebsamkeit im Organisatorischen, der „Vereinsmeierei" und letztlich des Ausgenutztwerdens durch radikale politische oder sonstige Gruppen.

Zu all dem kommt noch die spezifische ethische Fundierung des Erzieherberufes. Vor nicht allzu langer Zeit war es angesichts dieses Idealbildes noch fast verpönt, für eine erzieherische oder helfende Tätigkeit am Menschen eine angemessene Entlohnung zu fordern. Dies ist mit der Wandlung der wirtschaftlichen Struktur und gesellschaftlichen Ordnung in den Sozialberufen anders geworden, und auch der Lehrer ist im letzten zu den Sozialberufen zu rechnen. Ein Stück von dieser früheren Einstellung schwingt aber auch heute noch in manchen Vorstellungen mit. Und so können Wünsche nach sozialer Geltung und ökonomischer Besserstellung auf die Forderung des Idealleitbildes stoßen und ein schlechtes Gewissen erzeugen.

Allerdings gehören Probleme der sozialen Position zu den Schwierigkeiten fast jeden Berufes. Die hier skizzierte Problematik des Erzieherberufes hat ihre besondere Bedeutung aber durch den psychohygienischen Doppelaspekt, die Auswirkung auf Erzieher *und* Kind.

f) *Die realen Versagungen* hängen aufs engste mit den eben geschilderten sozialen zusammen: Hier soll nur eine Frustration, als Beispiel vor allem für die hohe praktische Bedeutung, dargestellt werden. Es ist dies die Situation des jungen Lehrers auf dem Lande. Die meisten jungen Lehrer und Lehrerinnen finden ihre erste Anstellung ja in kleinen Orten des Hinterlands. Dies trifft nun mit einem besonderen Bedürfnis des jüngeren Menschen nach den mannigfachen kulturellen, fortbildenden und unterhaltenden Möglichkeiten der Städte zusammen. Dabei ist das Gehalt des jungen Lehrers noch so bemessen, daß der Unterhalt eines Autos, das den Besuch solcher Veranstaltungen in den Städten erlauben würde, in der Regel nicht möglich ist. So werden derartige Stellen sehr häufig beinahe als Strafe erlebt. Der junge Erzieher, der aus der Stadt kommt oder zumindest nicht in der betreffenden Gegend aufgewachsen ist, hat oft beträchtliche Schwierigkeiten, mit den Dorfbewohnern, den Eltern seiner Schüler, in ein gutes Verhältnis zu kommen. Mangelt ihm doch — verständlich bei seinem jugendlichen Alter — Lebenserfahrung, und mit Ratschlägen von „draußen" kann er sich bei seiner Gemeinde nicht einführen. Die Freuden des Landlebens, etwa landschaftliche Reize oder Vorteile ruhigen Wohnens, sind für den jungen Menschen viel weniger verlockend als für den älteren. Außerdem hemmt das Wissen, daß man ja nur für kurze Zeit an diesem Platze bleiben wird, die innere Tendenz, heimisch zu werden, und die äußere Bemühung, sich etwas wohnlich einzurichten.

Die Situation der Erzieher in Heimen, die ja meistens auf dem flachen Lande lokalisiert sind, ist der geschilderten in manchem verwandt.

Wir haben diese reale Frustration des Junglehrers und Erziehers deshalb hier geschildert, weil gerade sie am häufigsten zu Enttäuschungen und Klagen Anlaß gibt. Die geringeren Einkünfte, gemessen an Laufbahnen in der Industrie, haben Lehrer und Erzieher mit allen sozialen Berufen und mit den beamteten Tätigkeiten gemeinsam. Die Tatsache der Verbeamtung spielt bei der Berufswahl des Lehrers sicher häufig eine bedeutsame Rolle, da Regelmäßigkeit der Tätigkeit und soziale Sicherheit garantiert sind. Die Wechselbeziehung mit bestimmten Charakterstrukturen ist offensichtlich.

Der Frustration durch eine Anfangsstellung auf dem Lande muß zweifellos die andersartige Frustration des Industriebeschäftigten in unangenehmen Industriewohnbezirken gegenübergestellt werden; der letztere hat aber den Vorteil der mehr oder weniger eigenständigen Wahl, während die Lehrer von ihrer Behörde versetzt werden.

Uns scheint es bedeutsam, und damit leiten wir bereits zu den psychohygienischen Möglichkeiten und Maßnahmen über, daß die Lehrerausbildung das Problem des Landlebens in ihr Programm einbezieht. Der Student sollte in diese Problematik, in die Struktur der Gegenden, in die er möglicherweise kommt, und in den schulischen und außerschulischen Umgang mit der Bevölkerung eingewiesen werden. Das dürfte nicht theoretisch geschehen, sondern müßte möglichst lebensnah, vielleicht in Gesprächen mit Landlehrern, aber auch Landärzten, Pfarrern, Förstern und Angehörigen der Landwirtschaftsbehörden geschehen. Diese Begegnung mit dem Lande sollte realistisch gestaltet werden, ohne falsche Romantik, aber auch ohne großstädtische Arroganz.

6. Psychohygienische Möglichkeiten und Maßnahmen

a) *Die Eignungsuntersuchung:* Angesichts der großen Bedeutung der Persönlichkeit des Pädagogen für die pädagogische Arbeit und die Entwicklung der Kinder überrascht es, daß der sozialpädagogischen und pädagogischen Ausbildung keine Auswahl- oder Eignungsuntersuchungen vorgeschaltet sind. In den sozialpädagogischen Berufen ist dies vielleicht weniger notwendig, da die meisten aus sozialpädagogischen Vorberufen, z. B. der Heimerzieher von der Fürsorgetätigkeit, die Jugendleiterin von der Kindergärtnerinnenarbeit, kommen. Höchst bedeutsam erscheint uns dies aber bei allen Lehrerberufen. In der Industrie werden heute in breitem Maße Positionen von einiger Verantwortlichkeit nur nach einer Auslese- und Eignungsuntersuchung besetzt. Ähnliches gilt für das Militär, wo Unterführer und Offiziere sich einer psychologischen Auswahluntersuchung unterziehen müssen. Für den Umgang mit Kindern, für die Formung der zukünftigen Generation der Gesellschaft genügt dagegen das rein intellektuelle — und auch in dieser Hinsicht zumeist fragliche — Auswahlkriterium des Abiturs. Da die Lehrerbildung selbst auch weitgehend intellektuell orientiert ist, findet auch während des Ausbildungsverlaufs keine Auswahl mehr statt. Eine wegen ihrer charakterlich-emotionalen Struktur ungeeignete, ja gefährliche Persönlichkeit kann zur Zeit ohne weiteres die Ausbildung bis in die Praxis hinein ohne Hindernis durchlaufen, wenn die intellektuellen Voraussetzungen erfüllt werden. Dies erscheint uns sehr bedenklich.

In den Jahren nach dem Kriege, als man Menschen, die die bildungsmäßigen Voraussetzungen einigermaßen erfüllten, nach einer Schnellausbildung in die Lehrerlaufbahn schickte, unterzog man diese in einigen Ländern — z. B. in Bayern — einer psychologischen Eignungsuntersuchung (SCHRAML, 1948). Die damalige Untersuchungsmethodik ist heute veraltet, und eine generelle Auslese als Vorbedingung für die Zulassung zum Studium der verschiedenen Lehrerberufe würde auf juristische und sachliche Schwierigkeiten stoßen. Hingegen erschiene uns ein Untersuchungs- und Beratungsgespräch vor Aufnahme des Studiums möglich.

Ein solches Gespräch sollte von einem Pädagogen und einem klinischen Psychologen gemeinsam mit dem Interessenten geführt werden; wo notwendig und wünschenswert, müßte die Möglichkeit zu einer vertieften psychologischen Diagnostik bestehen. Stellen sich dann im Gespräch und in einer klärenden Untersuchung große Bedenken ein, sollte dem Bewerber dringlich abgeraten, ihm aber gleichzeitig der Weg zu einem anderen Beruf und Hilfe in seinen persönlichen Schwierigkeiten angeboten werden. Natürlich kann in einem solchen Kurzverfahren keine ideale Auslese betrieben werden, das ist aber schon angesichts des vermutlich noch lange Zeit andauernden Mißverhältnisses von Angebot und Bedarf gar nicht möglich. Wir erhoffen uns nur, damit eine Ablenkung der schwierigen und gestörten Menschen vom pädagogischen Felde zu erreichen. Da die Schwierigkeiten der Erzieher sich — wie wir sahen — mannigfach bei den Kindern auswirken, ja potenzieren können, wäre ein derartiges Untersuchungs- und Beratungsverfahren bei auch nur teilweisem Erfolg von hohem vorbeugendem psychohygienischem Wert. Umgekehrt ist für diejenigen Bewerber, denen abgeraten werden muß, damit keine Diskriminierung verbunden, sondern im Gegenteil eine Hilfe, ein Bewahren vor einem falschen Beruf und unter Umständen vor einem unglücklichen Lebensweg. Die Kommission aus einem „betriebskundigen" Pädagogen und einem „betriebsfremden" Psychologen müßte nur zweimal im Jahr vor Beginn des Semesters zusammentreten; die hierfür notwendigen materiellen und persönlichen Investitionen sind gemessen am prophylaktischen Wert gering.

b) *Gruppenarbeit zur vertieften Selbsterkenntnis in der Ausbildung:* Es wäre jedoch ein gefährliches Mißverständnis, anzunehmen, nach Ablenkung der schwierigen Menschen bestünde in der pädagogischen Ausbildung kein besonderes Bedürfnis mehr nach vertiefter Selbsterkenntnis. Man hört manchmal zwei extreme Meinungen. Die einen sagen, eigentlich sollte jeder Lehrer eine Analyse durchmachen, die anderen, das wäre von Übel, denn die meisten würden ihre Unbefangenheit und ihren pädagogischen Sinn verlieren. Die erste Forderung scheitert an den Gegebenheiten der Wirklichkeit, und zur zweiten Forderung läßt sich vielleicht folgendes sagen: Verderblich wirkt sich immer Halbes aus; halbes Wissen — so vor allem halbes psychologisches und tiefenpsychologisches Wissen — ist für den Pädagogen verderblich, und eine halbe Einsicht auf dem Weg einer Analyse oder einer Art von Analyse ist ebenso gefährlich.
Trotz der mangelnden realen Möglichkeiten und der Gefahr des Halbwissens und der Scheineinsicht erhalten wir die Forderung nach einer vertieften Selbsterkenntnis für den Pädagogen aber aufrecht. Der Pädagoge braucht nicht in die tiefsten Tiefen seines Unbewußten zu sehen und alle Fältchen seiner Biographie kennenzulernen. Wesentlich für ihn ist, sein Sozialverhalten, sein Verhalten in der Gruppe, gut zu verstehen. Dies aber haben A. und R. TAUSCH (1965) in ihrer Erziehungspsychologie, die in keiner Weise tiefenpsychologisch orientiert ist, zum Gegenstand der Untersuchung gemacht und mit Glück versucht, durch Experimente zu beweisen.

223

Wie könnte nun eine vertiefte Kenntnis des eigenen Verhaltens in der Gruppe im Rahmen der Lehrerausbildung vermittelt werden? In der sozialpädagogischen Ausbildung erscheint uns dies deshalb sehr viel leichter, weil die Zahl der an einer derartigen Institution in Ausbildung Befindlichen relativ klein ist, häufig sozialpsychologische Praktika neben der Ausbildung herlaufen und im Sinne einer besseren Kenntnis des eigenen Verhaltens in der Gruppe Verwendung finden können.

Hingegen leidet die Ausbildung der Studierenden an den Pädagogischen Hochschulen ebenso wie die der Gymnasiallehrer an den ungünstigen Zahlenverhältnissen von Studierenden und Dozenten. Muß man nun angesichts dieser rauhen Wirklichkeit die Hoffnung auf eine „lebendige Tiefenpsychologie" in der Pädagogenausbildung aufgeben? Soll die Tiefenpsychologie nur ein weiteres theoretisches Fach neben den anderen psychologischen Disziplinen sein, von welchen der Lehrer oftmals sagt, sie würden ihm in der Praxis herzlich wenig nützen? Es geht darum, den Studenten für das in ihm Wirksame, für das in sozialen Situationen Dynamische erlebnisfähig zu machen. Zwei Wege sind hier grundsätzlich möglich. Das in den Schulpraktika während der Ferien Erfahrene kann in einer Gruppe von Studierenden verarbeitet werden, oder die Gruppe selbst ist das Erlebnisfeld, die Studenten merken, wie sie auf andere und wie andere auf sie reagieren, versuchen die Hintergründe dieses Verhaltens zu erkunden, um im Geflecht der wechselseitigen Übertragungen und Identifikationen sich selbst besser kennenzulernen. Uns erscheint der erste der beiden Wege der pädagogischen Wirklichkeit gemäßer.

Nicht didaktische Probleme und nicht Psychologie einzelner Kinder sollen dabei der Gegenstand eines Gruppengespräches sein, sondern der Studierende berichtet seine Erlebnisse und Begegnungen im Umgang mit Kindern, mit Kollegen, mit Vorgesetzten und mit Eltern. Warum haben die Menschen auf den einzelnen so reagiert und gewirkt, und warum mußte er bei den Menschen seiner Begegnung einen solchen Eindruck auslösen und sie damit zu einer solchen Reaktion veranlassen? Das Verhalten in der Gruppe hilft den Mitgliedern der Gruppe zu wechselseitigen Vermutungen über Verhaltenshintergründe und zu Deutungen. Der Gruppenleiter hält sich zurück, vermittelt kein Wissen, sondern gibt höchstens Interpretationen des Verhaltens der einzelnen. Eine seiner wichtigsten und schwierigsten Aufgaben ist es, zu verhüten, daß die Gruppenarbeit in ein psychologisches Gesellschaftsspiel des Jonglierens mit unverdauten Fachausdrücken mündet. Je weniger Fachausdrücke, je mehr emotionales Engagement und Affektivität in der Gruppe zur Äußerung kommen, desto richtiger und lebendiger ist die Gruppenarbeit.

Zur Führung einer solchen Gruppe gehört neben dem theoretischen Wissen in Sozialpsychologie und Tiefenpsychologie vor allem eine gründliche praktische Erfahrung in der Gruppenarbeit. Die Gruppenleiter, also die Dozenten, die sich mit dieser Aufgabe befassen, müßten zunächst selbst eine Eigenerfahrung als Gruppenmitglieder und Gruppenleiter in einer Ausbildung mitmachen und vielleicht auch ein Stück tiefenpsychologisch-analytischen Selbstverständnisses erwerben.

Man sage nicht, dies werde den ohnehin schon vollgefüllten Ausbildungsplan der Lehrer zu sehr belasten. Die tiefenpsychologisch orientierte Gruppenarbeit nähme zwei Stunden in der Semesterwoche in Anspruch. Das affektbetonte Ausagieren und emotionale Verarbeiten stellt überdies ein psychohygienisches Gegengewicht zur intellektuellen Arbeit des Studierens dar.

c) Auch für die Lehrer und Sozialpädagogen *in der Praxis* würden wir uns eine derartige *Gruppenarbeit* wünschen. Man denke nur an die mannigfachen Probleme des pädagogischen Alltags, welche nicht in der Familie abgeladen, im Freundes- oder Kollegenkreis affektiv hochgespielt werden sollten, sondern einer echten emotionalen Arbeit zugeführt werden müßten. BITTNER (1966) berichtet über eine derartige Arbeit an der Versuchsschule des Pädagogischen Instituts der Universität Tübingen. Er berichtet, wie die Gruppe einer Lehrerin, die bei Schwierigkeiten mit Kindern gerne zu Insuffizienz- und Schuldgefühlen neigte, half, einen äußerst schwierigen Jungen in der Klasse zu tragen. Die Leitung der Gruppe darf — auch das lehrte der Tübinger Versuch — nicht der Vorgesetzte, der Leiter des Lehrerkollegiums, innehaben. Verständlicherweise werden auch bei bestem Bemühen, es nicht zu tun, Momente der beruflichen Hierarchie in die Gruppensituation miteinbezogen. Bei dem Tübinger Versuch war zunächst der Leiter des Lehrerkollegiums auch Gruppenleiter. Später ergab sich aber ganz automatisch ein Rollenwechsel mit dem zur Gruppe gehörenden Psychologen.

Eine derartige Gruppenarbeit ist nichts Neues, etwa nur für den pädagogischen Raum Gültiges. In der Betriebspsychologie wird sie schon seit langem mit Erfolg durchgeführt. Dem von uns empfohlenen Modell am nächsten verwandt ist die Arbeit von M. BALINT (1957) mit in der Praxis tätigen Londoner Ärzten und Fachärzten. In dieser Ärztegruppe kamen in jahrelanger Zusammenarbeit die psychologischen Probleme des Arzt-Patient-Verhältnisses in der körperlichen Medizin zutage, und BALINT faßte diese in seinem berühmt gewordenen Buch „Der Arzt, sein Patient und die Krankheit" (1957) zusammen. In der Zwischenzeit hat diese Londoner Ärztegruppe in England und in vielen anderen Ländern Nachfolger gefunden. Freipraktizierende Ärzte schließen sich zu Gruppen zusammen, um unter der Leitung eines Psychoanalytikers ihre eigenen Probleme im Umgang mit den Kranken besser verstehen zu lernen. Warum sollte das, was bei den Ärzten möglich ist, bei den Pädagogen nicht möglich sein?

Ein Beitrag zur Psychologie, ja zur Psychopathologie des Erziehers als Gefahrenquelle für den Zögling, ist ein heikles Thema. Wir haben versucht aufzuweisen, daß der Pädagoge nicht allein steht, daß es in jedem Beruf psychische Schwierigkeiten und Menschen mit psychischen Schwierigkeiten gibt.

Die Bedeutsamkeit der Psychohygiene des Pädagogen liegt in seiner Einwirkung auf das Kind, den Menschen in der Entwicklung, und in seiner Breiten- und Zukunftswirkung in der Gesellschaft begründet. Dies rechtfertigt die Offenheit der Diskussion aller dieser Probleme.

Tiefenpsychologie und Psychodiagnostik

Eingangs muß betont werden, daß die Darstellung der vielfältigen, heute kaum mehr zu überblickenden psychologischen Tests, also der psychodiagnostischen Methoden, nicht zur Aufgabe einer Einführung in die Tiefenpsychologie gehört. Hier soll nur der Standort einer Gruppe von Tests hinsichtlich der Beziehung zur Tiefenpsychologie diskutiert werden.

Um die Stellung dieser Tests, der Persönlichkeitstests, im Insgesamt der psychologischen Tests zu verdeutlichen, müssen wir einen kurzen Überblick über die verschiedenen Gruppen psychodiagnostischer Verfahren geben. Die Handhabung vieler Tests ist nicht sehr kompliziert oder sieht zumindest nicht schwierig aus. Dies verführt so manchen Laien, und Laie ist der Pädagoge in diesem Falle, zum dilettantischen Gebrauch. Die Tests haben nämlich etwas mit manchen medizinischen Untersuchungsverfahren gemeinsam; sie können vielfach von Hilfskräften durchgeführt werden; ihre Auswertung bedarf aber im einen Fall der gründlichen medizinischen, im anderen der psychologischen Vorbildung. Dies muß eindringlich gesagt werden; ist doch der Pädagoge begreiflicherweise an jedem Hilfsmittel, das ihm die Intelligenz erfassen, den Entwicklungsstand, den Charakter und die Schwierigkeiten eines Kindes besser verstehen hilft, ungemein interessiert. Er sollte sich aber auf seinen Bereich, das „Arsenal der pädagogischen Diagnostik" beschränken.

Hier steht ihm die Beobachtung des kindlichen Verhaltens in sozialen und individuellen, in Leistungs- und Spielsituationen zur Verfügung. Die Produktionen des Kindes — seien sie bezogen auf die Anforderungen der Schule oder Äußerungen der freien Gestaltung — bieten eine Fülle von Material für den entwicklungspsychologisch Kundigen und pädagogisch Erfahrenen. Die Schulung in der Beobachtung des kindlichen und jugendlichen Verhaltens und im Verstehen der Werkgestaltungen sollte einen breiten Raum in der psychologischen Ausbildung der Pädagogen einnehmen.

Nach Methode und Gegenstand bietet sich folgende Gliederung psychodiagnostischer Verfahren an, die auch von H. HILTMANN (1966 [2]) in ihrer Sammlung psychologischer Tests und von R. MEILI (1955 [3]) in seinem Lehrbuch der Psychologischen Diagnostik gegeben wird.

1. Die Leistungstests

Sie untersuchen psychische Funktionen, wie Intelligenz und Konzentration, besondere Fähigkeiten, wie räumliches Anschauungsvermögen, bestimmte umschriebene Störungen psychischer Leistungen, den Entwicklungsstand und endlich die Eignung für bestimmte Tätigkeiten und Ausbildungen (z. B. weiterführende Schulen). Das Prinzip der Leistungstests ist eine genau umschriebene Prüfungssituation; die jeweils interessierenden psychischen Funktionen sind an jeweils dem gleichen Prüfmaterial zu untersuchen, und somit ist eine Vergleichbarkeit herzustellen. Durch Reihenuntersuchungen werden Normwerte für Alters- und Bildungsgruppen ermittelt und so die Möglichkeit der vergleichenden Messung des individuellen Falles geschaffen. Wegen der Meßmöglichkeiten nennen die Amerikaner die Leistungstests auch „psychometrische Verfahren".

Historisch gesehen gehen die modernen Leistungstests auf „BINET-SIMONS Intelligenztests" zurück, mit denen die beiden Autoren ein differential-pädagogisches Anliegen, nämlich die Differenzierung von Normal- und Sonderschulkindern verfolgten. Das Testverfahren von BINET-SIMON wurde dann den deutschen und Schweizer Verhältnissen angepaßt, später an der Stanford-Universität in Californien ins Amerikanische übertragen, dort mehrfach revidiert, d. h. den gegebenen Verhältnissen angepaßt, und die letzte revidierte Fassung wurde nach dem zweiten Weltkrieg wiederum auf deutsche Verhältnisse übertragen. Der heute gebräuchlichste Intelligenztest zur Untersuchung von Kindern im Schulalter ist der „HAWIK-Test", der „HAMBURG-WECHSLER-Intelligenz-Test für Kinder".

Die Fähigkeits-Tests finden vor allem in der Berufsberatung und in der Personalauslese der Industrie Verwendung. Den Pädagogen interessieren noch besonders die sogenannten „Schulreife-Tests" zur Ermittlung der Schuleignung bei Schulanfängern und Eignung für den Besuch weiterführender Schulen. Die Schulreife-Tests stehen in einem thematischen Zusammenhang mit den „Entwicklungs-Tests", deren bekannteste diejenigen von CH. BÜHLER und ihrer Schülerin H. HETZER sind.

2. Die Projektiven Tests

Die zweite große Gruppe der psychodiagnostischen Verfahren sind die „Projektiven Tests". Sie haben nicht die Untersuchung umschriebener seelischer Funktionen und Fähigkeiten und die Messung von deren Leistungen zum Ziel, sondern sie wollen die Gesamtpersönlichkeit erkennen lassen. Es geht hier vor allem um die emotionale Seite der Persönlichkeit und deren Verhältnis zur intellektuellen und willentlichen Steuerung. Die Projektion haben wir bereits als seelischen Abwehr- und Anpassungsmechanismus (vgl. Kap. II) kennengelernt; wir haben gesehen, wie die Projektion als Mittel der Auseinandersetzung zwischen Kind und Umwelt in einem Abschnitt der Entwicklung dominiert (vgl. Kap. III), und haben die Rolle der Projektion bei der Entstehung von Neurosen (vgl. Kap. V und VI) und in der Behandlung der Neurosen — vor allem der Spieltherapie (vgl. Kap. VII) — erfahren. Im Vorgang der Projektion werden — um es noch einmal zu formulieren — innere, unbewußte Vorgänge in die Außenwelt verlegt und dabei so erlebt, als wären sie Bestandteile dieser Außenwelt. So werden dann Objekte der Außenwelt nach dem inneren Muster wahrgenommen, gedeutet und oft auch gestaltet. Dieser psychische Vorgang ist auch ein wesentliches Prinzip des künstlerischen Schaffens.

Im „Projektiven Test" werden nun der Versuchsperson möglichst wenig festgelegte optische Reize (z. B. die Klecksbilder im RORSCHACH-Test, Farbblättchen im Farbpyramiden-Test und undeutlich gezeichnete soziale Szenen im Thematischen Apperzeptions-Test) gezeigt. Die Aufgabestellung ist jeweils einfach und sehr weit, sie läßt allen Projektionsmöglichkeiten freien Raum. So soll die Versuchsperson sagen, was sie in den Klecksbildern sieht, sie soll Farben auswählen und zusammenordnen oder zu den Bildern Geschichten erzählen. Im Gegensatz zu den Leistungstests besteht hier nicht die Alternative zwischen richtigen und falschen Antworten. Im Gegenteil, während bei den Leistungstests die Lösung feststeht, ist sie bei den projektiven Verfahren völlig frei; es interessiert ja hier die Einmaligkeit, die Individualität, das jeweils verschiedene Wie der Lösung.

Psychologisch gesehen äußern sich in diesen Tests zwei seelische Kräftegruppen: einmal die unbewußten, triebhaften, dranghaften und affektiven Impulse sowie deren großenteils auch noch unbewußte seelische Abwehr und zum anderen deren bewußte Kontrolle. Erst aus dem Zusammen- und Widerspiel dieser Kräfte ergibt sich das Gesamtbild im projektiven Test. Je nach der Gestaltung der Tests, also nach der Ausführung der optischen Reize, werden wir in einem Fall mehr über die formale Ausprägung der Persönlichkeit (z. B. über das Verhältnis von Affektivität und Steuerung) und im anderen Fall mehr über die Inhalte der Motivationen eines Menschen (z. B. über die erlebte Beziehung zu Vater, Mutter, Geschwistern, Frau usw.) erfahren. Man nennt die erste Gruppe „Strukturerfassende Projektions-Tests" und die zweite „Inhaltsbezogene Projektive Tests". Zur ersten Gruppe zählen der RORSCHACH-Test und seine Variationen, der BERO- und ZULLIGER-Test, sowie der Farbpyra-miden-Test; zur zweiten Gruppe gehören der TAT (Thematischer Apper-zeptions-Test) und seine Umarbeitung für Kinder, sowie vor allem im Bereich der Heilpädagogik und Kinderpsychotherapie die Spiel-Tests — der Sceno-Test, der Welt-Test von LOWENFELD und seine Umarbeitung von CH. BÜHLER.

Die Spiel-Tests stehen bereits an der Grenze zwischen eigentlichem Test und freiem Spiel. Tests sind sie wegen der Normierung ihres Materials — überall das gleiche Spielzeug, in genau gleicher Zahl. Dem freien Spiel stehen sie nahe, weil die Interpretation des vom Kinde Gestalteten weit-gehend frei nach der entwicklungspsychologischen und tiefenpsychologi-schen Erfahrung des Untersuchers geschieht.

Da die projektiven Tests ihre theoretische Begründung der tiefenpsycho-logischen Konzeption verdanken, sind sie folgerichtig auch eine wesent-liche Bereicherung der tiefenpsychologischen Diagnostik.

Verzeichnis der verwandten und empfohlenen Literatur

Einleitung

McDougall, W. (1937), Aufbaukräfte der Seele. Stuttgart.
Lorenz, K. (1965), Über tierisches und menschliches Verhalten. München.
Rapaport, D. (1960), Die Struktur der psychoanalytischen Theorie. Stuttgart.

I. Problemgeschichte der Tiefenpsychologie

Zusammenfassende und einführende Werke

Bally, G. (1961), Einführung in die Psychoanalyse Sigmund Freuds. Hamburg.
Frankl, V., V. v. Gebsattel und I. H. Schultz (Hg.) (1958), Handbuch der Neurosenlehre und Psychotherapie, hier: Bd. III. München. Daraus besonders: Bally . . . (s. o.), Alexandra Adler, P. R. Hofstätter.
Nachmansohn, M. (1965), Hauptströmungen der Psychotherapie der Gegenwart. München (Liz.Ausg.).
Stern, E. (Hg.) (1958), Die Psychotherapie in der Gegenwart. Bd. II des *Handbuchs der Klinischen Psychologie.* Zürich.
Thompson, C. (1952), Die Psychoanalyse — Ihre Entstehung und Entwicklung. Zürich.
Wyss, D. (1961), Die tiefenpsychologischen Schulen von den Anfängen bis zur Gegenwart. Göttingen.

Spezielle Literatur

Adler, A. (1907, 1927²), Studien über die Minderwertigkeit von Organen. München.
Adler, A. (1912, 1928²), Über den nervösen Charakter. München.
Adler, A. (1927), Menschenkenntnis. München.
Binswanger, L. (1942), Grundformen und Erkenntnis menschlichen Daseins. Zürich.
Caruso, I. A. (1962), Soziale Aspekte der Psychoanalyse. Stuttgart.
Erikson, E. H. (1965²), Kindheit und Gesellschaft. Stuttgart.
Frankl, V. (1947), Die Existenzanalyse und die Probleme der Zeit. Wien.
Freud, S. (1952), Gesammelte Werke. Bd. I—XVIII. London. (Liz.Ausg. Frankfurt a. M.)
Freud, S. (1969 ff.), Studienausgabe, bisher erschienen Bd. I, IV, VI, VIII, X. Frankfurt a. M.
Fromm, E. (1941), Escape from Freedom. New York. Deutsch: (1945), Die Furcht vor der Freiheit. Zürich.
Groddeck, G. (o. J., 1923¹), Das Buch vom Es. München (Liz.Ausg.).
Hartmann, H. (1960), Ichpsychologie und Anpassungsprobleme. Beiheft zu *Psyche.* Stuttgart.
Horney, K. (1951), Der neurotische Mensch unserer Zeit. Stuttgart.
Jacobi, J. (1949), Die Psychologie von C. G. Jung. Zürich.
Jung, C. G. (1912), Wandlungen und Symbole der Libido. Leipzig und Wien.
Jung, C. G. (1921), Psychologische Typen. Zürich.
Jung, C. G. (1946), Psychologie und Erziehung. Zürich.

Künkel, F. (1931¹⁰), Die Arbeit am Charakter. Schwerin.

J. Laplanche, J. B. Pontalis (1967), Vocabulaire de la psychoanalyse. Paris.

Maeder, A. (o. J.), Wege zur seelischen Heilung. München (Liz.Ausg.).

Schultz-Hencke, M. (1951), Lehrbuch der analytischen Psychotherapie. Stuttgart.

Seif, L. (1940), Wege der Erziehungshilfe. München.

Weizsäcker, V. v. (1947), Körpergeschehen und Neurose. Stuttgart.

Wickes, F. G. (1931), Analyse der Kindesseele. Stuttgart.

II. Methoden und allgemeine psychologische Ergebnisse der Tiefenpsychologie

Barker, R., T. Dembo und K. Lewin (1937), Experiments on frustration and regression in children. *Psychological Bulletin*, 34. Princeton.

Benedict, R. (1955), Urformen der Kultur. Hamburg.

Erikson, E. H. (1965²), Kindheit und Gesellschaft. Stuttgart.

Fenichel, O. (1945), The Psychoanalytic Theorie of Neurosis. New York. Deutsch: Psychoanalytische Neurosenlehre, 3 Bände (1975/76). Olten und Freiburg i. Br.

Freud, A. (1936, 1964), Das Ich und die Abwehrmechanismen. New York bzw. München.

Freud, S. (1900), Die Traumdeutung. In: G. W. II/III. London. (1964) Einzelausgabe Fischer-Bücherei Nr. 428/9. Frankfurt a. M. und Hamburg.

Freud, S. (1901), Zur Psychopathologie des Alltagslebens. In: G. W. IV. London. (1956) Einzelausgabe Fischer-Bücherei Nr. 68, Frankfurt a. M. und Hamburg.

Freud, S. (1926), Hemmung, Symptom und Angst. In: G. W. XIV. London.

Freud, S. (1930), Das Unbehagen in der Kultur. In: G. W. XIV. London. (1953) Einzelausgabe Fischer-Bücherei Nr. 47. Frankfurt a. M. und Hamburg.

Guardini, R. (1956), Philosophische Anmerkungen zu Sigmund Freuds Psychologie. In: *Münchener Universitätsreden,* Neue Folge Heft 19. München.

Heiss, R. (1956), Allgemeine Tiefenpsychologie. Bern.

Hochheimer, W. (1958), Die Psychotherapie Carl Gustav Jungs. In: *Psyche* Bd. XI. Stuttgart.

Hofstätter, P. R. (1957), Psychologie, Artikel *Exploration.* Fischer-Lexikon, Frankfurt a. M. und Hamburg.

Kardiner, A. (1945), The Psychological Frontiers of Society. New York.

Kubie, L. S. (1956), Psychoanalyse ohne Geheimnis. Hamburg.

Lorenz, K. (1963), Das sogenannte Böse. Wien.

Lorenz, K. (1965), Über tierisches und menschliches Verhalten. München.

Lorenzer, A. (1970), Sprachzerstörung und Rekonstruktion. Frankfurt a. M.

Lorenzer, A. (1973), Über den Gegenstand der Psychoanalyse oder: Sprache und Interaktion. Frankfurt a. M.

Marcuse, H. (1965), Triebstruktur und Gesellschaft. Frankfurt a. M.

Mayer, L. (1934), Die Technik der Hypnose. München.

Mead, M. (1970), Jugend und Sexualität in primitiven Gesellschaften. Bd. 1 mit 3, München. (Liz.Ausg.)

Muck, M., K. Schröter, R. Klüwer, U. Eberenz, K. Kennel, K. Horn (1974), Information über Psychoanalyse. Theoretische, therapeutische und interdisziplinäre Aspekte. Frankfurt a. M.

Sandler, J., Ch. Dare, A. Holder (1973), Die Grundbegriffe der psychoanalytischen Therapie. Stuttgart.

Schmitz, K. (1964), Was ist, was kann, was nützt Hypnose? München (Liz.Ausg.).
Schraml, W. (1965), Psychoanalyse und der menschliche Lebenslauf. In: *Psyche* Bd. XIX. Stuttgart.
Schultz, I. H. (1939), Hypnose-Technik. Jena.
Siebenthal, W. v. (1953), Die Wissenschaft vom Traum. Berlin/Göttingen/Heidelberg.
Spitz, R. (1960), Die Entstehung der ersten Objektbeziehungen. Beiheft zu *Psyche*, Stuttgart.
Thomae, H. (1966), Die Motivation menschlichen Handelns. Köln/Berlin.
Waelder, R. (1963), Die Grundlagen der Psychoanalyse. Stuttgart.

III. Kindheit und Jugend

Aichhorn, A. (1925), Verwahrloste Jugend. Leipzig/Wien/Zürich.
Dührssen, A. (1954, 1962⁴), Psychogene Erkrankungen bei Kindern und Jugendlichen. Göttingen.
Erikson, E. H. (1953), Wachstum und Krisen der gesunden Persönlichkeit. Beiheft zu *Psyche*. Stuttgart.
Erikson, E. H. (1957), Trieb und Umwelt in der Kindheit. In: Freud in der Gegenwart, Bd. IV der *Frankfurter Beiträge zur Soziologie*, Hg. T. W. Adorno und W. Dirks. Frankfurt a. M.
Erikson, E. H. (1959/60), Über Identität und Entwurzelung in unsrer Zeit. In: *Psyche* Bd. XIII. Stuttgart.
Erikson, E. H. (1965), Kindheit und Gesellschaft. Stuttgart.
Erikson, E. H. (1970), Jugend und Krise. Stuttgart.
Freud, A. (1960/61), Probleme der Pubertät. In: *Psyche* Bd. XIV. Stuttgart.
Freud, A. (1965), Einführung in die Psychoanalyse für Pädagogen. Bern.
Freud, A. (1965), Normality and Pathology in Childhood. New York. Dtsch: Wege und Irrwege in der Kinderentwicklung. Bern/Stuttgart 1968.
Freud, S. (1905), Drei Abhandlungen zur Sexualtheorie. In: G. W. V. London. (1961) Einzelausgabe Fischer-Bücherei 422. Frankfurt a. M. und Hamburg.
Freud, S. (1909), Analyse der Phobie eines fünfjährigen Knaben. In: G. W. VII.
Fürstenau, P. (1967), Soziologie der Kindheit. Bd. III d. Reihe Gesellschaft und Erziehung. Heidelberg.
Gesell, A. (1953²), Säugling und Kleinkind in der Kultur der Gegenwart. Bad Nauheim.
Kroh, O. (1952), Allgemeinpsychologische Folgerungen aus kindespsychologischen Erkenntnissen. In: *Studium Generale* V, 5. Berlin/Heidelberg/Stuttgart.
Malinowski, B. (1962), Geschlecht und Verdrängung in primitiven Gesellschaften. Hamburg.
Neumann, E. (1963), Das Kind — Struktur und Dynamik der werdenden Persönlichkeit. Zürich.
Ohlmeier, D. (Hrsg.) (1973), Psychoanalytische Entwicklungspsychologie. Freiburg i. Br.
Piaget, J. (1954), Das moralische Urteil beim Kinde. Zürich.
Schraml, W. (1975³), Einführung in die moderne Entwicklungspsychologie. Stuttgart.
Schultz-Hencke, H. (1951), Lehrbuch der analytischen Psychotherapie. Stuttgart.
Spitz, R. (1960), Die Entstehung der ersten Objektbeziehungen. Beiheft zu *Psyche*. Stuttgart.

Spitz, R. (1965), The First Years of Life. New York. Deutsch: (1967), Vom Säugling zum Kleinkind. Stuttgart.
Spranger, E. (1955²⁴), Psychologie des Jugendalters. Heidelberg.
Uexküll, Th. v. (1963), Grundfragen der psychosomatischen Medizin. Hamburg.
Zulliger, H. (1965), Der Umgang mit dem kindlichen Gewissen. Stuttgart.
Zulliger, H. (1969), Die Pubertät der Knaben. Bern/Stuttgart/Wien.

IV. Zur tiefenpsychologischen Persönlichkeitslehre

Abraham, K. (1925), Psychoanalytische Studien zur Charakterbildung. Leipzig/Wien/Zürich.
Freud, S. (1908), Charakter und Analerotik. In: G. W. VII. London.
Hartmann, H. (1960), Ichpsychologie und Anpassungsprobleme. Beiheft zu *Psyche*. Stuttgart.
Hofstätter, P. R. (1956), Die erste Lebenszeit des Kindes in verschiedenen Kulturen. In: *Moderne Entwicklungspsychologie*, Hg. O. W. Haseloff und H. Stachowiak. Berlin.
Reich, W. (1933), Charakteranalyse, Technik und Grundlagen. Kopenhagen/Prag/Zürich.
Wyatt, F. (1957), Psychoanalytische Charakterologie. In: Freud in der Gegenwart. Bd. VI der *Frankfurter Beiträge zur Soziologie*, Hg. T. W. Adorno und W. Dirks. Frankfurt a. M.

V. Verhaltens-, Erziehungs- und Lernschwierigkeiten innerhalb der normalen Entwicklung

Doman, G., und H. L. Lückert (1966), Wie kleine Kinder lesen lernen. Freiburg.
Freud, A. (1936, 1964), Das Ich und die Abwehrmechanismen. New York bzw. München.
Haffter, C. (1960²), Kinder aus geschiedenen Ehen. Bern.
Kemmler, L. (1957), Untersuchungen über den frühkindlichen Trotz. In: *Psychol. Forsch.* 25. Berlin/Göttingen/Heidelberg.
Levy, D. M. (1957), Maternal Overprotection. New York.
Loosli-Usteri, M. (1948), Die Angst des Kindes. Bern.
Zulliger, H. (1960), Gespräche über Erziehung. Bern.
Zulliger, H. (1965), Der Umgang mit dem kindlichen Gewissen. Stuttgart.
Zulliger, H. (1966), Die Angst unserer Kinder. Stuttgart.

VI. Formen kindlicher Neurosen und deren Bedeutung für das Erwachsenenalter

Alexander, F. (1950), Psychosomatische Medizin. Berlin.
Bally, G. (1961), Einführung in die Psychoanalyse Sigmund Freuds. Hamburg.
Dührssen, A. (1962⁴), Psychogene Erkrankungen bei Kindern und Jugendlichen. Göttingen.
Freud, A. (1968), Wege und Irrwege in der Kinderentwicklung. Bern/Stuttgart.
Loch, W., Hg. (1967), Die Krankheitslehre der Psychoanalyse. Stuttgart.
Mitscherlich, A. (1966/67), Krankheit als Konflikt — Studien zur psychosomatischen Medizin I und II. Frankfurt a. M.
Nunberg, H. (1959), Allgemeine Neurosenlehre. Bern.
Richter, H. E. (1963), Eltern, Kind und Neurose. Stuttgart.

Richter, H. E. (1970), Patient Familie. Reinbek.
Spitz, R. (1960), Die Entstehung der ersten Objektbeziehungen. Beiheft zu *Psyche*. Stuttgart.
Stern, E. (1953), Über Verhaltens- und Charakterstörungen bei Kindern und Jugendlichen. Zürich.
Zulliger, H. (1960), Gespräche über Erziehung. Bern.
Zulliger, H. (1963), Schwierige Kinder. Bern.
Zulliger, H. (1965), Der Umgang mit dem kindlichen Gewissen. Stuttgart.
Vergleiche auch die einschlägigen Arbeiten in der seit 1952 erscheinenden Zeitschrift *Praxis der Kinderpsychologie und Kinderpsychiatrie*.

VII. Psychotherapie im Kindes- und Jugendalter

Aichhorn, A. (1925), Verwahrloste Jugend. Leipzig/Wien/Zürich.
Axline, V. M. (1947), Play Therapy. Boston.
Berna, J. (1959²), Erziehungsschwierigkeiten und ihre Überwindung. Bern.
Bettelheim, B. (1970), Liebe allein genügt nicht — Die Erziehung emotional gestörter Kinder. Stuttgart.
Biermann, G. (1969), Handbuch der Kinderpsychotherapie. München.
Bowlby, J. (1969), Attachment and Loss. London.
Dührssen, A. (1960), Psychotherapie bei Kindern und Jugendlichen. Göttingen.
Freud, A. (1927, 1966), Einführung in die Technik der Kinderanalyse. Wien bzw. München/Basel.
Hanselmann, H. (1933), Einführung in die Heilpädagogik. Zürich.
Klein, M. (1932), Die Psychoanalyse des Kindes. Wien.
Meyer zur Capellen, R. (1975), Aufgaben und Grenzen des Kinder-Psychotherapeuten in unserer Gesellschaft. *Psyche*, Jg. 29, Heft 7, S. 591—608.
Slavson, S. R. (1958), Gruppenpsychotherapie. In: E. Stern (Hg.), Die Psychotherapie der Gegenwart, Bd. II des *Handbuchs der Klinischen Psychologie*. Zürich.
Tausch, R. und A. (1956), Kinderpsychotherapie im Nicht-direktiven Verfahren. Göttingen.
Zulliger, H. (1963), Heilende Kräfte im kindlichen Spiel. Stuttgart.

VIII. Probleme der psychoanalytischen Pädagogik

Aichhorn, A. (1925), Verwahrloste Jugend. Leipzig/Wien/Zürich.
Allport, G. W. (1954), The nature of prejudice. Cambridge.
Bettelheim, B. (1971), Die Kinder der Zukunft — Gemeinschaftserziehung als Weg einer neuen Pädagogik. Wien/München/Zürich.
Bittner, G. (1965), Sublimierungstheorie und Pädagogische Psychoanalyse. In: *Psyche* Bd. XIII. Stuttgart.
Bittner, G. (1966), Pädagogische Überlegungen zum Realitätsprinzip. In: *Psyche* Bd. XX. Stuttgart.
Bittner, G., und W. Rehm (Hg.) (1964), Psychoanalyse und Erziehung. Ausgewählte Beiträge aus der Zeitschrift für Psychoanalytische Pädagogik. Wien.
Bittner, G. (1970), Psychoanalyse und soziale Erziehung. München.
Erikson, E. H. (1965²), Kindheit und Gesellschaft. Stuttgart.
Erikson, E. H. (1966), Einsicht und Verantwortung. Stuttgart.
Fürstenau, P. (Hg.) (1974), Der psychoanalytische Beitrag zur Erziehungswissenschaft. Darmstadt.

Guardini, R. (1956), Philosophische Anmerkungen zu Sigmund Freuds Psychologie. In: *Münchener Universitätsreden*, Neue Folge Heft 19. München.

Horn, K. (1967), Dressur oder Erziehung. Frankfurt a. M.

Leber, A., H. Reiser (1975), Sozialpädagogik, Psychoanalyse und Sozialkritik. Darmstadt.

Lorenz, K. (1963), Das sogenannte Böse. Wien.

Meng, H. (1953), Zwang und Freiheit in der Erziehung. Bern.

Meng, H., Hg. (1973), Psychoanalytische Pädagogik des Kleinkindes. München/ Basel.

Meng, H., Hg. (1973), Psychoanalytische Pädagogik des Schulkindes. München/ Basel.

Mitscherlich, A. (1963), Psychoanalytische Anmerkungen über die Kultureignung des Menschen. In: H. Hiltmann und F. Vonessen (Hg.), *Dialektik und Dynamik der Person.* Köln.

Mitscherlich, A. (1963), Auf dem Weg zur vaterlosen Gesellschaft. München.

Pearson, G. H. J. (1954), Psychoanalysis and the Education of the Child. New York.

Piaget, J. (1954), Das moralische Urteil beim Kinde. Zürich.

Rehm, W. (1968), Die psychoanalytische Erziehungslehre. München.

Zulliger, H. (1962), Helfen statt Strafen. Stuttgart.

IX. Zur Psychohygiene des Pädagogen

Balint, M. (1957, 1965³), Der Arzt, sein Patient und die Krankheit. Stuttgart.

Bittner, G. (1966), Dynamische Psychologie in der Schule. In: *Praxis der Kinderpsychologie und Kinderpsychiatrie,* 15.

Erikson, E. H. (1965), Kindheit und Gesellschaft. Stuttgart.

Freud, S. (1908), Charakter und Analerotik. In: G. W. VII. London.

Fürstenau, P. (1964), Zur Psychoanalyse der Schule als Institution. Schule und Erziehung Bd. I. *(Berliner Hefte für Probleme der Gesellschaft.)*

Mahler, E. (1974), Die themenbezogene, psychoanalytisch orientierte Selbsterfahrung in der Gruppe (Psychoanalytische Gruppenarbeit mit Lehrerstudenten). *Psyche,* Jhrg. 28, Heft 2, S. 97—115.

Mead, M. (1965), Die Jugend in der Südsee. München.

Müller-Beck, H. (1958), Das Berufsmilieu des Volksschullehrers. In: *Psyche* Bd. XII. Stuttgart.

Richter, H. E. (1974), Lernziel Solidarität. Reinbek.

Schraml, W. (1948), Neue Wege der Lehrerauslese. Bericht über psychologische Untersuchungsverfahren. In: *Päd. Welt.*

Schraml, W. (1953), Gedanken zur seelischen Gesundheitspflege im Lehrerberuf. In: *Päd. Welt,* 7/8, S. 397.

Spranger, E. (1955²⁴), Psychologie des Jugendalters. Heidelberg.

Tausch, A. u. R. (1965), Erziehungspsychologie. Göttingen.

Anhang

Hartmann, H. (1970), Pyschologische Diagnostik. Stuttgart.

Hiltmann, H. (1960, 1966²), Kompendium der psychodiagnostischen Tests. Bern.

Meili, R. (1955, 1965⁵), Lehrbuch der psychologischen Diagnostik. Bern.

Personenregister

Sachregister